15

历史卷

柏杨全集

人民文学出版社

图书在版编目(CIP)数据

柏杨全集:限量版.15/柏杨著.—北京:人民文学出版社,2010

ISBN 978-7-02-008000-7

Ⅰ.柏… Ⅱ.柏… Ⅲ.①柏杨(1920~2008)-全集②中国-历史年表 Ⅳ.C52

中国版本图书馆CIP数据核字(2010)第048960号

责任编辑:杨　华
装帧设计:翁　涌
责任印制:张文芳

15 历史卷

柏杨全集

中国历史年表（上）

目　　录

中国历史年表(上)

上篇　公元前年表

下篇　公元后年表

中国历史年表（上）

提　要

古之文史各有其“表”,在文则“表以陈情”(《文心雕龙·章表》),在史则“史之有表,乃列传之叙目”(《文史通义·外篇:永清县志选举表序例》),柏杨为“中国历史”编“年表”,可见是后者,近人吕思勉说:“表之为用,至后世而愈广”,他们说的“表”,有表世系者,有表国者,此外,表官、表地、表人、表事,所谓“事之零碎无从叙又不可弃者,则以表驭之”(《史通评》),而柏杨之作“年表”,则不止一用,他既表国,又表官,甚至于人、事、物皆表。

本年表分上下两篇:公元前与公元后,前者从神话时代、传说时代、半信史时代以至于信史时代的前一世纪(起于前九世纪,即周代);后者从一世纪(起于西汉之末)以迄二十世纪初的中华民国建立。柏杨以“世纪”为单元叙述,将王朝号、国号、年号皆“置于次要的地位”,主要是为了“中国永远存在,不受任何王朝影响……唐亡,不是中国亡,只是唐王朝和唐政府的覆灭。清亡,也不是中国亡,也只是清王朝和清政府的覆灭。中国屹立如故”。

在记事部分则区分成国内、国外二栏,前详后略,但二栏之内则颇多国际交涉事务之记载,为了体贴读者,行文之间并作古今地名之对照,极有参考价值,读之亦可通古今之变也。

【上篇·公元前年表】

神话时代

每一个民族都有它的创世神话,中华民族亦然。这是一个漫长的时代,比亿万年还要漫长,但是在史册上,却只占寥寥数页。

世界、中国,以及人类的起源,中国自有中国的特有故事,从盘古开天辟地,到三皇、五氏,构成中华民族原始社会的景观。

年份	干支	国号王朝及纪年	国内
		盘古	盘古开天辟地,为中国人始祖(太初天地浑沌如鸡蛋,盘古生其中,天地开辟,阳清为天,阴浊为地,天日高一丈,地日厚一丈,如此一万八千岁,天极高,地极厚,盘古极长。其死也,头为五岳,目为日月,脂膏为江海,毛发为草木,泣为江河,气为风,声为雷,瞳为电,喜为晴,怒为阴)。
		天皇氏	
		地皇氏	一姓十一人,兴于熊耳龙门山,定星辰,卜昼夜,以三十日为一月。世为酋长一千年,或云八千年,或云一万一千年。
		人皇氏	弟兄九人,各三百岁,世为酋长四万五千六百年。
		有巢氏	时中国人皆穴居,有巢部落始于树上架屋。
		燧人氏	燧人部落钻木取火以烤食,人类始异于禽兽。
		伏羲氏	伏羲部落田猎及畜养家畜家禽,又画八卦,造书契,制嫁娶。用龙作为官名。
		女娲氏	时四极废、九州岛裂、天崩,女娲氏断鳌足以立四极,炼五色石以补天。
		神农氏	神农氏教民播种五谷,做陶器斧斤,因被推为中国元首。传位八代至榆罔。有熊部落入侵,战于阪泉之野(一说山西运城附近),三战而后败、亡。

国外

希伯来　上帝创造世界、人类及万物。

前3700　印度人于摩罕达约(印度河下游)建立王国,已有文字,使用铜器。

前3600　苏美尔人于美索不达米亚建立苏美尔王国(——前2872),已有文字,使用铜器。

前3500　埃及人于北非尼罗河三角洲建立埃及王国,史称旧王国(——前2500),建都孟斐斯,已有文字,使用太阳历。

前3400　克里特人于克里特岛建立米诺斯王国(——前1400),定都诺萨斯。

前3100　埃及旧王国第四王朝开始,诸王纷建金字塔,史称"金字塔时代"(——前2965)。

前2872　闪族阿卡德部落酋长萨尔贡一世,自阿拉伯半岛侵入美索不达米亚,灭苏美尔帝国(前3600——,立国约八百年),筑阿卡德城,建阿卡德——苏美尔帝国(——前2123)。

传说时代

传说时代的史料,较之神话时代,有容易被人们接受的真实感。中国的传说时代即黄帝王朝,包括七位君主,和一些可信可疑的片段故事。尤其唐尧帝伊祁放勋,和虞舜帝姚重华,曾长久的——直到二十世纪,被美化成神圣,毫无瑕疵,为所有帝王都应效法的人物。

	年份	干支	国号王朝及纪年
前二十七世纪	2698	癸亥	黄帝姬轩辕
前二十六世纪	2598	甲辰	
	2598	甲辰	少昊己挚
	2515	丙寅	
	2515	丙寅	玄帝姬颛顼
前二十五世纪	2437	甲申	
	2437	甲申	帝喾姬夋
前二十四世纪	2367	甲午	
	2367	甲午	帝挚姬挚
	2358	癸卯	

国内	国外
有熊部落酋长姬轩辕,代神农部落酋长榆罔为中国元首(共主),尊称“黄帝”。与苗族酋长蚩尤大战于涿鹿之野(河北涿鹿),蚩尤做大雾,姬轩辕做指南车,遂擒蚩尤。 用云作为官名。 用甲子以记年,并发明器具、舟车、货币、衣裳、教民耕种。其妻嫘祖教民种桑养蚕。 仓颉发明象形文字,为中国方块字之始。 姬轩辕在位一百一十一年,寿一百五十二岁,卒于桥山(陕西黄陵)。	
己挚为姬轩辕子,金天部落酋长,嗣位为中国元首,尊称“少昊”,建都曲阜。用鸟名作为官名。	
姬颛顼为姬轩辕孙,高阳部落酋长。继少昊己挚为中国元首。尊称“玄帝”。	前2500 埃及内乱起,旧王国亡(前3500——,立国约一千年)。 前2500 印欧民族自里海北岸大草原四散谋生,东行者入波斯印度,成为雅利安人,西行者入南欧,成为希腊人、拉丁人。
姬夋为姬轩辕曾孙,高辛部落酋长。继玄帝姬颛顼为中国元首,尊称“喾帝”。	前2375 埃及底比斯王统一全国,再建埃及王国,史称“中王国”(——前1800)。
姬挚为喾帝姬夋子,嗣位为中国元首。不孚民望,诸部落酋长废之,另推选唐部落酋长伊祁放勋继任中国元首,尊称“唐尧帝”。	

	年份	干支	国号王朝及纪年
	2357	甲辰	唐尧帝伊祁放勋
前二十三世纪	2258	癸未	
	2255	丙戌	虞舜帝姚重华
	2208	癸酉	

国内	国外
前2297,黄河泛滥,夏部落酋长姒鲧治水,九年不成。　前2287,杀姒鲧。　前2286,姒鲧子姒文命治水。　前2285年,唐部落酋长姚重华摄政。　前2274,姒文命治水成功。　前2258,伊祁放勋卒,其子丹朱,被逐于丹水。诸部落酋长三年未推选中国元首(——前2255)。	
前2255,诸部落酋长推选虞部落酋长姚重华为中国元首,尊称"虞舜帝"。　前2231,肃慎国(大兴安岭以东至海)进贡楛矢石弩。　前2220,征服三苗。　前2208,姚重华卒。诸部落酋长又三年未推选中国元首(——前2205)。	

半信史时代

半信史时代，并非说所有的史迹，绝对的一半可信，一半不可信。而是说有些史迹确实可信。

这个时代包括夏王朝，和商殷王朝，以及周王朝的初期。

	年份	干支	国号王朝及纪年
	2205	丙子	夏一任帝(禹)姒文命
前二十二世纪	2198	癸未	
	2198	癸未	夏二任帝姒启
	2189	壬辰	
	2189	壬辰	夏三任帝姒太康
	2160	辛酉	
	2160	辛酉	夏四任帝姒仲康
	2147	甲戌	
	2147	甲戌	夏五任帝姒相
	2145	丙子	
	2145	丙子	夏六任帝后羿
	2138	癸未	
	2138	癸未	夏七任帝寒浞
前二十一世纪	2079	壬午	

国内	国外
前2205,诸部落酋长推选姒文命为中国元首,建夏王朝,尊称“夏禹帝”,建都安邑(山西夏县)。大会诸侯(诸部落酋长)于涂山(陕西潼关——今多数观点认为在安徽蚌埠)。 前2198,姒文命卒于会稽(河南伊川),诸部落酋长推选任益为帝,姒文命子姒启不服。	
前2195,姒启杀任益,继任为帝。有扈部落(渭水流域中下游)起兵反抗,姒启攻之,战于甘邑(陕西户县),有扈部落溃败。中国推选制度终,家天下始。 前2189,姒启卒,子姒太康继帝位。	
前2173,征西河。夏帝姒太康暴虐,有穷部落(河南洛阳南)酋长后羿逐之,姒太康奔斟鄩(河南偃师),其弟姒仲康嗣位。	
前2145,后羿再逐夏五任帝姒相,姒相奔斟灌(河南清丰)。后羿继任为帝。	
前2138,寒浞杀夏六任帝后羿,继任为帝。	
前2118,寒浞灭斟灌,杀姒相。姒相妻缗(失其姓)奔有仍(山东济宁),生遗腹子姒少康。 前2079,姒少康袭杀寒浞,继任为帝。史称“少康中兴”。	前2123 闪族阿摩利部落酋长汉谟拉比,灭阿卡德——苏美尔帝国(前2872——立国约三百五十年),建巴比伦帝国,史称“前巴比伦”或“第一巴比伦”(——前745)。 前2100 汉谟拉比颁布汉谟拉比法典,凡二八五条,刻于绿玉圆柱上,为人类有法典之始。 前2100 闪族一支移居北非定住,称腓尼基人。

	年份	干支	国号王朝及纪年
	2079	壬午	夏八任帝姒少康
	2058	癸卯	
	2058	癸卯	夏九任帝姒杼
	2041	庚申	
	2041	庚申	夏十任帝姒槐
	2015	丙戌	
	2015	丙戌	夏十一任帝姒芒
前二十世纪	1997	甲辰	
	1997	甲辰	夏十二任帝姒泄
	1981	庚申	
	1981	庚申	夏十三任帝姒不降
	1922	己未	
	1922	己未	夏十四任帝姒扃
	1901	庚辰	
	1901	庚辰	夏十五任帝姒廑
前十九世纪	1880	辛丑	
	1880	辛丑	夏十六任帝姒孔甲
	1849	壬申	
	1849	壬申	夏十七任帝姒皋
	1838	癸未	
	1838	癸未	夏十八任帝姒发
	1819	壬寅	
	1819	壬寅	夏十九任帝(桀)姒履癸
前十八世纪	1766	乙未	

国内	国外
	前 2070　雅利安人侵入波斯,称波斯人。
	前 2000　埃及中王国鼎盛。
先后征服畎夷、白夷、赤夷、玄夷、风夷、阳夷。	
前 1975,讨伐九苑部落。	
天有妖孽,十太阳并出。	
前 1798,周部落酋长公刘迁于豳邑(陕西旬邑、彬县一带)。　前 1786,夏十九任帝姒履癸攻蒙山(山东蒙阴境)有施部落,俘其女妹喜为妃。　前 1784,商部落酋长子天乙攻葛部落(河南宁陵)。 前 1777,姒履癸囚子天乙于夏台,寻释之。　前 1769,有缗部落叛,夏政府攻克之。　前 1767,姒履癸杀谏臣关龙逢。　前 1766,子天乙起兵逐姒履癸,夏王朝亡,立国四百四十年。　子天乙继任为帝,建立商王朝,尊号"商汤帝",建都亳邑(一说山东曹县)。	前 1800　希克索斯人自巴勒斯坦侵入埃及,灭埃及中王国(前 2375——,立国约九百年),建希克索斯帝国(埃及第十六王朝,——前 1580)。

	年份	干支	国号王朝及纪年
	1766 1754	乙未 丁未	商一任帝(汤)子天乙
	1754 1752	丁未 己酉	商二任帝子外丙
	1752 1748	己酉 癸丑	商三任帝子仲壬
	1748 1741	癸丑 庚申	商四任帝伊尹
	1741 1721	庚申 庚辰	商五任帝子太甲
前十七世纪	1721 1692	庚辰 己酉	商六任帝子沃丁
	1692 1667	己酉 甲戌	商七任帝子太庚
	1667 1650	甲戌 辛卯	商八任帝子小甲
	1650 1638	辛卯 癸卯	商九任帝子雍己
前十六世纪	1638 1563	癸卯 戊午	商十任帝子太戊

国内	国外
大旱七年,煎沙烂石,洛水枯竭。商一任帝子天乙遣人持三足鼎,祝祭山川。	
任伊尹为卿士。	
前1748,伊尹放逐子天乙嫡孙子太甲于桐邑(山西万荣),继任为帝。	前1746　加喜特人攻入前巴比伦帝国,推翻政府,建立加喜特王朝(——前1146)。
前1741,子太甲由桐邑起兵,袭杀伊尹,继任为帝。	
	前1650　希伯来部落酋长亚伯拉罕率族人自迦南地(巴勒斯坦)进入埃及定居。
	前1580　埃及底比斯王逐希克索斯人,希克索斯帝国亡(前1800——,立国约三百年),建埃及帝国,以底比斯为首都(——前1526)。

	年份	干支	国号王朝及纪年
	1563 1550	戊午 辛未	商十一任帝子仲丁
	1550 1535	辛未 丙戌	商十二任帝子外壬
	1535 1526	丙戌 乙未	商十三任帝子河亶甲
	1526 1507	乙未 甲寅	商十四任帝子祖乙
前十五世纪	1507 1491	甲寅 庚午	商十五任帝子祖辛
	1491 1466	庚午 乙未	商十六任帝子沃甲
	1466 1434	乙未 丁卯	商十七任帝子祖丁
	1434 1409	丁卯 壬辰	商十八任帝子南庚
	1409 1402	壬辰 己亥	商十九任帝子阳甲
前十四世纪	1402 1374	己亥 丁卯	殷二十任帝子盘庚

国内	国外
前1557,自亳邑迁都嚣邑(河南荥阳)(一迁)。征蓝夷。	
前1534,自嚣邑迁都相邑(河南内黄)(二迁)。征蓝夷,班方。	
前1525,自相邑迁都耿邑(河南温县)(三迁)。 前1517,自耿邑迁都邢邑(河北邢台)(四迁)。	
	前1500　埃及人为死后获神灵恩赦,将符咒写于草纸上,置于棺内,以备死者用之向神灵祈祷或欺骗,称"死者之书",为人类最早著作。
前1401,自邢邑迁都殷邑(河南安阳),因称国号为殷(五迁)。	前1400　希腊人侵入克里特岛,米诺斯王国亡(前3400——,立国约二千年)。 前1375　埃及国王埃赫那吞即位,改革宗教。唯拜太阳神阿吞,为人类最初之一神教。

	年份	干支	国号王朝及纪年
	1374 1353	丁卯 戊子	殷二十一任帝子小辛
	1353	戊子	殷二十二任帝子小乙
	1325	丙辰	
前十三世纪	1325 1266	丙辰 乙卯	殷二十三任帝(高宗)子武丁
	1266 1259	乙卯 壬戌	殷二十四任帝子祖庚
	1259 1226	壬戌 乙未	殷二十五任帝子祖甲
	1226 1220	乙未 辛丑	殷二十六任帝子廪辛
前十二世纪	1220 1199	辛丑 壬戌	殷二十七任帝子庚丁
	1199 1195	壬戌 丙寅	殷二十八任帝子武乙

国内	国外
	前1358　埃及国王埃赫那吞(前1375——)卒,婿吐坦卡蒙即位(——前1352),恢复信奉多神教。
周部落酋长古公姬亶父,自豳邑(陕西旬邑、彬县一带)迁岐邑(陕西岐山)。	
前1324,任用甘盘为相。　前1322,任傅说为相,贤而且能。　前1291,殷二十三任帝子武丁亲率军攻鬼(山西中部)、方(山西吕梁山以西),三年而后征服。	前1300　闪族亚述部落崛起于底格里斯河上游。
前1231,周部落酋长古公姬亶父卒,子姬季历嗣位。	
	前1220　希伯来部落酋长摩西率族人自埃及出走,于西奈山宣布十诫,犹太教建立,人类另一一神教始。
前1198,自殷邑迁都朝歌(河南淇县)(六迁)。 周部落酋长姬季历赴朝歌晋见,殷二十八任帝子武丁赠土地三十里、玉十壳、马八匹。　姬季历攻西方鬼戎,俘翟王二十。	

年份	干支	国号王朝及纪年
1195 1182	丙寅 己卯	殷二十九任帝子太丁
1182 1155	己卯 丙午	殷三十任帝子乙
1155 1122	丙午 己卯	殷三十一任帝(纣)子辛
1122 1116	己卯 乙酉	周一任王(武)姬发

国内	国外
前1191,殷政府封周部落酋长姬季历为西伯。 前1184,殷政府杀姬季历,子姬昌嗣位。	前1194　希腊诸城邦联军攻特类,历时十年(——前1184)。 前1184　希腊诸城邦联军陷特类,焚城(前1194——)。
	前1180　希伯来部落自西奈半岛渡约旦河,重入迦南地(巴勒斯坦,自出埃及已四十年),建希伯来国,不设国王,由宗教首领士师治理。
前1147,殷三十一任帝子辛伐有苏部落(河南温县),俘其女妲己为妃。　前1144,子辛囚周部落酋长姬昌于羑里(河南汤阴)。　前1142,释姬昌。　前1136,周部落自岐邑迁酆邑(陕西西安西南)。　前1135,姬昌卒,子姬发继任酋长。 前1123,子辛杀少师比倸子干。囚箕子,微子出奔。　前1122,姬发起兵抗暴,子辛兵败,自焚死,殷亡,立国六百六十二年。　姬发继任中国元首,改称王,建周王朝,尊号"武王"。	前1146　前巴比伦帝国内乱,卡赛王朝亡(前1746——,统治全国约六百年),巴比伦人复执国政。
前1122(己卯),周武王姬发大封诸侯,姬姓子孙,不狂不惑者,皆赐爵裂土。　齐太公姜尚诬杀隐士狂矞、华士。　前1120(庚辰),周自酆邑迁都镐京(陕西西安)。　前1116(乙酉),姬发卒,子成王姬诵嗣位。	

	年份	干支	国号王朝及纪年
前十一世纪	1116 1079	乙酉 壬戌	周二任王(成)姬诵
	1079 1053	壬戌 戊子	周三任王(康)姬钊
	1053 1002	戊子 己卯	周四任王(昭)姬瑕

国内	国外
前1116(乙酉),周成王姬诵年幼,周公姬旦以冢宰辅政。 前1115(丙戌),姬诵叔管侯姬鲜,蔡侯姬度、霍侯姬处,及殷遗民首领子武庚等起兵叛,姬旦东征。前1114(丁亥),姬旦杀子武庚、姬鲜。放逐姬度。贬姬处为平民。 前1113(戊子),姬旦凯旋镐京。 前1112(己丑),姬诵封叔姬封为康侯,弟姬虞为唐侯。 前1110(辛卯),姬旦于明堂接见诸侯。 前1109(壬辰),姬旦于郏鄏(洛阳西金谷园)筑城,谓之"王城"。又于洛水之北筑城,谓之"成周"(洛阳东白马寺东。二城相距约二十公里)。 今年,姬旦归政于姬诵。 前1108(癸巳),封姬旦子姬伯禽为鲁公。 前1107(甲午),姬诵欲囚姬旦,姬旦奔鲁国。 前1105(丙申),姬旦卒。 前1089(壬子),姬诵大会诸侯于王城,四方蛮族来朝。 前1079(壬戌),姬诵卒,子康王姬钊嗣位。	
前1078(癸亥),诸侯集王城朝觐。 前1067(甲戌),唐侯姬虞改国名为晋。 前1063(戊寅),鲁公姬伯禽卒,子考公姬酋嗣位。 前1059(壬午),鲁考公姬酋卒,弟炀公姬熙嗣位。 前1057(戊辰),齐太公姜尚卒。 前1053(戊子)燕召公姬奭卒。 今年,康王姬钊卒,子昭王姬瑕嗣位。	
前1037(甲辰),周昭王姬瑕,攻楚,遇大兕(一角青色野牛)。 前1034(丁未),姬瑕再攻楚,丧六军,败归。 前1002(己卯),姬瑕再攻楚,回军途中,渡汉水,溺死,子穆王姬满嗣位。	前1025 希伯来人立扫罗为王,希伯来遂成王国。 前1010 希伯来王扫罗攻非利士人,兵败,战死,部将大卫继任国王。

	年份	干支	国号王朝及纪年
前十世纪	1002 947	己卯 甲戌	周五任王(穆)姬满
	947 935	甲戌 丙戌	周六任王(共)姬伊扈
	935 910	丙戌 辛亥	周七任王(懿)姬坚
前九世纪	910 895	辛亥 丙寅	周八任王(孝)姬辟方
	895 879	丙寅 壬午	周九任王(夷)姬燮

国内	国外
前990(辛卯),周穆王姬满攻犬戎,俘其五王,及四白狼、四白鹿。 前998(癸巳),征昆仑。 前952,姬满命吕侯作刑法,史称“吕刑”。 前947(甲戌),姬满卒,子共王姬伊扈嗣位。	前1000 波斯人琐罗亚斯德创祆教(亦称拜火教)。 前1000 腓尼基人发明拼音字母。 前974 希伯来王大卫卒,子所罗门嗣位。
前944(戊寅)周共王姬伊扈游泾水,密国(甘肃灵台)君主康公随从,有三美女奔康公,康公未献于姬伊扈,姬伊扈乃灭密国。 前935(丙戌),姬伊扈卒,子懿王姬坚嗣位。	前937 希伯来王所罗门卒,希伯来王国分裂为二:①犹太王国(希伯来南部,建都耶路撒冷,所罗门子罗波安为王)。②以色列王国(希伯来北部,建都撒马利亚,耶罗波安为王)。二国互相攻伐不息。
前928(癸巳),西戎攻镐京(陕西西安)。 前922(己亥),翟部落攻岐邑。前913(戊申)周懿王姬坚信谗言,烹齐哀公姜不辰。 前910(辛亥),姬坚卒,叔姬辟方嗣位,是为孝王。	前933 埃及王示撒,攻陷犹太王国首都耶路撒冷,大掠而去。
前909(壬子),申国(河南南阳)攻西戎。 前903(戊午),大雹,牛马死,江汉俱冻。 前897(甲子),周政府封非子于秦邑(犬丘·甘肃天水西南)。 前895(丙寅),姬辟方卒,从孙姬燮嗣位,是为夷王。	前900 希腊诗人荷马生。
前888(癸酉),虢公攻太原戎,获马千匹。 前879(壬午),姬燮卒,子厉王姬胡嗣位。	前885 腓尼基人所创之字母传入希腊。前884 希腊伊里斯国王伊菲图斯,议办奥林匹克运动会。

年份	干支	国号王朝及纪年
879	壬午	周十任王(厉)姬胡
842	己未	

国内	国外
前876(乙酉),淮夷侵洛阳,虢仲击之,不能胜。 前863(戊戌),周政府封卫顷伯为侯。 前856(乙巳),齐胡公姜静弟姜山杀兄自立,是为献公,国都自营丘(山东昌乐东南)迁至临菑(山东淄博东)。 前845(丙辰),周厉王姬胡暴虐,国人谤怨,姬胡遣卫国巫师,使纠察谤怨者,告即杀戮,无人再敢言,道路以目。 前842(己未),国人暴动,逐姬胡,姬胡奔彘邑(山西霍州)。召公周公共同摄政,不另置君,史称"共和"。	前850 腓尼基人于北非建迦太基帝国(——前146)。

信史时代

从公元前九世纪五〇年代末起,中国历史开始有文字记载,自此直到公元后二十世纪的今天,二千八百年间,从没有间断,这是世界文明史上最伟大的奇迹之一。我们称之为“信史时代”,指凡是历史事件,都有文字可以查考。至于文字记载是不是真实,那有赖于史学家的研究判断。

前九世纪

起自中国历史有文字记载的本世纪前841年。

周王朝出现了十四年的共和政治之后,又恢复帝王政治的原状。

	年份	干支	国号王朝及纪年
	841	庚申	周共和 元年
前九世纪六〇年代	840	辛酉	周共和 二年
	839	壬戌	周共和 三年
	838	癸亥	周共和 四年
	837	甲子	周共和 五年
	836	乙丑	周共和 六年
	835	丙寅	周共和 七年
	834	丁卯	周共和 八年
	833	戊辰	周共和 九年
	832	己巳	周共和 十年
	831	庚午	周共和 十一年
前九世纪七〇年代	830	辛未	周共和 十二年
	829	壬申	周共和 十三年
	828	癸酉	周共和 十四年
	827	甲戌	周宣王 元年
	826	乙亥	周宣王 二年
	825	丙子	周宣王 三年
	824	丁丑	周宣王 四年
	823	戊寅	周宣王 五年
	822	己卯	周宣王 六年

国内	国外
从今年起,中国开始有信史。晋靖侯姬宜臼卒,子釐侯姬司徒嗣位。	
蔡武侯卒,子夷侯嗣位。　楚部落酋长芈熊勇卒,弟芈熊严嗣位。	
曹夷伯曹喜卒,弟幽伯曹强嗣位。	
陈幽公妫宁卒,子釐公妫孝嗣位。	
宋釐公子举卒,子惠公子覸嗣位。	
周十任姬胡卒于彘邑,子宣王姬靖嗣位,王制复,共和亡。　大旱。　楚部落酋长芈熊严卒,子芈熊霜嗣位。	
召公平淮夷。　燕惠侯卒,子釐侯姬庄嗣位。	
命秦仲为秦国君主,攻西戎。	
曹幽伯曹强弟曹苏,杀兄嗣位,是为戴伯。	
齐武公姜寿卒,子厉公姜无忌嗣位。	
晋釐侯姬司徒卒,子献侯姬籍嗣位。	
西戎攻杀秦国君主秦仲,子嬴也嗣位,是为庄公。　自前826年起,四年不雨,今年始雨。　楚部落酋长芈熊霜卒,弟芈熊徇嗣位。	

	年份	干支	国号王朝及纪年	
	821	庚辰	周宣王	七年
前九世纪八〇年代	820	辛巳	周宣王	八年
	819	壬午	周宣王	九年
	818	癸未	周宣王	十年
	817	甲申	周宣王	十一年
	816	乙酉	周宣王	十二年
	815	丙戌	周宣王	十三年
	814	丁亥	周宣王	十四年
	813	戊子	周宣王	十五年
	812	己丑	周宣王	十六年
	811	庚寅	周宣王	十七年
前九世纪九〇年代	810	辛卯	周宣王	十八年
	809	壬辰	周宣王	十九年
	808	癸巳	周宣王	二十年
	807	甲午	周宣王	二十一年
	806	乙未	周宣王	二十二年
	805	丙申	周宣王	二十三年
	804	丁酉	周宣王	二十四年
	803	戊戌	周宣王	二十五年
	802	己亥	周宣王	二十六年
	801	庚子	周宣王	二十七年

国内	国外
鲁慎公姬濞卒,弟武公姬敖嗣位。	
鲁武公姬敖卒,子懿公姬戏嗣位。齐厉公姜无忌暴虐,为国人攻杀,其子文公姜亦嗣位。	
卫釐侯卒,子卫余嗣位,卫余弟卫和杀兄嗣位,是为武公。	
晋献侯姬籍卒,子穆侯姬弗生嗣位,自曲沃(山西闻喜),迁都绛城(山西翼城东南)。	
蔡夷侯卒,子僖侯蔡所事嗣位。	
鲁公子姬伯御与国人攻杀国君懿公姬戏,嗣位。	
周宣王姬靖封弟姬友于郑邑,伯爵,都咸林(陕西华县)。	
晋穆侯姬弗生攻条部落,败归,夫人生长子姬仇。	
齐文公姜赤卒,子成公姜说嗣位。	
晋穆侯姬弗生攻千亩(山西介休),生次子姬成师。	
宋惠公子睸卒,子哀公嗣位。	

前八世纪

在本世纪，周王朝首都镐京（陕西西安），被蛮族攻陷，焚掠一空，只好迁都到洛阳（河南洛阳），权威不能复振。地方政权（封国君主——诸侯）纷纷成为半独立状态。到了七〇年代，"春秋时代（直到前五世纪初）——即中国式的城邦时代开始。封国与封国之间，不断发生纠纷和小规模战争。

	年份	干支	国号王朝及纪年	
前八世纪〇〇年代	800	辛丑	周宣王	二十八年
	799	壬寅	周宣王	二十九年
	798	癸卯	周宣王	三十年
	797	甲辰	周宣王	三十一年
	796	乙巳	周宣王	三十二年
	795	丙午	周宣王	三十三年
	794	丁未	周宣王	三十四年
	793	戊申	周宣王	三十五年
	792	己酉	周宣王	三十六年
	791	庚戌	周宣王	三十七年
前八世纪一〇年代	790	辛亥	周宣王	三十八年
	789	壬子	周宣王	三十九年
	788	癸丑	周宣王	四十年
	787	甲寅	周宣王	四十一年
	786	乙卯	周宣王	四十二年
	785	丙辰	周宣王	四十三年
	784	丁巳	周宣王	四十四年
	783	戊午	周宣王	四十五年
	782	己未	周宣王	四十六年

国内	国外
宋哀公卒,子戴公嗣位。楚部落酋长芈熊纠卒,子芈熊䔲嗣位。	印度《吠陀经》历数千年(前3000——)累积创作,自是完成。
有兔在镐京奔舞。	
讨伐太原(甘肃平凉、镇原一带)戎部落,不能胜。	
周政府军伐鲁,杀其国君鲁公姬伯御,立孝公姬称。陈釐公妫孝卒,子武公妫灵嗣位。曹戴伯曹苏卒,子惠伯曹兕嗣位。	
齐成公姜说卒,子庄公姜购嗣位。	
大夫尹吉甫率军北攻猃狁部落。	
讨伐条戎(山西南部中条山)、奔戎,败归。	
燕釐侯姬庄卒,子顷侯嗣位。楚部落酋长芈熊䔲卒,子芈熊仪嗣位,是为若敖。	
周政府军攻姜戎,败于千亩(山西介休),调查太原(宁夏固原)居民户口,民心浮动。	
晋败北戎(河北省中西部)于汾邑(山西临汾)。隰戎(山西襄汾西北)灭姜国。	
周政府军攻申戎,大胜。	
晋穆侯姬弗生卒,弟殇叔嗣位,太子姬仇出奔。	
(晋殇叔元年)	
(晋殇叔二年)	
(晋殇叔三年) 周宣王姬靖诬杀大夫杜伯,左儒殉死。姬靖卒,子幽王姬宫涅嗣位。	

	年份	干支	国号王朝及纪年	
	781	庚申	周幽王	元年
前八世纪二〇年代	780	辛酉	周幽王	二年
	779	壬戌	周幽王	三年
	778	癸亥	周幽王	四年
	777	甲子	周幽王	五年
	776	乙丑	周幽王	六年
	775	丙寅	周幽王	七年
	774	丁卯	周幽王	八年
	773	戊辰	周幽王	九年
	772	己巳	周幽王	十年
	771	庚午	周幽王	十一年

国内	国外
(晋殇叔四年) 陈武公妫灵卒,子夷公妫说嗣位。晋前太子姬仇,逐国君殇叔嗣位,是为文侯。	
(晋文侯元年) 三川(泾、渭、洛)竭,岐山崩。褒国以女褒姒献于周幽王姬宫涅。	
(晋文侯二年) 褒姒年十四,姬宫涅溺嬖爱。	
(晋文侯三年) 陈夷公妫说卒,弟平公妫燮嗣位。秦庄公嬴也卒,子襄公嗣位。	
(晋文侯四年)	
(晋文侯五年) 周政府元帅伯士攻六济戎,军败,伯士被杀。时四方蛮族交侵,西戎掳秦襄公兄嬴父。秦迁其邑于汧邑(陕西陇县南)。	希腊人于奥林匹克平原举行赛跑等竞技运动,以纪念天神宙斯,是为世界奥林匹克运动会之始。希腊亦自是始有信史。
(晋文侯六年)	
(晋文侯七年) 周政府任用郑伯姬友为司徒。	
(晋文侯八年) 周幽王姬宫涅废申后及太子姬宜臼,立褒姒为后,姬宜臼出奔申国(河南南阳)。郑国自咸林(陕西华县)迁于颍河以北,黄河以南之地(河南新郑)。	
(晋文侯九年)	
(晋文侯十年) 姬宫涅计划攻申,申侯与犬戎起兵攻镐京,杀姬宫涅于骊山下,掳褒姒。诸侯立太子姬宜臼为君,是为平王,迁都洛阳,史称“东周”。 虢公郭翰另立王子姬余臣为君,是为携王,周王朝分裂。郑桓公姬友战死骊山,子武公姬掘突嗣位。	

	年份	干支	国号王朝及纪年	
前八世纪 三〇年代	770	辛未	周平王 携王	元年 元年
	769	壬申	周平王 携王	二年 二年
	768	癸酉	周平王 携王	三年 三年
	767	甲戌	周平王 携王	四年 四年
	766	乙亥	周平王 携王	五年 五年
	765	丙子	周平王 携王	六年 六年
	764	丁丑	周平王 携王	七年 七年
	763	戊寅	周平王 携王	八年 八年
	762	己卯	周平王 携王	九年 九年
	761	庚辰	周平王 携王	十年 十年
前八世纪 四〇年代	760	辛巳	周平王 携王	十一年 十一年
	759	壬午	周平王 携王	十二年 十二年

国内	国外
(晋文侯十一年)	
(晋文侯十二年) 邢侯大破北戎。鲁孝公姬称卒,子惠公姬弗湟嗣位。	
(鲁惠公元年)(晋文侯十三年)	
(鲁惠公二年)(晋文侯十四年) 燕顷侯卒,子哀侯嗣位。	
(鲁惠公三年)(晋文侯十五年) 宋戴公卒,子武公子司空嗣位。 秦襄公卒,子文公嗣位。	
(鲁惠公四年)(晋文侯十六年) 燕哀侯卒,子郑侯嗣位。	
(鲁惠公五年)(晋文侯十七年) 楚若敖芈熊仪卒,子霄敖芈熊坎嗣位。	
(鲁惠公六年)(晋文侯十八年) 郑武公姬掘突诬杀大夫关其思,袭灭胡国(河南漯河)。	
(鲁惠公七年)(晋文侯十九年) 蔡僖侯蔡所事卒,子共侯蔡兴嗣位。秦国自汧邑(陕西陇县南)迁都至郿邑(陕西眉县东北)。	
(鲁惠公八年)(晋文侯二十年)	
(鲁惠公九年)(晋文侯二十一年) 蔡共侯蔡兴卒,子戴侯嗣位。曹惠伯曹兕卒,子曹石甫嗣位,其叔曹武杀之,嗣位,是为缪公。	
(鲁惠公十年)(晋文侯二十二年)	

	年份	干支	国号王朝及纪年	
	758	癸未	周平王 携王	十三年 十三年
	757	甲申	周平王 携王	十四年 十四年
	756	乙酉	周平王 携王	十五年 十五年
	755	丙戌	周平王 携王	十六年 十六年
	754	丁亥	周平王 携王	十七年 十七年
	753	戊子	周平王 携王	十八年 十八年
	752	己丑	周平王 携王	十九年 十九年
	751	庚寅	周平王 携王	二十年 二十年
前八世纪 五〇年代	750	辛卯	周平王 携王	二十一年 二十一年
	749	壬辰	周平王	二十二年
	748	癸巳	周平王	二十三年

国内	国外
(鲁惠公十一年)(晋文侯二十三年) 卫武公卫和卒,子庄公卫杨嗣位。 楚霄敖芈熊坎卒,子蚡冒芈熊昭嗣位。	
(鲁惠公十二年)(晋文侯二十四年) 曹缪公曹武卒,子桓公曹终生嗣位。	
(鲁惠公十三年)(晋文侯二十五年)	
(鲁惠公十四年)(晋文侯二十六年) 陈平公妫燮卒,子文公妫圉嗣位。	
(鲁惠公十五年)(晋文侯二十七年)	
(鲁惠公十六年)(晋文侯二十八年) 今年起,秦国始有信史。	拉丁部落于意大利中部台伯河南岸崛起,由母狼喂养长大之弟兄二人罗慕路及勒莫,筑罗马城,建罗马王国(——西后476,东后1453,立国二千二百零六年)。
(鲁惠公十七年)(晋文侯二十九年)	雅典执政官任期,由终身改为十年。
(鲁惠公十八年)(晋文侯三十年) 杞武公嗣位,今年起,杞国始有信史。	
(鲁惠公十九年)(晋文侯三十一年) 蔡戴侯卒,子宣侯蔡措父嗣位。秦文公攻西戎,收复岐以东周政府所失土地。 晋文侯姬仇攻杀周携王姬余臣,中国再统一。	
(鲁惠公二十年)(晋文侯三十二年)	
(鲁惠公二十一年)(晋文侯三十三年) 宋武公子司空卒,子宣公子力嗣位。	

	年份	干支	国号王朝及纪年	
	747	甲午	周平王	二十四年
	746	乙未	周平王	二十五年
	745	丙申	周平王	二十六年
	744	丁酉	周平王	二十七年
	743	戊戌	周平王	二十八年
	742	己亥	周平王	二十九年
	741	庚子	周平王	三十年
前八世纪 六〇年代	740	辛丑	周平王	三十一年
	739	壬寅	周平王	三十二年
	738	癸卯	周平王	三十三年
	737	甲辰	周平王	三十四年
	736	乙巳	周平王	三十五年

国内	国外
(鲁惠公二十二年)(晋文侯三十四年) 秦奉"陈宝"为神。	
(鲁惠公二十三年)(晋文侯三十五年) 秦立诛三族之刑。此酷刑祸延中国二千余年。 晋文侯姬仇卒,子昭侯姬伯嗣位,自绛城迁都翼城(山西翼城)。	
(鲁惠公二十四年)(晋昭侯元年) 晋昭侯姬伯封其叔姬成师于曲沃(山西闻喜),是为桓叔,曲沃大于晋都翼城。陈文公妫圉卒,子桓公妫鲍嗣位。	闪族亚述部落灭前巴比伦(前2123——,立国约一千一百年),建立帝国,亦称亚西里亚帝国(——前612)。
(鲁惠公二十五年)(晋昭侯二年) 郑武公姬掘突卒,子庄公姬寤生嗣位。	
(鲁惠公二十六年)(晋昭侯三年) 郑庄公姬寤生封弟姬段于京邑(河南荥阳),谓之京城太叔。	
(鲁惠公二十七年)(晋昭侯四年)	
(鲁惠公二十八年)(晋昭侯五年) 楚蚡冒芈熊眴卒,弟芈熊通杀太子,嗣位,是为武王,楚王国建立。	
(鲁惠公二十九年)(晋昭侯六年)	
(鲁惠公三十年)(晋昭侯七年) 晋大臣潘父杀国君昭侯姬伯,迎立曲沃桓叔姬成师。晋人杀潘父,立姬伯子姬平,是为孝侯。	
(鲁惠公三十一年)(晋孝侯二年)	
(鲁惠公三十二年)(晋孝侯二年)	
(鲁惠公三十三年)(晋孝侯三年)	

	年份	干支	国号王朝及纪年	
	735	丙午	周平王	三十六年
	734	丁未	周平王	三十七年
	733	戊申	周平王	三十八年
	732	己酉	周平王	三十九年
	731	庚戌	周平王	四十年
前八世纪七〇年代	730	辛亥	周平王	四十一年
	729	壬子	周平王	四十二年
	728	癸丑	周平王	四十三年
	727	甲寅	周平王	四十四年
	726	乙卯	周平王	四十五年
	725	丙辰	周平王	四十六年
	724	丁巳	周平王	四十七年
	723	戊午	周平王	四十八年

国内	国外
(鲁惠公三十四年)(晋孝侯四年) 卫庄公卫杨卒,子桓公卫完嗣位。	希腊人侵入西西里岛,建立殖民地。
(鲁惠公三十五年)(晋孝侯五年)	亚述帝国西侵,吞并叙利亚。
(鲁惠公三十六年)(晋孝侯六年) 卫桓公卫完弟卫吁出奔。	
(鲁惠公三十七年)(晋孝侯七年)	
(鲁惠公三十八年)(晋孝侯八年)齐庄公姜购卒,子僖公姜禄甫嗣位。晋曲沃桓叔姬成师卒,子庄伯姬鳝嗣位。	
(鲁惠公三十九年)(晋孝侯九年·曲沃庄伯元年)	
(鲁惠公四十年)(晋孝侯十年·曲沃庄伯二年) 燕郑侯卒,子缪侯嗣位。 宋宣公子力卒,弟穆公子和嗣位。赤狄攻晋都翼城(山西翼城)。	
(鲁惠公四十一年)(晋孝侯十一年·曲沃庄伯三年)	
(鲁惠公四十二年)(晋孝侯十二年·曲沃庄伯四年)	
(鲁惠公四十三年)(晋孝侯十三年·曲沃庄伯五年)	
(鲁惠公四十四年)(晋孝侯十四年·曲沃庄伯六年)	
(鲁惠公四十五年)(晋孝侯十五年·曲沃庄伯七年) 晋曲沃庄伯姬鳝攻翼城,杀国君孝侯姬平,晋人立姬平子姬郄为君,是为鄂侯,姬鳝退返曲沃(山西闻喜)。	
(鲁惠公四十六年)(晋鄂侯元年·曲沃庄伯八年) 鲁惠公姬弗湟卒,子隐公姬息姑嗣位。	

年份	干支	国号王朝及纪年	
722	己未	周平王	四十九年
		鲁隐公	元年
		秦文公	四十四年
		陈桓公	二十三年
		蔡宣侯	二十八年
		郑庄公	二十二年
		宋穆公	七年
		楚武王	十九年
		齐僖公	九年
		晋鄂侯	二年
		燕缪侯	七年
		卫桓公	十三年
		曹桓公	三十五年
		杞武公	二十九年
721	庚申	周平王	五十年
		鲁隐公	二年
		秦文公	四十五年
		陈桓公	二十四年
		蔡宣侯	二十九年
		郑庄公	二十三年
		宋穆公	八年
		楚武王	二十年
		齐僖公	十年
		晋鄂侯	三年
		燕缪侯	八年
		卫桓公	十四年
		曹桓公	三十六年
		杞武公	三十年

国内	国外
(晋曲沃庄伯九年) 周政府权力益衰,诸封国强大,互相攻伐并吞。春秋时代开始(——前481,凡二百四十二年)。自此各封国君主日趋独立,对周王日益轻视,中国进入城邦时代。 鲁隐公姬息姑与邾国君主曹克,会盟于蔑邑(山东泗水)。鲁宋盟于宿国(山东东平)。郑京城太叔姬段叛,庄公姬寤生攻之,姬段出奔共国(河南辉县)。姬段子姬滑奔卫,卫为之攻郑,取廪延(河南延津)。郑、周、虢联军攻卫,侵入卫国南郊。	亚述王萨尔贡二世陷以色列王国首都撒马利亚城,以色列亡(前937——,立国二百零六年)。
(晋曲沃庄伯十年) 莒国(山东莒县)君主娶向国(山东莒南)君主女向姜,向姜归不返,莒攻向,掳向姜还。 鲁司空无骇攻极国(山东鱼台),败归。 郑因姬滑在卫,攻卫。 周政府更弱,戎部落纷起。	

	年份	干支	国号王朝及纪年	
前八世纪八〇年代	720	辛酉	周平王	五十一年
			鲁隐公	三年
			秦文公	四十六年
			陈桓公	二十五年
			蔡宣侯	三十年
			郑庄公	二十四年
			宋穆公	九年
			楚武王	二十一年
			齐僖公	十一年
			晋鄂侯	四年
			燕缪侯	九年
			卫桓公	十五年
			曹桓公	三十七年
			杞武公	三十一年
	719	壬戌	周桓王	元年
			鲁隐公	四年
			秦文公	四十七年
			陈桓公	二十六年
			蔡宣侯	三十一年
			郑庄公	二十五年
			宋殇公	元年
			楚武王	二十二年
			齐僖公	十二年
			晋鄂侯	五年
			燕缪侯	十年
			卫桓公	十六年
			曹桓公	三十八年
			杞武公	三十二年

国内	国外
(晋曲沃庄伯十一年) 周平王姬宜臼卒,子桓王姬林嗣位。周桓王姬林计划专任虢国君主主持政府,郑庄公姬寤生怒,命大夫祭足率军割取温邑(河南温县)麦田。秋,再率军割取成周(河南洛阳)附近高粱。周政府与郑国互相怨恶。宋穆公子和卒,子子冯出奔郑国,侄殇公子与夷嗣位。	
(晋曲沃庄伯十二年) 卫公子卫州吁袭杀国君桓公卫完,嗣位,是为春秋弑君之始。卫人攻杀卫州吁,立卫完弟卫晋为君,是为宣公。宋以子冯在郑,与陈、蔡、卫四国,联军攻郑,围其东门,五日始还。	

年份	干支	国号王朝及纪年	
718	癸亥	周桓王	二年
		鲁隐公	五年
		秦文公	四十八年
		陈桓公	二十七年
		蔡宣侯	三十二年
		郑庄公	二十六年
		宋殇公	二年
		楚武王	二十三年
		齐僖公	十三年
		晋鄂侯	六年
		燕缪侯	十一年
		卫宣公	元年
		曹桓公	三十九年
		杞武公	三十三年
717	甲子	周桓王	三年
		鲁隐公	六年
		秦文公	四十九年
		陈桓公	二十八年
		蔡宣侯	三十三年
		郑庄公	二十七年
		宋殇公	三年
		楚武王	二十四年
		齐僖公	十四年
		晋哀侯	元年
		燕缪侯	十二年
		卫宣公	二年
		曹桓公	四十年
		杞武公	三十四年

国内	国外
(晋曲沃庄伯十三年) 晋曲沃(山西闻喜)庄伯姬鱓,联合郑、邢二国攻翼城(山西翼城),周政府支持下,晋鄂侯姬郄奔随城(山西介休)。姬鱓寻叛中央,周桓王姬林怒,乃立姬郁子姬光为晋国君主,是为哀侯。郑为报复去年东门之役,攻卫,侵入牧野(河南卫辉),卫求援于南燕国(河南延津东北),南燕出军而不设备,在北制被郑击败。 卫攻郕国(山东宁阳),以报复去年郕乘卫国内乱攻卫。 宋占领邾国(山东邹城)土地,邾向郑求援,郑邀请周政府军联合攻宋,侵入宋国外城。宋反攻,围郑国长葛(河南长葛)。	
(晋曲沃庄伯十四年) 晋人自随城迎鄂侯姬郄归,居于鄂邑(山西乡宁)。郑为报复前年东门之役,攻陈国(河南淮阳),大胜。 宋围长葛一年,攻陷。郑庄公姬寤生赴洛阳朝见周桓王姬林,姬林不加礼敬,姬寤生告姬林曰:“天子东迁,晋郑是依,今不礼焉,郑不来矣。”以封国而与中央政府处相等地位,周政府日益没落。	

年份	干支	国号王朝及纪年	
716	乙丑	周桓王	四年
		鲁隐公	七年
		秦文公	五十年
		陈桓公	二十九年
		蔡宣侯	三十四年
		郑庄公	二十八年
		宋殇公	四年
		楚武王	二十五年
		齐僖公	十五年
		晋哀侯	二年
		燕缪侯	十三年
		卫宣公	三年
		曹桓公	四十一年
		杞武公	三十五年
715	丙寅	周桓王	五年
		鲁隐公	八年
		秦宁公	元年
		陈桓公	三十年
		蔡宣侯	三十五年
		郑庄公	二十九年
		宋殇公	五年
		楚武王	二十六年
		齐僖公	十六年
		晋哀侯	三年
		燕缪侯	十四年
		卫宣公	四年
		曹桓公	四十二年
		杞武公	三十六年

国内	国外
(晋曲沃庄伯十五年) 秦文公卒,孙宁公嬴立嗣位。晋曲沃庄伯姬鳝卒,子姬称嗣位,是为曲沃武公(即晋武公)。宋国与郑国和解。鲁国攻邾国,代宋报复前年郑因邾攻宋之役。凡国(河南辉县)君主赴鲁国聘问,返国途中,经楚丘(山东曹县),被戎部落俘虏。陈国与郑国和解,盟于郑。陈桓公妫鲍,以女妻郑庄公姬寤生的长子姬忽。	
(晋曲沃武公元年) 蔡宣侯蔡措父卒,子桓侯蔡封人嗣位。宋殇公子与夷、齐僖公姜禄甫、卫宣公卫晋,盟于瓦屋(河南新郑)以消除前719年东门之役怨仇。	

年份	干支	国号王朝及纪年	
714	丁卯	周桓王	六年
		鲁隐公	九年
		秦宁公	二年
		陈桓公	三十一年
		蔡桓侯	元年
		郑庄公	三十年
		宋殇公	六年
		楚武王	二十七年
		齐僖公	十七年
		晋哀侯	四年
		燕缪侯	十五年
		卫宣公	五年
		曹桓公	四十三年
		杞武公	三十七年
713	戊辰	周桓王	七年
		鲁隐公	十年
		秦宁公	三年
		陈桓公	三十二年
		蔡桓侯	二年
		郑庄公	三十一年
		宋殇公	七年
		楚武王	二十八年
		齐僖公	十八年
		晋哀侯	五年
		燕缪侯	十六年
		卫宣公	六年
		曹桓公	四十四年
		杞武公	三十八年

国内	国外
(晋曲沃武公二年) 北戎(山西南部)攻郑,郑反击,大胜。秦宁公嬴立自郿邑(陕西眉县东北)迁都平阳(陕西眉县),攻亳戎荡社(陕西西安)部落。 宋殇公子与夷不朝觐周王,郑庄公姬寤生假传周桓王姬林之命,讨伐宋国,不能胜。姬寤生以姬林名义通知鲁国,与鲁隐公姬息姑与齐僖公姜禄甫,会于防邑(山东金乡),共谋用兵。	
(晋曲沃武公三年) 亳戎王西奔,秦灭荡社部落。鲁隐公姬息姑、郑庄公姬寤生、齐僖公姜禄甫,会盟于中丘(山东临沂),再会于老桃(山东济宁)。鲁、郑、齐三国联军攻宋,郑军连陷郜城(山东成武)、防邑,均交于鲁国,鲁国喜,赞姬寤生公正。蔡、卫、郕,拒遵周桓王姬林之命攻宋。宋国与卫国联军,乘郑国大军未返,攻郑,深入其境。又会同蔡军攻陷戴国(河南民权)。郑军反攻,克戴国,大败宋、卫、蔡三国联军。齐、郑联军攻郕国,讨伐其拒绝周政府之命。	

年份	干支	国号王朝及纪年	
712	己巳	周桓王	八年
		鲁隐公	十一年
		秦宁公	四年
		陈桓公	三十三年
		蔡桓侯	三年
		郑庄公	三十二年
		宋殇公	八年
		楚武王	二十九年
		齐僖公	十九年
		晋哀侯	六年
		燕缪侯	十七年
		卫宣公	七年
		曹桓公	四十五年
		杞武公	三十九年
711	庚午	周桓王	九年
		鲁桓公	元年
		秦宁公	五年
		陈桓公	三十四年
		蔡桓侯	四年
		郑庄公	三十三年
		宋殇公	九年
		楚武王	三十年
		齐僖公	二十年
		晋哀侯	七年
		燕缪侯	十八年
		卫宣公	八年
		曹桓公	四十六年
		杞武公	四十年

国内	国外
(晋曲沃武公四年) 齐、郑、鲁,三国攻许国,许庄公姜弗奔卫,郑立其弟姜郑为君,居许国东境,号许叔,是为桓公。息国(河南息县)与郑国冲突,息军攻入郑境,大败而还。郑、虢联军攻宋,大败宋军,以报宋、卫联军去年攻郑之役。鲁公子姬允,杀兄隐公姬息姑,嗣位,是为桓公。	
(晋曲沃武公五年) 鲁国大水。 燕缪侯卒,子宣侯嗣位。鲁桓公姬允、郑庄公姬寤生,会盟于越邑(山东曹具境),郑将璧玉以及祊田(山东费县)交换鲁之许田(河南许昌),手续完成。	

	年份	干支	国号王朝及纪年	
前八世纪九〇年代	710	辛未	周桓王	十年
			鲁桓公	二年
			秦宁公	六年
			陈桓公	三十五年
			蔡桓侯	五年
			郑庄公	三十四年
			宋殇公	十年
			楚武王	三十一年
			齐僖公	二十一年
			晋哀侯	八年
			燕宣侯	元年
			卫宣公	九年
			曹桓公	四十七年
			杞武公	四十一年
	709	壬申	周桓王	十一年
			鲁桓公	三年
			秦宁公	七年
			陈桓公	三十六年
			蔡桓侯	六年
			郑庄公	三十五年
			宋庄公	元年
			楚武王	三十二年
			齐僖公	二十二年
			晋哀侯	九年
			燕宣侯	二年
			卫宣公	十年
			曹桓公	四十八年
			杞武公	四十二年

国内	国外
(晋曲沃武公六年) 宋大夫华督见司马孔嘉妻美,攻杀孔嘉,娶其妻。国君殇公子与夷怒,华督遂杀子与夷,立穆公子和子子冯为君,是为庄公。子冯任华督为相。中国以“相”(宰相)主政,自此开始。　鲁责杞国(河南杞县)君主朝见不敬,出兵讨伐。晋哀侯姬光,侵占曲沃武公姬称所属陉庭(山西侯马)田,争执激烈。	
(晋曲沃武公七年) 晋曲沃武公姬称攻翼城,掳国君哀侯姬光,国人立姬光子姬小子为君,是为小子侯。　芮伯(陕西大荔朝邑城南)姬万多宠妾,其母姜氏甚为厌恶,逐姬万出居魏国(山西芮城)。	

年份	干支	国号王朝及纪年	
708	癸酉	周桓王	十二年
		鲁桓公	四年
		秦宁公	八年
		陈桓公	三十七年
		蔡桓侯	七年
		郑庄公	三十六年
		宋庄公	二年
		楚武王	三十三年
		齐僖公	二十三年
		晋小子侯	元年
		燕宣侯	三年
		卫宣公	十一年
		曹桓公	四十九年
		杞武公	四十三年
707	甲戌	周桓王	十三年
		鲁桓公	五年
		秦宁公	九年
		陈桓公	三十八年
		蔡桓侯	八年
		郑庄公	三十七年
		宋庄公	三年
		楚武王	三十四年
		齐僖公	二十四年
		晋小子侯	二年
		燕宣侯	四年
		卫宣公	十二年
		曹桓公	五十年
		杞武公	四十四年

国内	国外
(晋曲沃武公八年) 秦攻芮,败还。晋曲沃武公姬称杀国君哀侯姬光。周、秦联军围魏国,将芮伯姬万带回秦国。	
(晋曲沃武公九年) 陈桓公妫鲍卒,弟妫佗杀太子妫免,嗣位。周桓王姬林率蔡、卫、陈联军攻郑,大败,郑国大将祝聃射姬林中臂。杞国攻州国(山东安丘),州国国君淳于公,适赴曹国聘问,知州国危急,惧不敢返,径奔鲁国。州亡,杞遂迁都淳于城。	

年份	干支	国号王朝及纪年	
706	乙亥	周桓王	十四年
		鲁桓公	六年
		秦宁公	十年
		陈厉公	元年
		蔡桓侯	九年
		郑庄公	三十八年
		宋庄公	四年
		楚武王	三十五年
		齐僖公	二十五年
		晋小子侯	三年
		燕宣侯	五年
		卫宣公	十三年
		曹桓公	五十一年
		杞武公	四十五年
705	丙子	周桓王	十五年
		鲁桓公	七年
		秦宁公	十一年
		陈厉公	二年
		蔡桓侯	十年
		郑庄公	三十九年
		宋庄公	五年
		楚武王	三十六年
		齐僖公	二十六年
		晋小子侯	四年
		燕宣侯	六年
		卫宣公	十四年
		曹桓公	五十二年
		杞武公	四十六年

国内	国外
(晋曲沃武公十年) 楚部落酋长芈熊通攻随(湖北随州),随求和,并请周桓王姬林封楚为王,姬林不允。北戎(河北东北部)攻齐,郑太子姬忽救齐,大败北戎。陈人杀国君陈侯妫佗,立其侄妫跃,是为厉公。纪国(山东寿光)受齐侵略,国危,纪侯赴鲁朝觐,请转乞周桓王姬林,下令齐国与纪国和解。鲁桓公姬允告以不能。	
(晋曲沃武公十一年) 晋曲沃武公姬称,诱杀小子侯姬小子。	

年份	干支	国号王朝及纪年	
704	丁丑	周桓王	十六年
		鲁桓公	八年
		秦宁公	十二年
		陈厉公	三年
		蔡桓侯	十一年
		郑庄公	四十年
		宋庄公	六年
		楚武王	三十七年
		齐僖公	二十七年
		晋姬缗	元年
		燕宣侯	七年
		卫宣公	十五年
		曹桓公	五十三年
		杞武公	四十七年
703	戊寅	周桓王	十七年
		鲁桓公	九年
		秦出子	元年
		陈厉公	四年
		蔡桓侯	十二年
		郑庄公	四十一年
		宋庄公	七年
		楚武王	三十八年
		齐僖公	二十八年
		晋姬缗	二年
		燕宣侯	八年
		卫宣公	十六年
		曹桓公	五十四年
		杞靖公	元年

国内	国外
(晋曲沃武公十二年) 楚部落酋长芈熊通宣布称王,建楚王国。楚武王芈熊通大会诸侯于沈鹿(湖北钟祥),黄国(河南潢川)、随国不至。楚遣使责黄,而以大军击随,战于速杞(湖北广水),随军大败,乞和。　周桓王姬林命虢国(河南三门峡)君主郭仲攻曲沃,立晋哀侯姬光弟姬缗为晋侯。杞武公卒,子靖公嗣位。　秦宁公嬴立卒,子出子嗣位。	
(晋曲沃武公十三年) 巴国(湖北襄樊境)君主巴子,通好邓国(湖北襄樊北),使臣至邓南郊,被鄾国(湖北襄樊东北)所杀。巴、楚联合攻鄾。邓救鄾,大败。　虢国君主郭仲、芮国君主芮伯、梁国(陕西韩城)君主梁伯、荀国(山西新绛)君主荀侯、贾国(山西襄汾)君主贾伯,五国联军讨伐曲沃武公姬称。	

年份	干支	国号王朝及纪年	
702	己卯	周桓王	十八年
		鲁桓公	十年
		秦出子	二年
		陈厉公	五年
		蔡桓侯	十三年
		郑庄公	四十二年
		宋庄公	八年
		楚武王	三十九年
		齐僖公	二十九年
		晋姬缗	三年
		燕宣侯	九年
		卫宣公	十七年
		曹桓公	五十五年
		杞靖公	二年
701	庚辰	周桓王	十九年
		鲁桓公	十一年
		秦出子	三年
		陈厉公	六年
		蔡桓侯	十四年
		郑庄公	四十三年
		宋庄公	九年
		楚武王	四十年
		齐僖公	三十年
		晋姬缗	四年
		燕宣侯	十年
		卫宣公	十八年
		曹庄公	元年
		杞靖公	三年

国内	国外
(晋曲沃武公十四年) 曹桓公曹终生卒,子庄公曹射姑嗣位。　虢公郭仲向周桓王姬林谮害大夫詹父,詹父无罪,幸得以自明,遂率周政府军讨伐虢国,郭仲逃亡虞国(山西平陆西)。秦国军队送芮国故君姬万回国复位。虞国君主虞公向其弟虞叔索贿不止,虞叔怒,起兵叛,虞公出奔共池(山西平陆西)。郑、齐、卫三国联军攻鲁国,战于郎邑(山东鱼台)(前706年,诸侯救齐国,郑公子姬忽有功。齐国送礼物致谢,由鲁国排定顺序,以爵位为准,郑国为伯爵,居于最后,乃于今年攻鲁报复)。	
(晋曲沃武公十五年) 郑庄公姬寤生卒,子昭公姬忽嗣位,姬忽弟姬突得宋国之助,驱兄嗣位,是为厉公。卫宣公卫晋杀其子卫伋,盗又杀卫伋弟卫寿。　楚与贰国(湖北广水)、轸国(湖北应城)结盟。郧国(湖北安陆)屯兵蒲骚(湖北应城西北),约随国、绞国(湖北郧县)、州国(湖北洪湖西北)、蓼国(河南唐河),联合拒楚。楚袭蒲骚,郧军大败。	

前七世纪

春秋时代中“五霸”中的三霸:齐桓公姜小白、晋文公姬重耳、秦穆公嬴任好,在本世纪兴起,以“尊王攘夷”为号召,代替周王朝中央政府,维持日益瓦解的政治秩序。但到处仍有弑君事件,封国之间,互相征伐,互相并吞。

前七世纪
○○年代

年份	干支	国号王朝及纪年	
700	辛巳	周桓王	二十年
		鲁桓公	十二年
		秦出子	四年
		陈厉公	七年
		蔡桓侯	十五年
		郑厉公	元年
		宋庄公	十年
		楚武王	四十一年
		齐僖公	三十一年
		晋姬缗	五年
		燕宣侯	十一年
		卫宣公	十九年
		曹庄公	二年
		杞靖公	四年
699	壬午	周桓王	二十一年
		鲁桓公	十三年
		秦出子	五年
		陈庄公	元年
		蔡桓侯	十六年
		郑厉公	二年
		宋庄公	十一年
		楚武王	四十二年
		齐僖公	三十二年
		晋姬缗	六年
		燕宣侯	十二年
		卫惠公	元年
		曹庄公	三年
		杞靖公	五年

国内	国外
(晋曲沃武公十六年) 陈厉公妫跃卒,弟庄公妫林嗣位。 卫宣公卫晋卒,子惠公卫朔嗣位。 鲁桓公姬允欲为宋、郑二国和解。与宋庄公子冯会盟于句渎之丘(河南商丘东南),又会盟于虚邑(河南延津),复会盟于龟邑(河南睢县境),子冯均拒和解。姬允遂与郑厉公姬突会盟于武父(山东东明)联军攻宋。 楚攻绞国,绞大败,楚取得城下盟而还。	
(晋曲沃武公十七年) 楚大夫屈瑕攻罗国,骄无军纪,罗国与卢戎国(湖北襄樊西南)联军迎战,楚军大败,屈瑕自缢于荒谷(湖北江陵)。 宋因前年助郑厉公姬突夺位有功,索酬不止,姬突不堪命,乃联合纪国、鲁国,与宋、卫、南燕、齐决战,宋四国联军败走。	

年份	干支	国号王朝及纪年	
698	癸未	周桓王	二十二年
		鲁桓公	十四年
		秦出子	六年
		陈庄公	二年
		蔡桓侯	十七年
		郑厉公	三年
		宋庄公	十二年
		楚武王	四十三年
		齐僖公	三十三年
		晋姬缗	七年
		燕宣侯	十三年
		卫惠公	二年
		曹庄公	四年
		杞靖公	六年
697	甲申	周桓王	二十三年
		鲁桓公	十五年
		秦武公	元年
		陈庄公	三年
		蔡桓侯	十八年
		郑厉公	四年
		宋庄公	十三年
		楚武王	四十四年
		齐襄公	元年
		晋姬缗	八年
		燕桓侯	元年
		卫惠公	三年
		曹庄公	五年
		杞靖公	七年

国内	国外
(晋曲沃武公十八年) 齐僖公姜禄甫卒,子襄公姜诸儿嗣位。　燕宣侯卒,桓侯嗣位。　秦庶长三父等,令盗杀国君出子,立其兄武公为君。宋国联合齐、蔡、卫、陈,进攻郑国。以报复去年之役。焚郑国首都(河南新郑)城门(渠门),陷牛首(河南开封南),取郑国祖庙椽木,归作宋首都(河南商丘)城门(卢门)椽木,以示愤慨及侮辱。	
(晋曲沃武公十九年) 郑厉公姬突欲杀大夫祭仲,事败,姬突奔蔡国。　祭仲迎昭公姬忽复位。而姬突由蔡返,袭据栎邑(河南禹州)。　周桓工姬林卒,子庄工姬佗嗣位。　许桓公姜郑,于前712年,居于东郊。乘郑国内乱,潜返许国复位。　宋、卫、鲁、陈,四国会盟于袳邑(安徽涡阳),联军攻郑,欲使姬突复位,败还。	

年份	干支	国号王朝及纪年	
696	乙酉	周庄王	元年
		鲁桓公	十六年
		秦武公	二年
		陈庄公	四年
		蔡桓侯	十九年
		郑昭公	元年
		宋庄公	十四年
		楚武王	四十五年
		齐襄公	二年
		晋姬缗	九年
		燕桓侯	二年
		卫惠公	四年
		曹庄公	六年
		杞靖公	八年
695	丙戌	周庄王	二年
		鲁桓公	十七年
		秦武公	三年
		陈庄公	五年
		蔡桓侯	二十年
		郑昭公	二年
		宋庄公	十五年
		楚武王	四十六年
		齐襄公	三年
		晋姬缗	十年
		燕桓侯	三年
		卫黔牟	元年
		曹庄公	七年
		杞靖公	九年

国内	国外
(晋曲沃武公二十年) 卫左公子卫泄,右公子卫职,攻国君惠公卫朔,立故太子卫伋弟卫黔牟为君。卫朔奔齐国。　鄋瞒(一说山东高青)攻齐,齐获其大将长狄荣如,卫获其弟长狄简如。　宋、鲁、卫、陈、蔡,五国联军再攻郑国,仍不能胜。	
(晋曲沃武公二十一年) 蔡桓侯蔡封人卒,弟哀侯蔡献舞嗣位。郑大夫高渠弥射杀国君昭公姬忽,立其弟姬亹为君。　秦武公讨庶长三父等杀出子之罪,屠其族。　齐国侵鲁国疆界,战于奚邑(山东滕州)。　宋国与邾国互争边界,宋约鲁出兵,联军攻邾。	

年份	干支	国号王朝及纪年	
694	丁亥	周庄王	三年
		鲁桓公	十八年
		秦武公	四年
		陈庄公	六年
		蔡哀侯	元年
		郑姬亹	元年
		宋庄公	十六年
		楚武王	四十七年
		齐襄公	四年
		晋姬缗	十一年
		燕桓侯	四年
		卫黔牟	二年
		曹庄公	八年
		杞靖公	十年
693	戊子	周庄王	四年
		鲁庄公	元年
		秦武公	五年
		陈庄公	七年
		蔡哀侯	二年
		郑姬婴	元年
		宋庄公	十七年
		楚武王	四十八年
		齐襄公	五年
		晋姬缗	十二年
		燕桓侯	五年
		卫黔牟	三年
		曹庄公	九年
		杞靖公	十一年

国内	国外
(晋曲沃武公二十二年) 鲁桓公姬允与夫人文姜赴齐,文姜与兄齐襄公姜诸儿私通,事泄,姜诸儿遣公子姜彭生拉杀姬允。姬允子庄公姬同嗣位。 姜诸儿杀姜彭生灭口。 周政府周公姬黑肩,欲杀庄王姬佗,而立姬佗弟姬克,事泄,姬黑肩被杀,姬克奔南燕(河南延津)。 姜诸儿统军至首止(河南睢县),郑公姬亹来会,姜诸儿责其弑君,杀姬亹,车裂高渠弥。郑大夫迎立姬忽弟姬婴。	
(晋曲沃武公二十三年) 陈庄公妫林卒,弟宣公妫杵臼嗣位。齐国占领纪国(山东寿光南)所属郱邑(山东临朐)、鄑邑(山东昌邑)、郚邑(山东安丘西南),尽逐其民,而夺其地。	

年份	干支	国号王朝及纪年	
692	己丑	周庄王	五年
		鲁庄公	二年
		秦武公	六年
		陈宣公	元年
		蔡哀侯	三年
		郑姬婴	二年
		宋庄公	十八年
		楚武王	四十九年
		齐襄公	六年
		晋姬缗	十三年
		燕桓侯	六年
		卫黔牟	四年
		曹庄公	十年
		杞靖公	十二年
691	庚寅	周庄王	六年
		鲁庄公	三年
		秦武公	七年
		陈宣公	二年
		蔡哀侯	四年
		郑姬婴	三年
		宋闵公	元年
		楚武王	五十年
		齐襄公	七年
		晋姬缗	十四年
		燕桓侯	七年
		卫黔牟	五年
		曹庄公	十一年
		杞靖公	十三年

国内	国外
(晋曲沃武公二十四年) 宋庄公子冯卒,子闵公子捷嗣位。	
(晋曲沃武公二十五年) 齐鲁二国攻卫。 燕桓侯卒,子庄公嗣位。 纪国君主之弟姜季,据酅邑(山东青州西北)叛,归附齐国,纪国分裂,益衰。 鲁庄公姬同赴滑邑(一说河南睢县)会郑公姬婴,欲共谋挽救纪国,姬婴以无能为力推辞。	

	年份	干支	国号王朝及纪年	
前七世纪一〇年代	690	辛卯	周庄王	七年
			鲁庄公	四年
			秦武公	八年
			陈宣公	三年
			蔡哀侯	五年
			郑姬婴	四年
			宋闵公	二年
			楚武王	五十一年
			齐襄公	八年
			晋姬缗	十五年
			燕庄公	元年
			卫黔牟	六年
			曹庄公	十二年
			杞靖公	十四年
	689	壬辰	周庄王	八年
			鲁庄公	五年
			秦武公	九年
			陈宣公	四年
			蔡哀侯	六年
			郑姬婴	五年
			宋闵公	三年
			楚文王	元年
			齐襄公	九年
			晋姬缗	十六年
			燕庄公	二年
			卫黔牟	七年
			曹庄公	十三年
			杞靖公	十五年

国内	国外
(晋曲沃武公二十六年) 周庄王姬佗召随侯,责其尊楚为王,随侯遂背楚。楚庄王芈熊通攻随,卒于军,子文王芈熊赀嗣位,自丹阳(湖北秭归)迁都郢都(湖北江陵)。　齐灭纪国,纪君出奔不返。	
(晋曲沃武公二十七年) 郳国(山东滕州)君主曹犁来赴鲁朝觐。　齐、宋、陈、蔡、鲁,五国联军攻卫,强送流亡君主惠公卫朔返国。	

年份	干支	国号王朝及纪年	
688	癸巳	周庄王	九年
		鲁庄公	六年
		秦武公	十年
		陈宣公	五年
		蔡哀侯	七年
		郑姬婴	六年
		宋闵公	四年
		楚文王	二年
		齐襄公	十年
		晋姬缗	十七年
		燕庄公	二年
		卫黔牟	八年
		曹庄公	十四年
		杞靖公	十六年
687	甲午	周庄王	十年
		鲁庄公	七年
		秦武公	十一年
		陈宣公	六年
		蔡哀侯	八年
		郑姬婴	七年
		宋闵公	五年
		楚文王	三年
		齐襄公	十一年
		晋姬缗	十八年
		燕庄公	四年
		卫惠公	十三年
		曹庄公	十五年
		杞靖公	十七年

国内	国外
(晋曲沃武公二十八年) 卫惠公卫朔返国复位,原国君卫黔牟奔周。楚文王芈熊赀攻申国(河南南阳),还军途中,又攻邓国(湖北襄樊北)。 秦武公攻邽冀戎,置县,中国县制自此始。	
(晋曲沃武公二十九年) 鲁国大水。	

年份	干支	国号王朝及纪年	
686	乙未	周庄王	十一年
		鲁庄公	八年
		秦武公	十二年
		陈宣公	七年
		蔡哀侯	九年
		郑姬婴	八年
		宋闵公	六年
		楚文王	四年
		齐襄公	十二年
		晋姬缗	十九年
		燕庄公	五年
		卫惠公	十四年
		曹庄公	十六年
		杞靖公	十八年
685	丙申	周庄王	十二年
		鲁庄公	九年
		秦武公	十三年
		陈宣公	八年
		蔡哀侯	十年
		郑姬婴	九年
		宋闵公	七年
		楚文王	五年
		齐桓公	元年
		晋姬缗	二十年
		燕庄公	六年
		卫惠公	十五年
		曹庄公	十七年
		杞靖公	十九年

国内	国外
(晋曲沃武公三十年) 齐国鲁国联合攻郕国(山东宁阳),郕国愤鲁国之侵凌,遂降于齐。鲁公子姬庆父怒,欲攻齐军,庄公姬同止之。 齐国内部危机日明,大夫鲍叔牙奉公子姜小白奔莒国,管仲奉公子姜纠奔鲁国。 齐大夫连称、管至父,杀国君襄公姜诸儿,立公子姜无知。	
(晋曲沃武公三十一年) 齐大夫雍廪杀国君姜无知,大夫高傒召姜小白自莒返。 鲁发兵送公子姜纠亦返,管仲遮道,射姜小白中钩,姜小白幸不死,嗣位,是为桓公。鲁送姜纠至齐,诛杀。 姜小白任管仲为相。	

年份	干支	国号王朝及纪年	
684	丁酉	周庄王	十三年
		鲁庄公	十年
		秦武公	十四年
		陈宣公	九年
		蔡哀侯	十一年
		郑姬婴	十年
		宋闵公	八年
		楚文王	六年
		齐桓公	二年
		晋姬缗	二十一年
		燕庄公	七年
		卫惠公	十六年
		曹庄公	十八年
		杞靖公	二十年
683	戊戌	周庄王	十四年
		鲁庄公	十一年
		秦武公	十五年
		陈宣公	十年
		蔡哀侯	十二年
		郑姬婴	十一年
		宋闵公	九年
		楚文王	七年
		齐桓公	三年
		晋姬缗	二十二年
		燕庄公	八年
		卫惠公	十七年
		曹庄公	十九年
		杞靖公	二十一年

国内	国外
(晋曲沃武公三十二年) 春,齐桓公姜小白攻鲁,败于长勺(山东莱芜)。 夏,齐、宋二国再攻鲁,鲁败宋于乘丘(山东巨野),擒宋大夫南宫长万。齐军亦败还。蔡哀侯蔡献舞与息国(河南息县)君主息侯,均娶陈国公主。息侯妻息妫归宁,经过蔡国,蔡献舞曰:“吾小姨也。”见以家人礼,不以国宾礼,息侯怒,告楚文王芈熊赀曰:“请攻息国,蔡国必来救,即可灭蔡。” 秋,楚遂攻息,蔡果来救,即掳蔡献舞,寻又释回。江淮间小国,莫不畏楚。 冬,齐攻谭国(山东章丘),谭亡,谭君奔莒国(山东莒县)。	
(晋曲沃武公三十三年) 宋国报复去岁乘丘之役,再攻鲁,战于鄑邑(山东昌邑),宋军又败。鲁释南宫长万返宋,宋闵公子捷谑谓之曰:“吾初敬君,今君乃鲁国囚犯,吾不再敬君矣。”南宫长万惭怒。 宋大水。	雅典执政官任期,由十年(前752)改为一年,席次增为九人。

年份	干支	国号王朝及纪年	
682	己亥	周庄王	十五年
		鲁庄公	十二年
		秦武公	十六年
		陈宣公	十一年
		蔡哀侯	十三年
		郑姬婴	十二年
		宋闵公	十年
		楚文王	八年
		齐桓公	四年
		晋姬缗	二十三年
		燕庄公	九年
		卫惠公	十八年
		曹庄公	二十年
		杞靖公	二十二年
681	庚子	周僖王	元年
		鲁庄公	十三年
		秦武公	十七年
		陈宣公	十二年
		蔡哀侯	十四年
		郑姬婴	十三年
		宋桓公	元年
		楚文王	九年
		齐桓公	五年
		晋姬缗	二十四年
		燕庄公	十年
		卫惠公	十九年
		曹庄公	二十一年
		杞靖公	二十三年

国内	国外
(晋曲沃武公三十四年) 宋大夫南宫长万杀国君闵公子捷,立公子子游,诸公子借曹国军队反击,杀子游,立子捷弟子御说,是为桓公。南宫长万奔陈国,宋引渡归,斩为肉酱。 周庄王姬佗卒,子僖王姬胡齐嗣位。	
(晋曲沃武公三十五年) 齐桓公姜小白,与宋、陈、蔡、邾,会盟于北杏(山东东阿),以安定宋国内乱。遂国(山东肥城)拒不参加,齐军攻遂,遂亡。 齐、鲁二国盟于柯邑(山东阳谷),鲁大将(一说曹刿)劫齐桓公姜小白,齐还曹沫三战所失土地。 杞靖公卒,子共公嗣位。	

前七世纪
二〇年代

年份	干支	国号王朝及纪年	
680	辛丑	周僖王	二年
		鲁庄公	十四年
		秦武公	十八年
		陈宣公	十三年
		蔡哀侯	十五年
		郑姬婴	十四年
		宋桓公	二年
		楚文王	十年
		齐桓公	六年
		晋姬缗	二十五年
		燕庄公	十一年
		卫惠公	二十年
		曹庄公	二十二年
		杞共公	元年
679	壬寅	周僖王	三年
		鲁庄公	十五年
		秦武公	十九年
		陈宣公	十四年
		蔡哀侯	十六年
		郑厉公	二十二年
		宋桓公	三年
		楚文王	十一年
		齐桓公	七年
		晋姬缗	二十六年
		燕庄公	十二年
		卫惠公	二十一年
		曹庄公	二十三年
		杞共公	二年

国内	国外
(晋曲沃武公三十六年) 郑大夫傅瑕杀国君姬婴,迎厉公姬突返国复位,姬突既复位,杀傅瑕。　蔡哀侯蔡献舞恨为息侯所卖,向楚文王芈熊赀赞息妫之美,芈熊赀遂访息国,于盛宴中执息侯,掳息妫返楚,息国亡。 芈熊赀为取悦息妫,返军攻蔡。	
(晋曲沃武公三十七年) 郑攻宋。　晋曲沃武公姬称攻翼城,杀国君晋侯姬缗,尽以宝器赂周僖王姬胡齐求封,并自曲沃(山西闻喜)迁都至故都绛城(山西翼城东南)。 齐桓公姜小白、宋桓公子御说、陈宣公妫杵臼、卫惠公卫朔、郑厉公姬突,会盟于鄄邑(山东鄄城),齐遂被尊为霸主,霸主以“尊王攘夷”为政治号召。	

年份	干支	国号王朝及纪年	
678	癸卯	周僖王	四年
		鲁庄公	十六年
		秦武公	二十年
		陈宣公	十五年
		蔡哀侯	十七年
		郑厉公	二十三年
		宋桓公	四年
		楚文王	十二年
		齐桓公	八年
		晋武公	三十八年
		燕庄公	十三年
		卫惠公	二十二年
		曹庄公	二十四年
		杞共公	三年
677	甲辰	周僖王	五年
		鲁庄公	十七年
		秦德公	元年
		陈宣公	十六年
		蔡哀侯	十八年
		郑厉公	二十四年
		宋桓公	五年
		楚文王	十三年
		齐桓公	九年
		晋武公	三十九年
		燕庄公	十四年
		卫惠公	二十三年
		曹庄公	二十五年
		杞共公	四年

国内	国外
周僖王姬胡齐收晋曲沃武公姬称贿赂,乃正式封其为晋国君主。　秦武公卒,用活人殉葬,死者凡六十六人,弟德公嗣位。　郑子曹克卒,弟曹琐嗣位。　楚文王芈熊赀攻邓(湖北襄樊),邓国亡。郑侵宋国边界,齐、宋、卫,联军攻郑。　郑厉公姬突追究前697年被逐事件,杀祭仲之党公子姬阏,断公子姬强鉏双足。　冬,齐、宋、陈、卫、郑、许、滑(河南偃师)、滕,八国君主会盟于幽邑(河南兰考)。	
周僖王姬胡齐卒,子惠王姬阆嗣位。　晋武公姬称卒,子献公姬诡诸嗣位。　秦德公自平阳(陕西眉县)迁都雍邑(陕西凤翔)。　遂国故宗室因氏、颌氏、工娄氏、须遂氏,诱杀齐国占领军。	

年份	干支	国号王朝及纪年	
676	乙巳	周惠王	元年
		鲁庄公	十八年
		秦德公	二年
		陈宣公	十七年
		蔡哀侯	十九年
		郑厉公	二十五年
		宋桓公	六年
		楚文王	十四年
		齐桓公	十年
		晋献公	元年
		燕庄公	十五年
		卫惠公	二十四年
		曹庄公	二十六年
		杞共公	五年
675	丙午	周惠王	二年
		鲁庄公	十九年
		秦宣公	元年
		陈宣公	十八年
		蔡哀侯	二十年
		郑厉公	二十六年
		宋桓公	七年
		楚文王	十五年
		齐桓公	十一年
		晋献公	二年
		燕庄公	十六年
		卫惠公	二十五年
		曹庄公	二十七年
		杞共公	六年

国内	国外
秦德公卒,子宣公嗣位。　巴国(四川重庆)攻楚,陷那处(湖北荆门),逼楚国大门。那处守将阎敖游涌水(湖北监利东南)而逃,楚文王芈熊赀杀之。阎敖亲族叛,与巴军联合。	
楚文王芈熊赀迎击巴军,战于津(湖北枝江),大败,还至郢都,城门守吏鬻拳不纳。芈熊赀愤,遂攻黄国(河南潢川),败黄军于踖陵(潢川南)。还至湫邑(湖北钟祥),病卒。子芈熊艰嗣位,是为杜敖。鬻拳自杀。　周五大夫蒍国、边伯、石速、子禽祝跪、詹夫,奉王子姬颓,攻惠王姬阆,兵败,五大夫奔温国(河南温县)。姬颓奔卫国,卫及南燕国(河南延津)联军攻洛阳,立姬颓为王。姬阆出奔郑国。　蔡哀侯蔡献舞卒,子穆侯蔡肸嗣位。	

年份	干支	国号王朝及纪年	
674	丁未	周姬颓	元年
		鲁庄公	二十年
		秦宣公	二年
		陈宣公	十九年
		蔡穆侯	元年
		郑厉公	二十七年
		宋桓公	八年
		楚杜敖	元年
		齐桓公	十二年
		晋献公	三年
		燕庄公	十七年
		卫惠公	二十六年
		曹庄公	二十八年
		杞共公	七年
673	戊申	周姬颓	二年
		惠王	四年
		鲁庄公	二十一年
		秦宣公	三年
		陈宣公	二十年
		蔡穆侯	二年
		郑厉公	二十八年
		宋桓公	九年
		楚杜敖	二年
		齐桓公	十三年
		晋献公	四年
		燕庄公	十八年
		卫惠公	二十七年
		曹庄公	二十九年
		杞共公	八年

国内	国外
郑国安置周惠王姬阆居栎城(河南禹州)。	
郑、虢二国联军攻洛阳,强送周惠王姬阆复位,杀姬颓及五大夫。 郑厉公姬突卒,子文公姬捷嗣位。 杞共公卒,子惠公嗣位。	

年份	干支	国号王朝及纪年	
672	己酉	周惠王	五年
		鲁庄公	二十二年
		秦宣公	四年
		陈宣公	二十一年
		蔡穆侯	三年
		郑文公	元年
		宋桓公	十年
		楚杜敖	三年
		齐桓公	十四年
		晋献公	五年
		燕庄公	十九年
		卫惠公	二十八年
		曹庄公	三十年
		杞惠公	元年
671	庚戌	周惠王	六年
		鲁庄公	二十三年
		秦宣公	五年
		陈宣公	二十二年
		蔡穆侯	四年
		郑文公	二年
		宋桓公	十一年
		楚成王	元年
		齐桓公	十五年
		晋献公	六年
		燕庄公	二十年
		卫惠公	二十九年
		曹庄公	三十一年
		杞惠公	二年

国内	国外
陈宣公妫杵臼杀其子妫御寇,厉公妫佗子妫完奔齐国。为战国时代齐王国始祖。　楚王芈熊艰欲杀其弟芈熊頵,芈熊頵奔随国,率随军袭杀芈熊艰,嗣位,是为成王。　晋献公姬诡诸灭骊戎(山西晋城),俘骊姬及其妹,俱立为夫人。	
曹庄公曹射姑卒,子僖公曹夷嗣位。　楚地千里,成王芈熊頵以国土献于中国,周惠王姬阆赐芈熊頵祭肉。　齐桓公姜小白,鲁庄公姬同,会盟于扈邑(河南原阳)。　晋献公姬诡诸患桓叔姬成师(姬诡诸曾祖父)、庄伯姬鳝(姬诡诸祖父)等后裔诸公子之逼,大夫士蒍谋曰:“可先除去富谋略之人。”姬诡诸允诺,士蒍与姬诡诸众子谋,大肆诬杀。	

	年份	干支	国号王朝及纪年	
前七世纪三〇年代	670	辛亥	周惠王	七年
			鲁庄公	二十四年
			秦宣公	六年
			陈宣公	二十三年
			蔡穆侯	五年
			郑文公	三年
			宋桓公	十二年
			楚成王	二年
			齐桓公	十六年
			晋献公	七年
			燕庄公	二十一年
			卫惠公	三十年
			曹僖公	元年
			杞惠公	三年
	669	壬子	周惠王	八年
			鲁庄公	二十五年
			秦宣公	七年
			陈宣公	二十四年
			蔡穆侯	六年
			郑文公	四年
			宋桓公	十三年
			楚成王	三年
			齐桓公	十七年
			晋献公	八年
			燕庄公	二十二年
			卫惠公	三十一年
			曹僖公	二年
			杞惠公	四年

国内	国外
戎部落攻曹,掳国君僖公曹夷,寻释归国。 晋大夫士蒍又诬杀桓叔庄伯后裔游氏二子,告献公姬诡诸曰:“不过二年,君必无患。”	
鲁国大水。 卫惠公卫朔卒,子懿公卫赤嗣位。 晋献公姬诡诸集桓叔庄伯后裔诸公子于聚城(山西绛县东南车箱城),全体屠杀。	

年份	干支	国号王朝及纪年	
668	癸丑	周惠王	九年
		鲁庄公	二十六年
		秦宣公	八年
		陈宣公	二十五年
		蔡穆侯	七年
		郑文公	五年
		宋桓公	十四年
		楚成王	四年
		齐桓公	十八年
		晋献公	九年
		燕庄公	二十三年
		卫懿公	元年
		曹僖公	三年
		杞惠公	五年
667	甲寅	周惠王	十年
		鲁庄公	二十七年
		秦宣公	九年
		陈宣公	二十六年
		蔡穆侯	八年
		郑文公	六年
		宋桓公	十五年
		楚成王	五年
		齐桓公	十九年
		晋献公	十年
		燕庄公	二十四年
		卫懿公	二年
		曹僖公	四年
		杞惠公	六年

国内	国外
晋大司空士蒍修筑首都绛城(山西翼城东南),扩建宫殿。 晋残余诸公子奔虢国(山西平陆),虢国为之发兵攻晋。	亚述帝国名王亚述巴尼拔即位(——前626),重建尼尼微城,创大图书馆,帝国势力鼎盛。
齐桓公姜小白、鲁庄公姬同、宋桓公子御说、陈宣公妫杵臼、郑文公姬捷,会盟于幽邑。 周惠王姬阆遣召伯姬廖告齐桓公姜小白,请讨伐卫国,惩其前675年立姬颓为王之罪。	

年份	干支	国号王朝及纪年	
666	乙卯	周惠王	十一年
		鲁庄公	二十八年
		秦宣公	十年
		陈宣公	二十七年
		蔡穆侯	九年
		郑文公	七年
		宋桓公	十六年
		楚成王	六年
		齐桓公	二十年
		晋献公	十一年
		燕庄公	二十五年
		卫懿公	三年
		曹僖公	五年
		杞惠公	七年
665	丙辰	周惠王	十二年
		鲁庄公	二十九年
		秦宣公	十一年
		陈宣公	二十八年
		蔡穆侯	十年
		郑文公	八年
		宋桓公	十七年
		楚成王	七年
		齐桓公	二十一年
		晋献公	十二年
		燕庄公	二十六年
		卫懿公	四年
		曹僖公	六年
		杞惠公	八年

国内	国外
齐桓公姜小白奉周惠王姬阆之命,攻卫,卫军大败。卫献货贿,齐军始还。　晋献公姬诡诸,遣太子姬申生出镇曲沃(山西闻喜),次子姬重耳出镇蒲邑(山西隰县),三子姬夷吾出镇屈邑(山西吉县),唯骊姬子姬奚齐,骊姬妹子姬卓子留绛城。　楚令尹(宰相)芈善率战车六百乘攻郑,齐、宋、鲁三国联军救郑,楚退。　鲁国大饥。　郕国君王曹琐卒,子文公曹蘧蒢嗣位。	
郑侵许国边界。　周政府大夫姬皮,据樊邑(河南济源)叛。	

年份	干支	国号王朝及纪年	
664	丁巳	周惠王	十三年
		鲁庄公	三十年
		秦宣公	十二年
		陈宣公	二十九年
		蔡穆侯	十一年
		郑文公	九年
		宋桓公	十八年
		楚成王	八年
		齐桓公	二十二年
		晋献公	十三年
		燕庄公	二十七年
		卫懿公	五年
		曹僖公	七年
		杞惠公	九年
663	戊午	周惠王	十四年
		鲁庄公	三十一年
		秦成公	元年
		陈宣公	三十年
		蔡穆侯	十二年
		郑文公	十年
		宋桓公	十九年
		楚成王	九年
		齐桓公	二十三年
		晋献公	十四年
		燕庄公	二十八年
		卫懿公	六年
		曹僖公	八年
		杞惠公	十年

国内	国外
周惠王姬阆命虢公攻樊邑,虢公掳姬皮送首都洛阳。 齐灭鄣国(山东东平)。 楚令尹(宰相)芈善进住王宫,期媚息妫,大夫斗廉谏阻,遂捕斗廉,加以手铐。申公斗斑乃杀芈善。斗子文出任令尹。 山戎(辽宁大凌河流域)侵燕,齐桓公姜小白救燕,大败山戎。 秦宣公卒,弟成公嗣位。	
齐攻莒国(山东莒县)。	

年份	干支	国号王朝及纪年	
662	己未	周惠王	十五年
		鲁庄公	三十二年
		秦成公	二年
		陈宣公	三十一年
		蔡穆侯	十三年
		郑文公	十一年
		宋桓公	二十年
		楚成王	十年
		齐桓公	二十四年
		晋献公	十五年
		燕庄公	二十九年
		卫懿公	七年
		曹僖公	九年
		杞惠公	十一年
661	庚申	周惠王	十六年
		鲁闵公	元年
		秦成公	三年
		陈宣公	三十二年
		蔡穆侯	十四年
		郑文公	十二年
		宋桓公	二十一年
		楚成王	十一年
		齐桓公	二十五年
		晋献公	十六年
		燕庄公	三十年
		卫懿公	八年
		曹昭公	元年
		杞惠公	十二年

国内	国外
鲁庄公姬同有兄一人:姬庆父,弟二人:姬牙、姬友。今年,姬同疾,姬牙欲立同母兄姬庆父。姬友为姬同同母弟,乃毒杀姬牙。姬同卒,子姬般嗣位。姬庆父与姬同妻哀姜私通,杀姬般,立姬般异母弟姬启,是为闵公。姬友奔陈国。　曹僖公曹夷卒,子昭公曹班嗣位。	
赤狄(山西长治北)攻邢国(河北邢台),齐救邢。　晋本一军,国君献公姬诡诸增为二军,上军自率,太子姬申生率下军。连灭耿国(山西河津)、霍国(山西霍州)、魏国(山西芮城)。晋国任命赵夙为耿大夫,毕万为魏大夫。　晋大旱。	亚述帝国侵入北非,埃及帝国亡(前1580——,立国约九百年)。

	年份	干支	国号王朝及纪年	
前七世纪四〇年代	660	辛酉	周惠王	十七年
			鲁闵公	二年
			秦成公	四年
			陈宣公	三十三年
			蔡穆侯	十五年
			郑文公	十三年
			宋桓公	二十二年
			楚成王	十二年
			齐桓公	二十六年
			晋献公	十七年
			燕庄公	三十一年
			卫懿公	九年
			曹昭公	二年
			杞惠公	十三年
	659	壬戌	周惠王	十八年
			鲁僖公	元年
			秦穆公	元年
			陈宣公	三十四年
			蔡穆侯	十六年
			郑文公	十四年
			宋桓公	二十三年
			楚成王	十三年
			齐桓公	二十七年
			晋献公	十八年
			燕庄公	三十二年
			卫文公	元年
			曹昭公	三年
			杞惠公	十四年

国内	国外
鲁哀姜欲立姬庆父,共杀国君闵公姬启,国人大愤,群起暴动,姬庆父奔莒国,自杀。哀姜奔邾国(山东邹城)。姬启兄姬申嗣位,是为僖公。　卫懿公卫赤爱鹤奢侈,赤狄攻卫(河南淇县),卫溃,赤狄灭卫,杀卫赤,尽食其肉。齐桓公姜小白收卫遗民,立卫赤堂弟卫申,是为戴公(建都漕邑,今河南滑县)。卫申寻卒,复立其弟卫毁,是为文公。　秦成公卒,弟穆公嬴任好嗣位。	日本开国,(第一代)神武天皇即位。
赤狄再攻邢国,邢溃,士民南奔。齐桓公姜小白及宋、曹联合救邢,不及,迁邢于夷仪(山东聊城),代为筑城。　齐以哀姜在鲁国连杀二君,迎其回国,中途杀之,以尸归鲁。郑、齐盟好,楚国遂攻郑。齐、宋、郑、曹、邾五国会盟于荦邑(河南淮阳),谋救郑国。　邾军屯虚丘(山东费县西南),将换防回国,鲁僖公姬申率军袭击,大败之于偃邑(山东费县南)。鲁僖公姬申将费邑(山东费县北)封其叔姬友,人称季氏。将郕邑(山东宁阳)封姬庆父子姬敖,人称孟氏。将郈邑(山东东平)封姬牙子姬兹,人称叔氏。季孟叔三家鼎立,共执鲁政,因俱系桓公姬允之子,故总称三家为“三桓”。	

年份	干支	国号王朝及纪年	
658	癸亥	周惠王	十九年
		鲁僖公	二年
		秦穆公	二年
		陈宣公	三十五年
		蔡穆侯	十七年
		郑文公	十五年
		宋桓公	二十四年
		楚成王	十四年
		齐桓公	二十八年
		晋献公	十九年
		燕庄公	三十三年
		卫文公	二年
		曹昭公	四年
		杞惠公	十五年
657	甲子	周惠王	二十年
		鲁僖公	三年
		秦穆公	三年
		陈宣公	三十六年
		蔡穆侯	十八年
		郑文公	十六年
		宋桓公	二十五年
		楚成王	十五年
		齐桓公	二十九年
		晋献公	二十年
		燕襄公	元年
		卫文公	三年
		曹昭公	五年
		杞惠公	十六年

国内	国外
齐桓公姜小白与诸侯筑楚丘城(河南滑县东),迁卫文公卫毁建都。 燕庄公卒,襄公嗣位。 晋用名马璧玉贿虞国(山西平陆北),乞借道攻虢国(河南三门峡),虞公许之,晋、虞联军遂陷虢国属城下阳(山西平陆)。 戎部落攻虢,虢公败之于桑田(河南灵宝)。楚大夫斗章率军侵郑国,掳郑大夫聃伯。	
齐、宋、江、黄四国,会盟于阳谷(山东东平)。谋攻楚国。鲁寻亦入盟。楚国攻郑,郑恃齐国之援,拒守不和。 齐桓公姜小白怒蔡姬,送归蔡国,虽然未离婚,蔡国却另嫁别人,姜小白大怒。	

年份	干支	国号王朝及纪年	
656	乙丑	周惠王	二十一年
		鲁僖公	四年
		秦穆公	四年
		陈宣公	三十七年
		蔡穆侯	十九年
		郑文公	十七年
		宋桓公	二十六年
		楚成王	十六年
		齐桓公	三十年
		晋献公	二十一年
		燕襄公	二年
		卫文公	四年
		曹昭公	六年
		杞惠公	十七年
655	丙寅	周惠王	二十二年
		鲁僖公	五年
		秦穆公	五年
		陈宣公	三十八年
		蔡穆侯	二十年
		郑文公	十八年
		宋桓公	二十七年
		楚成王	十七年
		齐桓公	三十一年
		晋献公	二十二年
		燕襄公	三年
		卫文公	五年
		曹昭公	七年
		杞惠公	十八年

国内	国外
晋献公姬诡诸欲立骊姬所生幼子姬奚齐为君,骊姬诬陷太子姬申生欲毒死其父,姬申生奔新城(即曲沃,山西闻喜),自缢死。次子姬重耳奔蒲邑(山西隰县)。三子姬夷吾奔二屈(山西吉县)。　齐桓公姜小白会宋、陈、卫、郑、许、曹,联军攻蔡国,蔡溃,掳蔡穆侯蔡肸,寻又释归。齐复为郑筑百代城,为宋疏田流水。联军更渡汝水,将攻楚国,责其对周王苞茅之贡久缺,又责其前1002年周昭王姬满南伐溺死事。楚使答曰:“苞茅之贡,即行奉献,周王溺死,请问汝水。”楚成王芈熊頵命大夫屈完劳军,联军退于召陵(河南郾城),八国共为盟誓。	
晋献公姬诡诸遣人刺其次子姬重耳,不中,姬重耳由蒲邑奔白翟(陕西洛河中上游以东)。　晋向虞再借道攻虢,遂灭虢,及军还,复灭虞,掳其大夫百里奚,百里奚逃奔宛邑(河南南阳),被楚人逮捕,秦穆公嬴任好以五羖皮赎回,使主持国政,号五羖大夫。　杞惠公卒,子成公嗣位。　诸侯盟于首止(河南睢县),郑文公姬捷纳大夫申公建议,拒不加盟,逃归。　楚令尹斗子文统军灭弦国(河南息县南),弦君奔黄国(河南潢川)。时黄国、江国(河南正阳)、道国(河南确山)、柏国(河南舞阳),皆弦国姻亲,弦君恃之,又不设备,故亡。	

年份	干支	国号王朝及纪年	
654	丁卯	周惠王	二十三年
		鲁僖公	六年
		秦穆公	六年
		陈宣公	三十九年
		蔡穆侯	二十一年
		郑文公	十九年
		宋桓公	二十八年
		楚成王	十八年
		齐桓公	三十二年
		晋献公	二十三年
		燕襄公	四年
		卫文公	六年
		曹昭公	八年
		杞成公	元年
653	戊辰	周惠王	二十四年
		鲁僖公	七年
		秦穆公	七年
		陈宣公	四十年
		蔡穆侯	二十二年
		郑文公	二十年
		宋桓公	二十九年
		楚成王	十九年
		齐桓公	三十三年
		晋献公	二十四年
		燕襄公	五年
		卫文公	七年
		曹昭公	九年
		杞成公	二年

国内	国外
晋献公姬诡诸遣贾华赴二屈(山西吉县),刺其三子姬夷吾,又不中,姬夷吾奔梁国(陕西韩城)。 齐桓公姜小白,率宋、陈、卫、曹、鲁诸国君主,联军进攻郑国,责其去岁首止逃盟。围(河南)新密。楚成王芈熊頵为救郑,先攻许国。诸侯解围救许(河南许昌),楚军即还。	
齐再攻郑,郑不能堪,杀申公求和。周惠王姬阆卒,太子姬郑畏弟姬带相逼,秘不发丧,告难于齐。　曹昭公曹班卒,子共公曹襄嗣位。　晋败白翟于采桑(山西乡宁)。	

年份	干支	国号王朝及纪年	
652	己巳	周惠王	二十五年
		鲁僖公	八年
		秦穆公	八年
		陈宣公	四十一年
		蔡穆侯	二十三年
		郑文公	二十一年
		宋桓公	三十年
		楚成王	二十年
		齐桓公	三十四年
		晋献公	二十五年
		燕襄公	六年
		卫文公	八年
		曹共公	元年
		杞成公	三年
651	庚午	周襄王	元年
		鲁僖公	九年
		秦穆公	九年
		陈宣公	四十二年
		蔡穆侯	二十四年
		郑文公	二十二年
		宋桓公	三十一年
		楚成王	二十一年
		齐桓公	三十五年
		晋献公	二十六年
		燕襄公	七年
		卫文公	九年
		曹共公	二年
		杞成公	四年

国内	国外
齐桓公姜小白,会周政府代表,宋桓公子御说、卫文公卫毁、许僖公姜业、鲁僖公姬申、曹共公曹襄、陈国世子,盟于洮邑(山东汶上东北),共尊周太子姬郑为周王,是为襄王。位既定,姬郑始发父丧。　白翟再攻晋,报去年采桑之败。	
宋桓公子御说卒,子襄公子滋甫嗣位。　齐桓公姜小白会诸侯于葵丘(河南兰考)。　晋献公姬诡诸卒,子姬奚齐嗣位,大夫里克杀之。大夫荀息又立姬卓子,里克又杀之,迎立姬夷吾,是为惠公。	埃及人起兵逐亚述(前670——),自建王国。

	年份	干支	国号王朝及纪年	
前七世纪五〇年代	650	辛未	周襄王	二年
			鲁僖公	十年
			秦穆公	十年
			陈宣公	四十三年
			蔡穆侯	二十五年
			郑文公	二十三年
			宋襄公	元年
			楚成王	二十二年
			齐桓公	三十六年
			晋惠公	元年
			燕襄公	八年
			卫文公	十年
			曹共公	三年
			杞成公	五年
	649	壬申	周襄王	三年
			鲁僖公	十一年
			秦穆公	十一年
			陈宣公	四十四年
			蔡穆侯	二十六年
			郑文公	二十四年
			宋襄公	二年
			楚成王	二十三年
			齐桓公	三十七年
			晋惠公	二年
			燕襄公	九年
			卫文公	十一年
			曹共公	四年
			杞成公	六年

国内	国外
狄灭温国(河南温县),国君苏子奔卫国。　晋惠公姬夷吾谓里克曰:“如不是你,吾不能当国君,然你连杀二国君,作你国君之人,不亦难乎。”里克曰:“不杀二国君,你何以得为国君,欲加之罪,何患无辞。”自杀。	希腊人所建诸城邦,始有霸主政治,常为人民所直接拥立,推翻贵族而执国家大权,陆续存在约一百四十年(——前510,雅典逐最后一霸主)。史称“霸主时代”。
周襄王姬郑弟甘昭公姬带,密召扬拒戎、泉皋戎、伊洛戎(三部落皆在伊水洛水之间),进攻首都洛阳,焚东门,秦国、晋国从中调解。　黄国恃齐国,不礼楚国,曰:“郢都(湖北江陵)距我九百里,焉能害我。”	

年份	干支	国号王朝及纪年	
648	癸酉	周襄王	四年
		鲁僖公	十二年
		秦穆公	十二年
		陈宣公	四十五年
		蔡穆侯	二十七年
		郑文公	二十五年
		宋襄公	三年
		楚成王	二十四年
		齐桓公	三十八年
		晋惠公	三年
		燕襄公	十年
		卫文公	十二年
		曹共公	五年
		杞成公	七年
647	甲戌	周襄王	五年
		鲁僖公	十三年
		秦穆公	十三年
		陈穆公	元年
		蔡穆侯	二十八年
		郑文公	二十六年
		宋襄公	四年
		楚成王	二十五年
		齐桓公	三十九年
		晋惠公	四年
		燕襄公	十一年
		卫文公	十三年
		曹共公	六年
		杞成公	八年

国内	国外
楚灭黄。　周襄王姬郑攻弟姬带,姬带奔齐国。　陈宣公妫杵臼卒,子穆公妫款嗣位。	
齐、宋、陈、卫、郑、许、曹、鲁,会于咸邑(河南濮阳),谋御淮夷(江苏中部)之侵杞国(山东安丘),并谋拱卫周王。诸封国组联军进驻周首都洛阳,防诸戎部落再侵。　晋国大饥,向秦国买谷,秦穆公嬴任好许诺,自秦都雍城(陕西凤翔)至晋都绛城(山西翼城),运粮之舟楫不断,史称“泛舟之役”。	

年份	干支	国号王朝及纪年	
646	乙亥	周襄王	六年
		鲁僖公	十四年
		秦穆公	十四年
		陈穆公	二年
		蔡穆侯	二十九年
		郑文公	二十七年
		宋襄公	五年
		楚成王	二十六年
		齐桓公	四十年
		晋惠公	五年
		燕襄公	十二年
		卫文公	十四年
		曹共公	七年
		杞成公	九年
645	丙子	周襄王	七年
		鲁僖公	十五年
		秦穆公	十五年
		陈穆公	三年
		蔡庄侯	元年
		郑文公	二十八年
		宋襄公	六年
		楚成王	二十七年
		齐桓公	四十一年
		晋惠公	六年
		燕襄公	十三年
		卫文公	十五年
		曹共公	八年
		杞成公	十年

国内	国外
蔡穆侯蔡肸卒,子庄侯蔡甲午嗣位。 诸封国于缘陵(山东昌乐)筑城,杞国迁都于此。 秦国大饥,向晋国买谷,晋惠公姬夷吾拒不与。	
楚攻徐国(江苏泗洪),大败徐军于娄林(安徽泗县)。齐、宋、鲁、陈、卫、郑、许、曹八国诸侯盟于牡丘(山东茌平),谋救徐国。鲁大夫公孙敖率军前进,齐曹联军攻厉国(湖北随州),期楚解徐之围救厉。 秦攻晋,战于韩原(山西河津),掳晋惠公姬夷吾,寻释归。姬夷吾杀其大夫庆郑。 晋复大饥,秦仍运粟赈助。 齐相管仲卒,后十月,继相隰朋亦卒。 齐桓公姜小白逐其佞臣易牙、竖刁、卫启方,寻又召还。	

年份	干支	国号王朝及纪年	
644	丁丑	周襄王	八年
		鲁僖公	十六年
		秦穆公	十六年
		陈穆公	四年
		蔡庄侯	二年
		郑文公	二十九年
		宋襄公	七年
		楚成王	二十八年
		齐桓公	四十二年
		晋惠公	七年
		燕襄公	十四年
		卫文公	十六年
		曹共公	九年
		杞成公	十一年
643	戊寅	周襄王	九年
		鲁僖公	十七年
		秦穆公	十七年
		陈穆公	五年
		蔡庄侯	三年
		郑文公	三十年
		宋襄公	八年
		楚成王	二十九年
		齐桓公	四十三年
		晋惠公	八年
		燕襄公	十五年
		卫文公	十七年
		曹共公	十年
		杞成公	十二年

国内	国外
晋惠公姬夷吾遣宦官履鞮赴白翟刺其兄姬重耳,不中,姬重耳奔齐。齐再攻厉,不能胜。　白翟攻晋,晋大败,白翟占领狐厨(山西襄汾)、受铎(狐厨附近),渡汾水,抵昆都(襄汾西南)。 齐、鲁、宋、陈、卫、郑、许、邢、曹,九国诸侯会于淮邑,谋为鄫国(山东苍山)修筑城防,会工人患病,有人夜呼:“齐国内乱。”人心动摇,会未开成即散。	
齐攻英国(安徽金寨),以报前年楚攻徐国娄林之役。　淮邑会盟时,鲁攻灭项国(河南沈丘),齐桓公姜小白囚鲁僖公姬申。姬申妻鲁夫人声姜,乃姜小白之女,赴卞邑(山东泗水)为请,始释归,然项终不能复国。　晋太子姬圉质于秦,秦穆公嬴任好以女怀嬴妻之。齐大夫易牙、竖刁、卫启方作乱,囚国君桓公姜小白于一室,姜小白饿死。易牙、竖刁立姜小白子姜无亏为君。太子姜昭奔宋。四公子姜元、姜雍、姜潘、姜商人,争立相攻。姜小白横尸在床,蛆出于户。	

年份	干支	国号王朝及纪年	
642	己卯	周襄王	十年
		鲁僖公	十八年
		秦穆公	十八年
		陈穆公	六年
		蔡庄侯	四年
		郑文公	三十一年
		宋襄公	九年
		楚成王	三十年
		齐孝公	元年
		晋惠公	九年
		燕襄公	十六年
		卫文公	十八年
		曹共公	十一年
		杞成公	十三年
641	庚辰	周襄王	十一年
		鲁僖公	十九年
		秦穆公	十九年
		陈穆公	七年
		蔡庄侯	五年
		郑文公	三十二年
		宋襄公	十年
		楚成王	三十一年
		齐孝公	二年
		晋惠公	十年
		燕襄公	十七年
		卫文公	十九年
		曹共公	十二年
		杞成公	十四年

国内	国外
宋襄公子滋甫会曹国、卫国、佮国,联军攻齐,败四公子军。齐人杀国君姜无亏,联军遂立太子姜昭嗣位,是为孝公。晋公子姬重耳离齐,过曹(山东定陶),曹共公曹襄不礼。过郑(河南新郑),郑文公姬捷亦不礼。再赴楚,楚成王芈熊頵待为上宾。　梁国(陕西韩城)向西南扩地,至新里(陕西澄城),唯无民可殖。秦国遂占领,筑城移民。　北狄邢国联军攻卫,围菟圃(河南长垣)。	
宋襄公子滋甫欲继姜小白为霸主,与曹、邾二小国会盟于曹南(曹国首都之南),责滕宣公姬婴齐迟到,加以囚禁。又囚禁鄫国君主鄫子于次睢之社(山东临沂东大丛社,居民谓之食人社),寻杀之祭天。　卫大旱,出兵攻邢,报去年菟圃之役,军出即逢大雨。　梁沟公姬宫宣于国内曰:"秦将袭我。"民惧而溃,秦闻之,发兵攻梁,梁亡。	

前七世纪
六〇年代

年份	干支	国号王朝及纪年	
640	辛巳	周襄王	十二年
		鲁僖公	二十年
		秦穆公	二十年
		陈穆公	八年
		蔡庄侯	六年
		郑文公	三十三年
		宋襄公	十一年
		楚成王	三十二年
		齐孝公	三年
		晋惠公	十一年
		燕襄公	十八年
		卫文公	二十年
		曹共公	十三年
		杞成公	十五年
639	壬午	周襄王	十三年
		鲁僖公	二十一年
		秦穆公	二十一年
		陈穆公	九年
		蔡庄侯	七年
		郑文公	三十四年
		宋襄公	十二年
		楚成王	三十三年
		齐孝公	四年
		晋惠公	十二年
		燕襄公	十九年
		卫文公	二十一年
		曹共公	十四年
		杞成公	十六年

国内	国外
滑国(河南偃师)叛郑国,归附卫国,郑公子姬士率军攻入滑国。　齐、北狄、邢,三国会盟于邢国,谋御卫国。随国(湖北随州)同汉水以东诸国,背叛楚国。楚令尹斗子文攻随,随盟誓顺服。楚军始退。　秦灭芮国(陕西大荔东南)。　周襄王姬郑迫于母命,召弟姬带自齐返洛阳。	
滑国于郑军去后,仍归附卫国,郑再攻滑国,周襄王姬郑遣大夫游孙伯赴郑劝阻,郑囚游孙伯。 春,宋、齐、楚,会盟于鹿上(宋地,安徽阜南),宋襄公子滋甫求楚成王芈熊頵,允其为霸主,芈熊頵伪许之。　夏,鲁国大旱。秋,宋、楚、陈、蔡、郑、许、曹,会盟于盂邑(宋地,河南睢阳),芈熊頵囚子滋甫。　冬,诸侯再会盟于薄邑(宋地,山东曹县),楚始释子滋甫。邾灭须句国(山东东平)。须句为鲁僖公姬申母成风母家,须句君主风氏遂奔鲁,成风命姬申为谋复国。	

年份	干支	国号王朝及纪年	
638	癸未	周襄王	十四年
		鲁僖公	二十二年
		秦穆公	二十二年
		陈穆公	十年
		蔡庄侯	八年
		郑文公	三十五年
		宋襄公	十三年
		楚成王	三十四年
		齐孝公	五年
		晋惠公	十三年
		燕襄公	二十年
		卫文公	二十二年
		曹共公	十五年
		杞成公	十七年
637	甲申	周襄王	十五年
		鲁僖公	二十三年
		秦穆公	二十三年
		陈穆公	十一年
		蔡庄侯	九年
		郑文公	三十六年
		宋襄公	十四年
		楚成王	三十五年
		齐孝公	六年
		晋惠公	十四年
		燕襄公	二十一年
		卫文公	二十三年
		曹共公	十六年
		杞成公	十八年

国内	国外
晋惠公姬夷吾疾,太子姬圉弃妻怀嬴,自秦逃归。 秦穆公嬴任好召姬重耳由楚至秦,再将怀嬴妻之。 春,鲁攻邾国,军入须句,须句复国。 秋,邾以失须句故,攻鲁,鲁军轻邾小国,不设备,战于升陉(鲁地,山东曲阜西南),大败。 自齐桓公姜小白卒,无霸主,郑文公姬捷赴楚朝觐,宋襄公子滋甫求霸心炽,会卫、许、滕,联军攻郑。楚径攻宋国以救郑,战于泓水(河南柘城涡水支流),宋军大败,子滋甫伤腿。	
宋襄公子滋甫伤重而卒,子成公子王臣嗣位。 晋惠公姬夷吾卒,子怀公姬圉嗣位。 杞成公姒王臣卒,弟桓公姒姑容嗣位。 楚因陈国背楚,与宋联盟,遣大夫成得臣攻陈,陷焦邑(安徽亳州)、夷邑(亳州东南)。为顿国(河南项城)筑城而还,楚擢成得臣为令尹(宰相)。 周襄王姬郑,以前年郑国既拒命中央,又囚中央政府官员,命翟国伐郑,大败郑军,陷栎邑(河南禹州)。姬郑大喜,遂娶翟国君主之女为后。	

年份	干支	国号王朝及纪年	
636	乙酉	周襄王	十六年
		姬带	元年
		鲁僖公	二十四年
		秦穆公	二十四年
		陈穆公	十二年
		蔡庄侯	十年
		郑文公	三十七年
		宋成公	元年
		楚成王	三十六年
		齐孝公	七年
		晋怀公	元年
		燕襄公	二十二年
		卫文公	二十四年
		曹共公	十七年
		杞桓公	元年
635	丙戌	周襄王	十七年
		姬带	二年
		鲁僖公	二十五年
		秦穆公	二十五年
		陈穆公	十三年
		蔡庄侯	十一年
		郑文公	三十八年
		宋成公	二年
		楚成王	三十七年
		齐孝公	八年
		晋文公	元年
		燕襄公	二十三年
		卫文公	二十五年
		曹共公	十八年
		杞桓公	二年

国内	国外
秦军强送姬重耳返晋,入绛城,于武宫即位,是为文公。杀怀公姬圉于高梁。晋大夫吕甥、冀芮,焚宫室,欲杀新君姬重耳,姬重耳奔秦,秦再遣军强送之归。 周襄王姬郑弟甘昭公姬带,与翟后私通,姬郑废翟后,姬带奔翟,率翟军反攻姬郑。姬郑奔郑国,居汜邑(郑地,河南襄城)。姬带嗣位,与翟后居温邑(河南温县)。 卫将攻邢国(山东聊城),先命大夫礼至诈称惧罪,出奔邢国任官。	
卫大举攻邢,礼至为内应,杀守城官,卫军得入,邢亡。 卫文公卫毁卒,子成公卫郑嗣位。 晋文公姬重耳寻求霸权,乃起兵勤王,杀姬带,迎姬郑复位,姬重耳请燧葬(用斜坡送棺入穴),姬郑拒之而赐以阳樊(河南济源西南)、温邑(河南温县)、原邑(济源北)、攒茅(河南获嘉)诸地。原邑拒晋,晋围攻三日,始降。	

年份	干支	国号王朝及纪年	
634	丁亥	周襄王	十八年
		鲁僖公	二十六年
		秦穆公	二十六年
		陈穆公	十四年
		蔡庄侯	十二年
		郑文公	三十九年
		宋成公	三年
		楚成王	三十八年
		齐孝公	九年
		晋文公	二年
		燕襄公	二十四年
		卫成公	元年
		曹共公	十九年
		杞桓公	三年
633	戊子	周襄王	十九年
		鲁僖公	二十七年
		秦穆公	二十七年
		陈穆公	十五年
		蔡庄侯	十三年
		郑文公	四十年
		宋成公	四年
		楚成王	三十九年
		齐孝公	十年
		晋文公	三年
		燕襄公	二十五年
		卫成公	二年
		曹共公	二十年
		杞桓公	四年

国内	国外
齐孝公姜昭攻鲁,鲁遣大夫展喜犒军,齐军始退。 夔国(湖北秭归)不祭祀祖先祝融与芈鬻熊,楚国予以谴责,不服,楚令尹成得臣遂攻夔,夔亡。 宋背楚与晋善,楚令尹成得臣攻宋,围缗邑(宋地,山东金乡)。鲁因乘机联楚攻齐,占领谷邑(齐地,山东平阴),邀姜小白子姜雍(前642兵败出奔)及宦官易牙驻守,作为缓冲。	
齐孝公姜昭卒,弟姜潘杀太子嗣位,是为昭公。 春,杞桓公姒姑容朝鲁,鲁怒其不恭。秋,命公子姬遂攻杞,入其都缘陵(山东昌乐)。 楚成王芈熊頵率陈、蔡、郑、许联军,再攻宋,宋遣公孙子固赴晋告急。晋国时已由二军扩充为三军,与周政府相等。 晋设“执秩”之官(法官)。	

年份	干支	国号王朝及纪年	
632	己丑	周襄王	二十年
		鲁僖公	二十八年
		秦穆公	二十八年
		陈穆公	十六年
		蔡庄侯	十四年
		郑文公	四十一年
		宋成公	五年
		楚成王	四十年
		齐昭公	元年
		晋文公	四年
		燕襄公	二十六年
		卫成公	三年
		曹共公	二十一年
		杞桓公	五年
631	庚寅	周襄王	二十一年
		鲁僖公	二十九年
		秦穆公	二十九年
		陈共公	元年
		蔡庄侯	十五年
		郑文公	四十二年
		宋成公	六年
		楚成王	四十一年
		齐昭公	二年
		晋文公	五年
		燕襄公	二十七年
		卫卫瑕	元年
		曹共公	二十二年
		杞桓公	六年

国内	国外
晋文公姬重耳救宋,先攻曹国卫国,掳曹共公曹襄。楚令尹成得臣率盟军救卫。晋、宋、齐、秦联军进抵城濮(山东鄄城)会战,楚盟军大败。卫成公卫郑奔楚,再奔陈,命大夫元咺奉弟卫武向晋盟军乞降。晋、齐、宋、鲁、蔡、郑、卫、莒八国国君盟于践土(郑地,河南原阳)。 楚因军败,杀成得臣。晋命卫郑复位,卫郑竟杀卫武。元咺奔晋控诉,晋囚卫郑送周。元咺立公子卫瑕为国君。 晋文公姬重耳命周襄王姬郑赴河阳(晋地,河南孟县),由诸侯朝觐。 陈穆公妫款卒,子共公妫朔嗣位。	
介国(山东胶州)君主葛庐赴鲁朝觐。 周王子姬虎、鲁僖公姬申、晋大夫狐偃、宋大夫子固、齐大夫国归父、陈大夫辕涛涂、秦公子嬴慭,会盟于翟泉(周地,洛阳东北),以郑归附于楚,谋予讨伐。	

	年份	干支	国号王朝及纪年	
前七世纪七〇年代	630	辛卯	周襄王	二十二年
			鲁僖公	三十年
			秦穆公	三十年
			陈共公	二年
			蔡庄侯	十六年
			郑文公	四十三年
			宋成公	七年
			楚成王	四十二年
			齐昭公	三年
			晋文公	六年
			燕襄公	二十八年
			卫成公	五年
			曹共公	二十三年
			杞桓公	七年
	629	壬辰	周襄王	二十三年
			鲁僖公	三十一年
			秦穆公	三十一年
			陈共公	三年
			蔡庄侯	十七年
			郑文公	四十四年
			宋成公	八年
			楚成王	四十三年
			齐昭公	四年
			晋文公	七年
			燕襄公	二十九年
			卫成公	六年
			曹共公	二十四年
			杞桓公	八年

国内	国外
周释卫成公卫郑归国，既归，杀元咺及新君卫瑕。 晋、秦联军围郑，郑文公姬捷使智士烛之武逾城说秦穆公嬴任好，秦军即退，晋军亦不得不退，郑国围解。 介国侵萧国(安徽萧县)。	
狄攻卫(河南滑县东)，卫不能抗，再迁于帝丘(河南濮阳)。 郑文公姬捷恶公子姬瑕，姬瑕奔楚。	

年份	干支	国号王朝及纪年	
628	癸巳	周襄王	二十四年
		鲁僖公	三十二年
		秦穆公	三十二年
		陈共公	四年
		蔡庄侯	十八年
		郑文公	四十五年
		宋成公	九年
		楚成王	四十四年
		齐昭公	五年
		晋文公	八年
		燕襄公	三十年
		卫成公	七年
		曹共公	二十五年
		杞桓公	九年
627	甲午	周襄王	二十五年
		鲁僖公	三十三年
		秦穆公	三十三年
		陈共公	五年
		蔡庄侯	十九年
		郑穆公	元年
		宋成公	十年
		楚成王	四十五年
		齐昭公	六年
		晋襄公	元年
		燕襄公	三十一年
		卫成公	八年
		曹共公	二十六年
		杞桓公	十年

国内	国外
郑文公姬捷卒,子穆公姬兰嗣位。 狄有内乱,卫乘机攻狄,狄乞和,二国会盟。 晋文公姬重耳卒,子襄公姬欢嗣位。	
秦乘晋国丧君,遣大将孟明潜军袭郑,郑商人弦高遇于途,伪称使者犒军。孟明误以郑已有备,不敢再进,乃灭滑国(河南偃师)而还。晋伏兵殽山,尽歼秦军,掳孟明,寻释归。北狄攻齐。鲁僖公姬申卒,子文公姬兴嗣位。 鲁攻邾国,占领訾娄(山东邹城),以报前638年升陉之败。白狄(陕西洛河以东)亦乘晋国丧君,攻晋,战于箕邑(山西蒲县),晋元帅先轸被杀,白狄国君白狄子被擒。 许国背晋附楚,晋、陈、郑,联军攻许。 楚攻陈、蔡二国,二国乞和。楚遂攻郑,强送公子姬瑕(前年出奔)返国,攻城时,姬瑕车覆被杀。 晋大夫阳处父攻蔡,楚令尹芈子上救蔡,不战而晋军退,楚太子芈商臣诬芈子上受贿,杀芈子上。	

年份	干支	国号王朝及纪年	
626	乙未	周襄王	二十六年
		鲁文公	元年
		秦穆公	三十四年
		陈共公	六年
		蔡庄侯	二十年
		郑穆公	二年
		宋成公	十一年
		楚成王	四十六年
		齐昭公	七年
		晋襄公	二年
		燕襄公	三十二年
		卫成公	九年
		曹共公	二十七年
		杞桓公	十一年
625	丙申	周襄王	二十七年
		鲁文公	二年
		秦穆公	三十五年
		陈共公	七年
		蔡庄侯	二十一年
		郑穆公	三年
		宋成公	十二年
		楚穆王	元年
		齐昭公	八年
		晋襄公	三年
		燕襄公	三十三年
		卫成公	十年
		曹共公	二十八年
		杞桓公	十二年

国内	国外
卫成公卫郑不朝晋,并遣大夫孔达侵略郑国。晋遂攻卫,占领戚邑(河南濮阳)。　楚成王芈熊頵,欲废太子芈商臣,而立幼子芈职。芈商臣发兵围宫,芈熊頵自缢死,芈商臣嗣位,是为穆王。	
蜀戎王遣由余赴秦考察,秦以女乐赠戎王,戎王淫纵,由余遂降秦,秦任用为上卿。　秦大将百里孟明攻晋,以报殽山之败,晋襄公姬欢迎击,战于彭衙(秦地,陕西白水),秦军又大败,晋讥之为"道谢之军"。　冬,晋、宋、陈、郑,联军攻秦,占领彭衙及汪邑(秦地,陕西澄城)。	希腊城邦科林斯霸主拍立安得执政(——前585)。

年份	干支	国号王朝及纪年	
624	丁酉	周襄王	二十八年
		鲁文公	三年
		秦穆公	三十六年
		陈共公	八年
		蔡庄侯	二十二年
		郑穆公	四年
		宋成公	十三年
		楚穆王	二年
		齐昭公	九年
		晋襄公	四年
		燕襄公	三十四年
		卫成公	十一年
		曹共公	二十九年
		杞桓公	十三年
623	戊戌	周襄王	二十九年
		鲁文公	四年
		秦穆公	三十七年
		陈共公	九年
		蔡庄侯	二十三年
		郑穆公	五年
		宋成公	十四年
		楚穆王	三年
		齐昭公	十年
		晋襄公	五年
		燕襄公	三十五年
		卫成公	十二年
		曹共公	三十年
		杞桓公	十四年

国内	国外
晋率诸侯宋、陈、鲁、卫、郑，进攻沈国(一说安徽临泉)，沈溃。　秦穆公嬴任好，再攻晋国，渡黄河后即焚毁船舰以示必死。陷王官(晋地，山西闻喜)、郊邑(闻喜西)。由茅津(山西平陆西南黄河渡口)渡河至崤山，掩埋前 627 年覆军尸骨而还。遂称霸主。　楚攻江国(河南正阳)，周、晋联军攻楚方城(河南方城东，楚北境长城)以救江。遇楚军，不敢战而还。	
楚灭江国。　秦用由余谋，攻蜀，灭国十二，开地千里。周襄王姬郑赐秦穆公嬴任好金鼓。	

年份	干支	国号王朝及纪年	
622	己亥	周襄王	三十年
		鲁文公	五年
		秦穆公	三十八年
		陈共公	十年
		蔡庄侯	二十四年
		郑穆公	六年
		宋成公	十五年
		楚穆王	四年
		齐昭公	十一年
		晋襄公	六年
		燕襄公	三十六年
		卫成公	十三年
		曹共公	三十一年
		杞桓公	十五年
621	庚子	周襄王	三十一年
		鲁文公	六年
		秦穆公	三十九年
		陈共公	十一年
		蔡庄侯	二十五年
		郑穆公	七年
		宋成公	十六年
		楚穆王	五年
		齐昭公	十二年
		晋襄公	七年
		燕襄公	三十七年
		卫成公	十四年
		曹共公	三十二年
		杞桓公	十六年

国内	国外
许僖公姜业卒,子昭公姜锡我嗣位。鄀国(河南淅川)背楚亲秦,又背秦亲楚。秦遂攻鄀,楚迁其国于上鄀(湖北钟祥)。 六国(安徽六安)背楚亲东方诸国,楚遂攻六,六亡。楚复灭蓼国(河南固始)。	
秦穆公嬴任好卒,陪葬者一百七十七人。良才尽死,国势陡衰。子康公嬴罃嗣位,不能再振。 晋襄公姬欢卒,子姬夷皋年幼,国人欲立长君,大夫赵盾遣使赴秦迎公子姬雍。	雅典执政官德拉古编纂雅典法律公布,用刑极酷,偷窃果菜,亦行处死,史称“血法”。

前七世纪
八〇年代

年份	干支	国号王朝及纪年	
620	辛丑	周襄王	三十二年
		鲁文公	七年
		秦康公	元年
		陈共公	十二年
		蔡庄侯	二十六年
		郑穆公	八年
		宋成公	十七年
		楚穆王	六年
		齐昭公	十三年
		晋灵公	元年
		燕襄公	三十八年
		卫成公	十五年
		曹共公	三十三年
		杞桓公	十七年
619	壬寅	周襄王	三十三年
		鲁文公	八年
		秦康公	二年
		陈共公	十三年
		蔡庄侯	二十七年
		郑穆公	九年
		宋昭公	元年
		楚穆王	七年
		齐昭公	十四年
		晋灵公	二年
		燕襄公	三十九年
		卫成公	十六年
		曹共公	三十四年
		杞桓公	十八年

国内	国外
秦送姬雍返晋。晋太子姬夷皋母穆嬴,抱太子日夜号泣于朝,赵盾患之,乃背秦而立姬夷皋,是为灵公。起兵拒姬雍,败秦军于令狐(山西临猗)。宋成公子王臣卒,弟子御杀太子嗣位。宋人复杀子御,立子王臣少子子杵臼,是为昭公。　鲁乘晋国丧君,攻邾,并灭须句国(山东东平)。	
秦攻晋,占领武城(陕西华县),以报去年令狐之败。　周襄王姬郑卒,子顷王姬壬臣嗣位。	

年份	干支	国号王朝及纪年	
618	癸卯	周顷王	元年
		鲁文公	九年
		秦康公	三年
		陈共公	十四年
		蔡庄侯	二十八年
		郑穆公	十年
		宋昭公	二年
		楚穆王	八年
		齐昭公	十五年
		晋灵公	三年
		燕襄公	四十年
		卫成公	十七年
		曹共公	三十五年
		杞桓公	十九年
617	甲辰	周顷王	二年
		鲁文公	十年
		秦康公	四年
		陈共公	十五年
		蔡庄侯	二十九年
		郑穆公	十一年
		宋昭公	三年
		楚穆王	九年
		齐昭公	十六年
		晋灵公	四年
		燕桓公	元年
		卫成公	十八年
		曹文公	元年
		杞桓公	二十年

国内	国外
曹共公曹襄卒,子文公曹寿嗣位。　燕襄公卒,桓公嗣位。晋内乱,大夫箕郑父刺杀先克。晋政府遂杀诸大夫梁益耳、先都、箕郑父、士縠、蒯得。楚乘晋内乱,攻郑国,郑乞和。晋、宋、鲁、卫、许,联合救郑,楚军已退。楚再攻陈国,陷壶丘(河南新蔡),陈乞和。	
晋攻秦,陷少梁(陕西韩城)。　秦攻晋,陷北征(陕西澄城)。楚穆王芈商臣与诸侯陈国、郑国,会于息邑(故息国,河南息县)。又与蔡国盟,进屯厥貉(河南项城),将攻宋国。宋闻之,乞和。麇国(陕西白河)君主自厥貉逃回。	

年份	干支	国号王朝及纪年	
616	乙巳	周顷王	三年
		鲁文公	十一年
		秦康公	五年
		陈共公	十六年
		蔡庄侯	三十年
		郑穆公	十二年
		宋昭公	四年
		楚穆王	十年
		齐昭公	十七年
		晋灵公	五年
		燕桓公	二年
		卫成公	十九年
		曹文公	二年
		杞桓公	二十一年
615	丙午	周顷王	四年
		鲁文公	十二年
		秦康公	六年
		陈共公	十七年
		蔡庄侯	三十一年
		郑穆公	十三年
		宋昭公	五年
		楚穆王	十一年
		齐昭公	十八年
		晋灵公	六年
		燕桓公	三年
		卫成公	二十年
		曹文公	三年
		杞桓公	二十二年

国内	国外
楚攻麇,败麇于防渚(湖北房县),再败之于锡穴(陕西白河)。鄋瞒部落(山东高青)侵齐,顺道攻鲁,鲁大夫孙得臣大败之于咸邑(河南濮阳),杀其酋长长狄侨如,埋头于鲁首都城门。	
郕国(山东宁阳)国君卒,国人舍太子而另立国君,太子姬朱儒据夫钟(山东宁阳西北)降鲁,并将郕国国宝邽玉献鲁。群舒(以舒为国名的一些小国)背楚,楚起兵讨伐,擒舒国(安徽庐江)国君偃平,舒亡。楚又围巢国(安徽巢湖)。　楚灭宗国(安徽庐江)。秦为报前620年令狐之败,再攻晋国,陷羁马(山西永济西南),战于河曲(永济南)。	

年份	干支	国号王朝及纪年	
614	丁未	周顷王	五年
		鲁文公	十三年
		秦康公	七年
		陈共公	十八年
		蔡庄侯	三十二年
		郑穆公	十四年
		宋昭公	六年
		楚穆王	十二年
		齐昭公	十九年
		晋灵公	七年
		燕桓公	四年
		卫成公	二十一年
		曹文公	四年
		杞桓公	二十三年
613	戊申	周顷王	六年
		鲁文公	十四年
		秦康公	八年
		陈灵公	元年
		蔡庄侯	三十三年
		郑穆公	十五年
		宋昭公	七年
		楚庄王	元年
		齐昭公	二十年
		晋灵公	八年
		燕桓公	五年
		卫成公	二十二年
		曹文公	五年
		杞桓公	二十四年

国内	国外
陈共公妫朔卒,子灵公妫平国嗣位。楚穆王芈商臣卒,子庄王芈侣嗣位。邾国迁都绎城(山东邹城)。国君文公曹蘧蒢寻卒,子定公曹貜且嗣位。其弟曹捷菑母为晋女,乃奔晋。	
周顷王姬壬臣卒,子匡王姬班嗣位。　齐昭公姜潘卒,子姜舍嗣位。姜潘弟姜商人杀姜舍嗣位,是为懿公。　晋、宋、鲁、陈、卫、郑、许、曹,会盟于新城(宋地,河南商丘西南),进攻邾国,欲立曹捷菑为国君,邾国拒绝,并为新君辩曰:“曹貜且母为齐女,而年最长。”	

年份	干支	国号王朝及纪年	
612	己酉	周匡王	元年
		鲁文公	十五年
		秦康公	九年
		陈灵公	二年
		蔡庄侯	三十四年
		郑穆公	十六年
		宋昭公	八年
		楚庄王	二年
		齐懿公	元年
		晋灵公	九年
		燕桓公	六年
		卫成公	二十三年
		曹文公	六年
		杞桓公	二十五年
611	庚戌	周匡王	二年
		鲁文公	十六年
		秦康公	十年
		陈灵公	三年
		蔡文侯	元年
		郑穆公	十七年
		宋昭公	九年
		楚庄王	三年
		齐懿公	二年
		晋灵公	十年
		燕桓公	七年
		卫成公	二十四年
		曹文公	七年
		杞桓公	二十六年

国内	国外
蔡庄侯蔡甲午卒,子文侯蔡申嗣位。晋大将郤缺率上下二军攻蔡国(河南上蔡),因蔡拒去年新城之盟,陷其首都,蔡乞和,晋军始还。晋、宋、卫、蔡、郑、许、曹、鲁,会盟于扈邑(河南原阳),谋讨齐懿公姜商人弑君之罪,姜商人厚贿晋,诸侯军未战即返。姜商人知诸侯无能为力,乃攻鲁国。责曹君不往朝觐,又攻曹。	闪族迦勒底部落崛起,攻陷尼尼微城,亚述帝国亡(前745——,称帝国一百三十四年)。迦勒底帝国兴,定都巴比伦,史称“后巴比伦”,或“第二巴比伦”(——前539)。
楚大饥,群蛮及庸国(湖北竹山)、麇国(陕西白河)、百濮(湖南北部,洞庭湖以西)等皆叛,楚谋迁都阪高(湖北襄樊),大夫蔿贾力阻之,发兵攻百濮,百濮溃散。楚又得秦、巴之助,灭庸。秦楚自是相睦。宋昭公子杵臼凶暴,襄公子滋甫夫人王姬遣人攻杀之,立其弟子鲍,是为文公。晋灵公姬夷皋造九层台,始行暴虐。	

	年份	干支	国号王朝及纪年	
前七世纪九〇年代	610	辛亥	周匡王	三年
			鲁文公	十七年
			秦康公	十一年
			陈灵公	四年
			蔡文侯	二年
			郑穆公	十八年
			宋文公	元年
			楚庄王	四年
			齐懿公	三年
			晋灵公	十一年
			燕桓公	八年
			卫成公	二十五年
			曹文公	八年
			杞桓公	二十七年
	609	壬子	周匡王	四年
			鲁文公	十八年
			秦康公	十二年
			陈灵公	五年
			蔡文侯	三年
			郑穆公	十九年
			宋文公	二年
			楚庄王	五年
			齐懿公	四年
			晋灵公	十二年
			燕桓公	九年
			卫成公	二十六年
			曹文公	九年
			杞桓公	二十八年

国内	国外
晋、卫、陈、郑，联军攻宋，责国君子鲍弑君之罪，子鲍贿诸侯，诸侯反承认其地位合法。	斯巴达行新法，全国皆兵，男子七岁起即受军训，十八岁入伍。
鲁文公姬兴卒，嫡子姬恶嗣位，大夫襄仲杀之，立庶子姬倭，是为宣公。齐大夫邴歜、阎职杀国君懿公姜商人而逃，齐人立桓公姜小白子姜元，是为惠公。 莒君改姓己，太子己仆弑父纪公己庶其，奔鲁。莒人立其弟己季佗，是为渠丘公。秦康公嬴罃卒，子共公嬴稻嗣位。	

年份	干支	国号王朝及纪年	
608	癸丑	周匡王	五年
		鲁宣公	元年
		秦共公	元年
		陈灵公	六年
		蔡文侯	四年
		郑穆公	二十年
		宋文公	三年
		楚庄王	六年
		齐惠公	元年
		晋灵公	十三年
		燕桓公	十年
		卫成公	二十七年
		曹文公	十年
		杞桓公	二十九年
607	甲寅	周匡王	六年
		鲁宣公	二年
		秦共公	二年
		陈灵公	七年
		蔡文侯	五年
		郑穆公	二十一年
		宋文公	四年
		楚庄王	七年
		齐惠公	二年
		晋灵公	十四年
		燕桓公	十一年
		卫成公	二十八年
		曹文公	十一年
		杞桓公	三十年

国内	国外
齐、鲁会盟于平州(山东莱芜),鲁割济西之田(济水西岸田地)予齐。因陈附晋,楚乃攻陈,顺道攻宋。晋大夫赵盾与宋、陈、卫、曹诸国君会于棐林(郑地,河南尉氏),救陈、宋而攻郑。楚救郑,两军遇于北林(郑地,河南新郑北),晋不敢战而还。 晋攻崇国(河南嵩县),期秦救时与秦和解,而秦救不至。	
郑承楚国命,遣公子姬归生攻宋,战于大棘(宋地,河南睢县南)。宋元帅华元将战,杀羊飨士,其车夫羊斟不得食。及战,羊斟驱车入郑军,华元被掳,宋军大败,丧甲车四百六十乘,战士被俘二百五十人,被割左耳一百人。华元寻逃归。秦攻晋,围焦邑(河南三门峡),以报去年围崇之役。晋大夫赵盾救焦邑,率宋、卫、陈,联军攻郑,以报大棘之败。楚令尹(宰相)斗椒率军入郑,严阵以待,晋不敢进而返。晋灵公姬夷皋暴虐益甚,大夫赵穿杀之,立文公姬重耳子姬黑臀,是为成公。周匡王姬班卒,弟定王姬瑜嗣位。	

年份	干支	国号王朝及纪年	
606	乙卯	周定王	元年
		鲁宣公	三年
		秦共公	三年
		陈灵公	八年
		蔡文侯	六年
		郑穆公	二十二年
		宋文公	五年
		楚庄王	八年
		齐惠公	三年
		晋成公	元年
		燕桓公	十二年
		卫成公	二十九年
		曹文公	十二年
		杞桓公	三十一年
605	丙辰	周定王	二年
		鲁宣公	四年
		秦共公	四年
		陈灵公	九年
		蔡文侯	七年
		郑灵公	元年
		宋文公	六年
		楚庄王	九年
		齐惠公	四年
		晋成公	二年
		燕桓公	十三年
		卫成公	三十年
		曹文公	十三年
		杞桓公	三十二年

国内	国外
楚庄王芈侣攻陆浑戎(河南卢氏),前锋至洛阳近郊,周定王姬瑜大恐,遣王孙姬满劳军。芈侣问周鼎轻重。姬满曰:“周政府虽衰,但天命未改,鼎之轻重,未可问也。”郑穆公姬兰卒,子灵公姬夷嗣位。宋文公子鲍即位后,杀胞弟子须及昭公子杵臼诸子,又逐武公子司空及穆公子和后裔,二族奔曹国,率曹军攻宋。宋军寻围曹报复。	
秦共公嬴稻卒,子桓公嬴荣嗣位。楚赠郑灵公姬夷黿。公子姬归生、姬宋将入见,姬宋食指动,告姬归生曰:“必尝异味。”及入,宰夫将烹黿,二人相视而笑,姬夷问之,具以告。俟宴诸大夫黿羹,独不与姬宋。姬宋怒,染指于鼎,尝之而出。姬夷亦怒,欲杀之。姬宋胁姬归生,反杀姬夷,立其弟姬坚,是为襄公。楚令尹斗椒,率若敖之族叛,攻国君庄王芈侣,战于皋浒(湖北襄樊西北),斗椒军败,若敖族遂灭(若敖芈熊仪,楚一任武王芈熊通祖父,斗为其后裔)。	后巴比伦名王尼布甲尼撒即位(——前562)。

年份	干支	国号王朝及纪年	
604	丁巳	周定王	三年
		鲁宣公	五年
		秦桓公	元年
		陈灵公	十年
		蔡文侯	八年
		郑襄公	元年
		宋文公	七年
		楚庄王	十年
		齐惠公	五年
		晋成公	三年
		燕桓公	十四年
		卫成公	三十一年
		曹文公	十四年
		杞桓公	三十三年
603	戊午	周定王	四年
		鲁宣公	六年
		秦桓公	二年
		陈灵公	十一年
		蔡文侯	九年
		郑襄公	二年
		宋文公	八年
		楚庄王	十一年
		齐惠公	六年
		晋成公	四年
		燕桓公	十五年
		卫成公	三十二年
		曹文公	十五年
		杞桓公	三十四年

国内	国外
楚庄王芈侣命孙叔敖代虞丘子为令尹(宰相)。楚与陈结盟,攻郑。晋大夫荀林父攻陈以救郑。	
晋大夫赵盾,卫大夫孙免,因陈国附楚,联军再攻陈。赤狄(山西长治)攻晋,围怀邑(河南武陟)、邢丘(河南温县东北)。楚攻郑,取城下盟而还。	

年份	干支	国号王朝及纪年	
602	己未	周定王	五年
		鲁宣公	七年
		秦桓公	三年
		陈灵公	十二年
		蔡文侯	十年
		郑襄公	三年
		宋文公	九年
		楚庄王	十二年
		齐惠公	七年
		晋成公	五年
		燕桓公	十六年
		卫成公	三十三年
		曹文公	十六年
		杞桓公	三十五年
601	丙申	周定王	六年
		鲁宣公	八年
		秦桓公	四年
		陈灵公	十三年
		蔡文侯	十一年
		郑襄公	四年
		宋文公	十年
		楚庄王	十三年
		齐惠公	八年
		晋成公	六年
		燕宣公	元年
		卫成公	三十四年
		曹文公	十七年
		杞桓公	三十六年

国内	国外
齐鲁攻莱国(山东平度)。赤狄攻晋,收割向邑(河南济源南)及阴邑(河南孟津北)禾稼。 燕桓公卒,宣公嗣位。晋、宋、卫、郑、曹、鲁诸国国君盟于黑壤(山西沁水),鲁宣公姬倭因晋成公姬黑臀即位时,未经朝贺,晋遂不准其与盟,姬倭逃归。	
白狄(陕西洛河中上游以东)与晋,联军攻秦。楚灭舒蓼国(安徽舒城南)。与吴国、越国盟誓而还。	

前六世纪

“五霸”中第四霸楚庄王芈侣，继其他三霸出现，与晋国不断因争霸而战。大批弱小封国被消灭，强大封国的领土日益扩张。

在东南蛮荒地区，吴、越两国崛起。

前六世纪
○○年代

年份	干支	国号王朝及纪年	
600	辛酉	周定王	七年
		鲁宣公	九年
		秦桓公	五年
		陈灵公	十四年
		蔡文侯	十二年
		郑襄公	五年
		宋文公	十一年
		楚庄王	十四年
		齐惠公	九年
		晋成公	七年
		燕宣公	二年
		卫成公	三十五年
		曹文公	十八年
		杞桓公	三十七年
599	壬戌	周定王	八年
		鲁宣公	十年
		秦桓公	六年
		陈灵公	十五年
		蔡文侯	十三年
		郑襄公	六年
		宋文公	十二年
		楚庄王	十五年
		齐惠公	十年
		晋景公	元年
		燕宣公	三年
		卫穆公	元年
		曹文公	十九年
		杞桓公	三十八年

国内	国外
滕昭公姬毛卒,子文公姬绣嗣位。晋成公姬黑臀与楚庄王芈侣争霸,晋会诸侯于扈邑(河南原阳),陈灵公妫平国畏楚,不至,晋攻之,姬黑臀卒于途,军乃还,子景公姬孺嗣位。卫成公卫郑卒,子穆公卫遬嗣位。宋乘滕国(山东滕州)丧君,围滕。楚庄王芈侣攻郑,晋大夫郤缺救郑,败楚军于柳棼(郑地,河南襄城)。郑人皆喜,唯公子姬去疾忧之,曰:“是国之灾难,吾死无日矣。”自是楚晋争相伐郑,郑国疲惫无宁日。	
齐归济西田于鲁。齐惠公姜元卒,子顷公姜无野嗣位。陈灵公妫平国与夏姬私通,又戏谑夏姬子夏征舒,夏征舒遂杀妫平国;妫平国子妫午逃奔晋国。滕国恃晋而不事宋,宋乃攻滕。夏,郑附楚。晋、宋、卫、曹,联军攻郑,郑降。冬,楚攻郑,晋大夫士会救郑,楚军败还。鲁攻邾国,军入其都绎城(山东邹城)。	

年份	干支	国号王朝及纪年	
598	癸亥	周定王	九年
		鲁宣公	十一年
		秦桓公	七年
		陈成公	元年
		蔡文侯	十四年
		郑襄公	七年
		宋文公	十三年
		楚庄王	十六年
		齐顷公	元年
		晋景公	二年
		燕宣公	四年
		卫穆公	二年
		曹文公	二十年
		杞桓公	三十九年
597	甲子	周定王	十年
		鲁宣公	十二年
		秦桓公	八年
		陈成公	二年
		蔡文侯	十五年
		郑襄公	八年
		宋文公	十四年
		楚庄王	十七年
		齐顷公	二年
		晋景公	三年
		燕宣公	五年
		卫穆公	三年
		曹文公	二十二年
		杞桓公	四十年

国内	国外
楚攻郑,兵至栎邑(河南禹州),郑乞和,与楚盟于辰陵(河南西华)。楚庄王芈侣攻陈,杀夏征舒。迎妫午返国嗣位,是为成公。	
郑又降晋,楚庄王芈侣再攻郑,郑再降楚。晋大夫荀林父救郑,闻郑已降,欲还,士会阻之,遂渡黄河,战于邲水(河南荥阳东北),晋军大败。许亦附楚。楚攻萧国(安徽萧县),宋、蔡救萧,萧人掳楚王子芈丙,芈侣请曰:“勿杀,吾即退军。”萧竟杀之,芈侣怒,遂灭萧。晋、宋、卫、曹,盟于清丘(河南濮阳)。宋因陈附楚,乃攻陈,卫大夫孔达救陈。晋大夫屠岸贾攻杀大夫赵朔,尽屠赵氏族。赵朔友程婴匿赵朔孤子赵武于山中。	后巴比伦王尼布甲尼撒统军攻耶路撒冷,犹太王约雅敬出降,尼布甲尼撒执之,立其子约雅斤为王,寻又废约雅斤,立其叔西底家为王。

年份	干支	国号王朝及纪年	
596	乙丑	周定王	十一年
		鲁宣公	十三年
		秦桓公	九年
		陈成公	三年
		蔡文侯	十六年
		郑襄公	九年
		宋文公	十五年
		楚庄王	十八年
		齐顷公	三年
		晋景公	四年
		燕宣公	六年
		卫穆公	四年
		曹文公	二十二年
		杞桓公	四十一年
595	丙寅	周定王	十二年
		鲁宣公	十四年
		秦桓公	十年
		陈成公	四年
		蔡文侯	十七年
		郑襄公	十年
		宋文公	十六年
		楚庄王	十九年
		齐顷公	四年
		晋景公	五年
		燕宣公	七年
		卫穆公	五年
		曹文公	二十三年
		杞桓公	四十二年

国内	国外
莒恃晋不事齐,齐攻莒。楚以宋去岁救萧,攻宋。赤狄攻晋,至清原(山西稷山)。	
曹文公曹寿卒,子宣公曹卢嗣位。卫杀大夫孔达,求解于晋、宋。晋攻郑,报前年郯水之败,但未攻城,仅耀兵而还。楚遣大夫申无畏出使齐国,故不向宋国借道。王子芈冯出使晋国,故不向郑国借道。申无畏曰:“郑国聪明,而宋国是一个聋子。芈冯无妨,我必死矣。”庄王芈侣曰:“杀你,我伐之。”申无畏至宋,宋大夫华元曰:“过我而不借道,是轻视我。轻视我,是亡国也。”乃杀之。楚军遂围宋。	

年份	干支	国号王朝及纪年	
594	丁卯	周定王	十三年
		鲁宣公	十五年
		秦桓公	十一年
		陈成公	五年
		蔡文侯	十八年
		郑襄公	十一年
		宋文公	十七年
		楚庄王	二十年
		齐顷公	五年
		晋景公	六年
		燕宣公	八年
		卫穆公	六年
		曹宣公	元年
		杞桓公	四十三年
593	戊辰	周定王	十四年
		鲁宣公	十六年
		秦桓公	十二年
		陈成公	六年
		蔡文侯	十九年
		郑襄公	十二年
		宋文公	十八年
		楚庄王	二十一年
		齐顷公	六年
		晋景公	七年
		燕宣公	九年
		卫穆公	七年
		曹宣公	二年
		杞桓公	四十四年

国内	国外
楚围宋九月,宋易子而食,不能支,而晋救不至,乃降楚。潞国(山西潞城),属赤狄族,大夫酆舒专权,国君隗婴儿夫人,晋景公姬孺之姐,酆舒杀之,又伤隗婴儿目。晋遂灭潞,掳隗婴儿。酆舒奔卫,卫捕之送晋,晋杀之。秦乘晋用兵潞国,攻晋,至辅氏(晋地,陕西大荔),为晋大夫魏颗所败。	雅典推举梭伦为执政官,梭伦立新法,改革内政,创立公民会议及陪审制度,世界各国平民有参政权自此始。世界司法陪审团之设立,亦自此始。
晋灭赤狄族甲氏(河北邢台)、留吁(山西屯留)及铎辰(山西长治)。晋国版图,自是始大。	

年份	干支	国号王朝及纪年	
592	己巳	周定王	十五年
		鲁宣公	十七年
		秦桓公	十三年
		陈成公	七年
		蔡文侯	二十年
		郑襄公	十三年
		宋文公	十九年
		楚庄王	二十二年
		齐顷公	七年
		晋景公	八年
		燕宣公	十年
		卫穆公	八年
		曹宣公	三年
		杞桓公	四十五年
591	庚午	周定王	十六年
		鲁宣公	十八年
		秦桓公	十四年
		陈成公	八年
		蔡景侯	元年
		郑襄公	十四年
		宋文公	二十年
		楚庄王	二十三年
		齐顷公	八年
		晋景公	九年
		燕宣公	十一年
		卫穆公	九年
		曹宣公	四年
		杞桓公	四十六年

国内	国外
蔡文侯蔡申卒,子景侯蔡固嗣位。许昭公姜锡我卒,子灵公姜宁嗣位。晋大夫郤克出使齐国,郤克足跛,齐顷公姜无野之母萧夫人笑之,郤克怒曰:"不报此辱,不再渡黄河。"晋、卫、曹、邾、鲁,会盟于断道(山西沁县),齐遣大夫高固等四人赴会,中途闻郤克盛怒,高固逃回,其他三人被晋所囚,寻亦逃回。	
晋、卫二国攻齐。邾攻鄫,杀鄫君。楚庄王芈侣卒,子共王芈审嗣位。鲁宣公姬倭卒,子成公姬黑肱嗣位。	

	年份	干支	国号王朝及纪年	
前六世纪一〇年代	590	辛未	周定王	十七年
			鲁成公	元年
			秦桓公	十五年
			陈成公	九年
			蔡景侯	二年
			郑襄公	十五年
			宋文公	二十一年
			楚共王	元年
			齐顷公	九年
			晋景公	十年
			燕宣公	十二年
			卫穆公	十年
			曹宣公	五年
			杞桓公	四十七年
	589	壬申	周定王	十八年
			鲁成公	二年
			秦桓公	十六年
			陈成公	十年
			蔡景侯	三年
			郑襄公	十六年
			宋文公	二十二年
			楚共王	二年
			齐顷公	十年
			晋景公	十一年
			燕宣公	十三年
			卫穆公	十一年
			曹宣公	六年
			杞桓公	四十八年

国内	国外
周大将刘康公攻茅戎(山西平陆),败于徐吾(平陆西)。	希腊发生“神圣战争”,雅典为保护神庙击灭克里沙城邦并夷作平地。
春,齐攻鲁,围龙邑(山东泰安),齐顷公姜无野宠臣卢蒲攻城门时被擒,姜无野曰:“勿杀,吾与汝盟誓,不再侵犯。”龙邑人竟杀之,分其尸置城上,姜无野亲擂鼓激士,遂陷龙邑。夏,卫军侵齐,战于新筑(卫地,河北大名),卫大败,卫大夫孙良夫不返国,径赴晋求援。而鲁大夫臧宣叔亦赴晋求援。秋,晋大夫郤克、卫大夫孙良夫、鲁大夫臧宣叔、曹公子曹首,四国联军攻齐,战于鞍邑(齐地,山东济南西北),齐大败。晋索萧夫人。齐遣国佐(宰相)赂晋以国宝,及归所侵鲁卫二国之地,乞和。宋文公子鲍卒,子共公子瑕嗣位。卫穆公卫遫卒,子定公卫臧嗣位。冬,楚王子芈婴齐、鲁成公姬黑肱、蔡景侯蔡固、许灵公姜宁、秦右大夫嬴说、宋大夫华元、陈公子妫宁、卫大夫孙良夫、郑公子姬去疾,以及曹、邾、薛、鄫,十三国会盟于蜀邑(山东泰安),楚霸权益固。	

年份	干支	国号王朝及纪年	
588	癸酉	周定王	十九年
		鲁成公	三年
		秦桓公	十七年
		陈成公	十一年
		蔡景侯	四年
		郑襄公	十七年
		宋共公	元年
		楚共王	三年
		齐顷公	十一年
		晋景公	十二年
		燕宣公	十四年
		卫定公	元年
		曹宣公	七年
		杞桓公	四十九年
587	甲戌	周定王	二十年
		鲁成公	四年
		秦桓公	十八年
		陈成公	十二年
		蔡景侯	五年
		郑襄公	十八年
		宋共公	二年
		楚共王	四年
		齐顷公	十二年
		晋景公	十三年
		燕宣公	十五年
		卫定公	二年
		曹宣公	八年
		杞桓公	五十年

国内	国外
晋率诸侯鲁、宋、卫、曹,联军攻郑国,以报前597年邲水之败。郑公子姬偃迎战,败晋联军于丘舆(河南开封)。许恃楚,不事郑,郑公子姬去疾攻许。晋由三军扩建为六军。	犹太王国西底家王叛后巴比伦帝国,后巴比伦王尼布甲尼撒统军围其首都耶路撒冷,历时三年(——前586)。
郑襄公姬坚卒,子悼公姬费嗣位。燕宣公卒,昭公嗣位。郑攻许,占领鉏任、泠敦之田(河南许昌东)。晋大夫栾书救许攻郑,占领泛邑(河南荥阳东北)、祭邑(河南郑州东北)。楚共王芈审救郑。	

年份	干支	国号王朝及纪年	
586	乙亥	周定王	二十一年
		鲁成公	五年
		秦桓公	十九年
		陈成公	十三年
		蔡景侯	六年
		郑悼公	元年
		宋共公	三年
		楚共王	五年
		齐顷公	十三年
		晋景公	十四年
		燕昭公	元年
		卫定公	三年
		曹宣公	九年
		杞桓公	五十一年
		吴寿梦	元年
585	丙子	周简王	元年
		鲁成公	六年
		秦桓公	二十年
		陈成公	十四年
		蔡景侯	七年
		郑悼公	二年
		宋共公	四年
		楚共王	六年
		齐顷公	十四年
		晋景公	十五年
		燕昭公	二年
		卫定公	四年
		曹宣公	十年
		杞桓公	五十二年
		吴寿梦	二年

国内	国外
周定王姬瑜卒,子简王姬夷嗣位。许灵公姜宁赴楚控告郑国侵伐,郑悼公姬费赴楚,讼不能胜。楚人囚郑大夫皇戌及公子姬发。姬费返,遣公子姬偃向晋乞降。郑晋盟于垂棘(晋地,山西潞城)。晋、鲁、齐、卫、郑、曹、邾、杞,会盟于虫牢(河南封丘),庆祝郑国归附。宋因有内乱,未与会。吴部落酋长吴寿梦称王,建吴王国。	耶路撒冷城陷,擒西底家王,于其面前斩其诸子,继剜其双目,焚城。耶和华神殿、王宫、民宅,全化灰烬,并掳以色列全族男女至巴比伦为奴,犹太王国亡(前1180——,立国五百九十五年)。
晋自绛城迁都新田(山西侯马),亦称绛城,以旧都为故绛,新都为新绛(二都相距四十公里)。鲁灭鄟国(山东郯城东北)。伊洛戎与陆浑蛮攻宋。郑悼公姬费卒,弟成公姬睔嗣位。晋景公姬孺与大夫韩厥,杀屠岸贾,立赵武为赵氏之后(前597)。楚令尹芈重以郑附晋,攻郑。晋大夫栾书救郑,遇楚军于绕角(河南鲁山),楚军撤退。晋遂攻蔡国,楚王子芈申、芈成率军救蔡,遇于桑隧(河南确山),晋军亦撤退。	日本(第一代)神武天皇逝世。

年份	干支	国号王朝及纪年	
584	丁丑	周简王	二年
		鲁成公	七年
		秦桓公	二十一年
		陈成公	十五年
		蔡景侯	八年
		郑成公	元年
		宋共公	五年
		楚共王	七年
		齐顷公	十五年
		晋景公	十六年
		燕昭公	三年
		卫定公	五年
		曹宣公	十一年
		杞桓公	五十三年
		吴寿梦	三年
583	戊寅	周简王	三年
		鲁成公	八年
		秦桓公	二十二年
		陈成公	十六年
		蔡景侯	九年
		郑成公	二年
		宋共公	六年
		楚共王	八年
		齐顷公	十六年
		晋景公	十七年
		燕昭公	四年
		卫定公	六年
		曹宣公	十二年
		杞桓公	五十四年
		吴寿梦	四年

国内	国外
楚大夫屈巫奔晋,楚屠屈巫宗族,屈巫遣其子屈庸赴吴,教吴人骑射,导使攻楚。吴攻郯国(山东郯城),郯国请和。吴国陷州来(安徽凤台),始成强国。楚令尹芈重再攻郑国,晋、鲁、宋、卫、曹、莒、邾、杞、齐,诸国君会盟于马陵(郑地,河北大名),谋救郑。	
晋大夫栾书攻蔡,获楚大夫申骊。晋鲁以郯国附吴,联合攻郯。	

年份	干支	国号王朝及纪年	
582	己卯	周简王	四年
		鲁成公	九年
		秦桓公	二十三年
		陈成公	十七年
		蔡景侯	十年
		郑成公	三年
		宋共公	七年
		楚共王	九年
		齐顷公	十七年
		晋景公	十八年
		燕昭公	五年
		卫定公	七年
		曹宣公	十三年
		杞桓公	五十五年
		吴寿梦	五年
581	庚辰	周简王	五年
		鲁成公	十年
		秦桓公	二十四年
		陈成公	十八年
		蔡景侯	十一年
		郑成公	四年
		宋共公	八年
		楚共王	十年
		齐灵公	元年
		晋景公	十九年
		燕昭公	六年
		卫定公	八年
		曹宣公	十四年
		杞桓公	五十六年
		吴寿梦	六年

国内	国外
齐顷公姜无野卒,子灵公姜环嗣位。春,楚用重金贿郑,郑又背晋附楚,郑成公姬睔与楚王子芈成盟于邓邑(河南漯河)。秋,姬睔赴晋国朝觐,晋国囚之于铜鞮(山西沁县)。晋大夫栾书率军攻郑,郑使伯蠲赴晋乞和,晋人杀之。楚令尹芈重攻陈国以救郑,晋纵楚囚锺仪请和。楚令尹芈重攻莒国(山东莒县),莒军擒楚王子芈平,楚告之曰:“勿杀,吾还汝俘。”莒人杀之,楚军陷郓城(山东沂水东北)。	
晋、鲁、宋、齐、卫、曹,联军再攻郑国。郑公子姬班立姬睔庶兄姬繻为国君。他公子杀姬繻,立姬睔子姬髡顽。厚赂晋国,晋遣姬睔回国复位,郑又附晋。晋景公姬獳卒,子厉公姬寿曼嗣位。	日本(第二代)绥靖天皇嗣位。

	年份	干支	国号王朝及纪年	
前六世纪二〇年代	580	辛巳	周简王	六年
			鲁成公	十一年
			秦桓公	二十五年
			陈成公	十九年
			蔡景侯	十二年
			郑成公	五年
			宋共公	九年
			楚共王	十一年
			齐灵公	二年
			晋厉公	元年
			燕昭公	七年
			卫定公	九年
			曹宣公	十五年
			杞桓公	五十七年
			吴寿梦	七年
	579	壬午	周简王	七年
			鲁成公	十二年
			秦桓公	二十六年
			陈成公	二十年
			蔡景侯	十三年
			郑成公	六年
			宋共公	十年
			楚共王	十二年
			齐灵公	三年
			晋厉公	二年
			燕昭公	八年
			卫定公	十年
			曹宣公	十六年
			杞桓公	五十八年
			吴寿梦	八年

国内	国外
周大夫周公姬楚与卿士姬伯舆,争政不胜,出奔晋国。宋大夫华元与楚令尹芈重,及晋大夫栾书相善,欲谋两大国间和平,乃赴晋。	
晋大夫士燮、楚王子芈罢,会盟于宋国西门之外,曰:"凡晋楚无相加伐,同恤灾危。"是为第一次弭兵之会。白狄(山西陕西交界)乘晋与宋盟,攻晋,而又不设备,晋军大败之于交刚(山西隰县)。	

年份	干支	国号王朝及纪年	
578	癸未	周简王	八年
		鲁成公	十三年
		秦桓公	二十七年
		陈成公	二十一年
		蔡景侯	十四年
		郑成公	七年
		宋共公	十一年
		楚共王	十三年
		齐灵公	四年
		晋厉公	三年
		燕昭公	九年
		卫定公	十一年
		曹宣公	十七年
		杞桓公	五十九年
		吴寿梦	九年
577	甲申	周简王	九年
		鲁成公	十四年
		秦桓公	二十八年
		陈成公	二十二年
		蔡景侯	十五年
		郑成公	八年
		宋共公	十二年
		楚共王	十四年
		齐灵公	五年
		晋厉公	四年
		燕昭公	十年
		卫定公	十二年
		曹成公	元年
		杞桓公	六十年
		吴寿梦	十年

国内	国外
曹宣公曹卢卒,庶子曹负刍杀太子嗣位,是为成公。晋厉公姬寿曼遣大夫魏相赴秦国宣告绝交。即与齐、鲁、宋、卫、郑、曹、邾、滕,联军攻秦,战于麻隧(秦地,陕西泾阳),秦军大败。	
卫定公卫臧卒,子献公卫衎嗣位。秦桓公嬴荣卒,子景公嬴后嗣位。郑公子姬喜攻许国(河南许昌),败还。郑成公姬睔再攻许,军入其都外城,许国乞和,定界而还。	

年份	干支	国号王朝及纪年	
576	乙酉	周简王	十年
		鲁成公	十五年
		秦景公	元年
		陈成公	二十三年
		蔡景侯	十六年
		郑成公	九年
		宋共公	十三年
		楚共王	十五年
		齐灵公	六年
		晋厉公	五年
		燕昭公	十一年
		卫献公	元年
		曹成公	二年
		杞桓公	六十一年
		吴寿梦	十一年
575	丙戌	周简王	十一年
		鲁成公	十六年
		秦景公	二年
		陈成公	二十四年
		蔡景侯	十七年
		郑成公	十年
		宋平公	元年
		楚共王	十六年
		齐灵公	七年
		晋厉公	六年
		燕昭公	十二年
		卫献公	二年
		曹成公	三年
		杞桓公	六十二年
		吴寿梦	十二年

国内	国外
许畏郑之逼,请于楚,楚迁许于叶邑(楚地,河南叶县)。晋会鲁、卫、郑、宋、齐、邾、曹诸国于戚邑(卫地),擒曹成公曹负刍送周政府审讯,周政府不敢专断,再送晋处置。宋共公子瑕卒,子平公子成嗣位。诸臣内讧,五大夫鱼石、向为人、鳞朱、向带、鱼府奔楚。	
滕文公姬绣卒,子成公姬原嗣位。晋遣曹成公曹负刍归国复位。楚割汝阴田(汝水之南)贿郑,郑再背晋附楚。晋攻郑,楚救郑,战于鄢陵(河南鄢陵),楚军大败,晋射楚共王芈审中目。	

年份	干支	国号王朝及纪年	
574	丁亥	周简王	十二年
		鲁成公	十七年
		秦景公	三年
		陈成公	二十五年
		蔡景侯	十八年
		郑成公	十一年
		宋平公	二年
		楚共王	十七年
		齐灵公	八年
		晋厉公	七年
		燕昭公	十三年
		卫献公	三年
		曹成公	四年
		杞桓公	六十三年
		吴寿梦	十三年
573	戊子	周简王	十三年
		鲁成公	十八年
		秦景公	四年
		陈成公	二十六年
		蔡景侯	十九年
		郑成公	十二年
		宋平公	三年
		楚共王	十八年
		齐灵公	九年
		晋厉公	八年
		燕武公	元年
		卫献公	四年
		曹成公	五年
		杞桓公	六十四年
		吴寿梦	十四年

国内	国外
晋厉公姬寿曼杀大夫郤至,灭其族。大夫栾书、中行偃,围姬寿曼于匠丽氏宅。燕昭公卒,武公嗣位。邾定公曹貜且卒,子宣公曹牼嗣位。郑大夫姬驷攻晋国虚邑(河南偃师)、滑邑(偃师东南)。卫大夫北宫括救晋击郑,郑遣太子姬髡顽为楚人质,楚遣军屯郑国助守。晋会齐、鲁、宋、卫、曹、邾,及周政府代表,盟于柯陵(郑地,河南临颍),联军攻郑,楚王子芈申救郑,至汝水,晋联军不敢进而还。楚灭舒庸(安徽舒城西南)。	
春,晋大夫栾书、中行偃,囚厉公姬寿曼六日而杀之,立襄公姬欢曾孙姬周,是为悼公。夏,楚、郑联军攻宋国,陷彭城(江苏徐州),送鱼石等五大夫返彭城。秋,宋司马老佐攻彭城,楚令尹芈重救之,攻宋,宋告急于晋,晋会宋、卫、鲁、邾、齐,诸国于虚朾(宋地,河南延津东),谋救宋国。鲁成公姬黑肱卒,子襄公姬午嗣位。	

年份	干支	国号王朝及纪年	
572	己丑	周简王	十四年
		鲁襄公	元年
		秦景公	五年
		陈成公	二十七年
		蔡景侯	二十年
		郑成公	十三年
		宋平公	四年
		楚共王	十九年
		齐灵公	十年
		晋悼公	元年
		燕武公	二年
		卫献公	五年
		曹成公	六年
		杞桓公	六十五年
		吴寿梦	十五年
571	庚寅	周灵王	元年
		鲁襄公	二年
		秦景公	六年
		陈成公	二十八年
		蔡景侯	二十一年
		郑成公	十四年
		宋平公	五年
		楚共王	二十年
		齐灵公	十一年
		晋悼公	二年
		燕武公	三年
		卫献公	六年
		曹成公	七年
		杞桓公	六十六年
		吴寿梦	十六年

国内	国外
春,晋率宋、卫、鲁、曹、莒、邾、滕、薛诸国联军围彭城,彭城降晋,晋迁鱼石等五大夫于瓠丘(晋地,山西垣曲)。夏,晋率鲁、齐、曹、邾、杞诸国联军攻鄫邑(郑地,河南柘城北)。秋,楚令尹芈辛救郑攻宋,陷犬丘(宋地,河南永城)。秋,周简王姬夷卒,子灵王姬泄心嗣位。	
郑受楚国之命攻宋。齐攻莱国(山东平度),受贿而还。郑成公姬睔卒,子僖公姬髡顽嗣位。晋大夫荀莹会齐、宋、鲁、卫、曹、邾、滕、薛、小邾诸国于戚邑(河南濮阳),筑虎牢城(河南荥阳西北)以逼郑国,郑请降。	

	年份	干支	国号王朝及纪年	
前六世纪三〇年代	570	辛卯	周灵王	二年
			鲁襄公	三年
			秦景公	七年
			陈成公	二十九年
			蔡景侯	二十二年
			郑僖公	元年
			宋平公	六年
			楚共王	二十一年
			齐灵公	十二年
			晋悼公	三年
			燕武公	四年
			卫献公	七年
			曹成公	八年
			杞桓公	六十七年
			吴寿梦	十七年
	569	壬辰	周灵王	三年
			鲁襄公	四年
			秦景公	八年
			陈成公	三十年
			蔡景侯	二十三年
			郑僖公	二年
			宋平公	七年
			楚共王	二十二年
			齐灵公	十三年
			晋悼公	四年
			燕武公	五年
			卫献公	八年
			曹成公	九年
			杞桓公	六十八年
			吴寿梦	十八年

国内	国外
春,楚王子芈重攻吴国,陷鸠兹(吴地,安徽芜湖),吴军反击,陷驾邑(楚地,安徽无为),楚军大败,芈重恚恨而死。夏,晋会周大夫、鲁、宋、卫、郑、莒、邾、齐诸国,盟于鸡泽(河北肥乡)。秋,楚以陈国背楚附晋,攻陈。冬,晋以许国不参加鸡泽之会,荀罃率军攻许。	
春,陈成公妫午卒,子哀公妫弱嗣位。夏,楚屯军繁阳(河南新蔡)逼陈。又命顿国(河南项城)攻陈。冬,陈国发兵围顿国。邾、莒联军攻鄫国(山东苍山),鲁大夫臧孙纥率军攻邾救鄫,败于狐骀(山东滕州)。	

年份	干支	国号王朝及纪年	
568	癸巳	周灵王	四年
		鲁襄公	五年
		秦景公	九年
		陈哀公	元年
		蔡景侯	二十四年
		郑僖公	三年
		宋平公	八年
		楚共王	二十三年
		齐灵公	十四年
		晋悼公	五年
		燕武公	六年
		卫献公	九年
		曹成公	十年
		杞桓公	六十九年
		吴寿梦	十九年
567	甲午	周灵王	五年
		鲁襄公	六年
		秦景公	十年
		陈哀公	二年
		蔡景侯	二十五年
		郑僖公	四年
		宋平公	九年
		楚共王	二十四年
		齐灵公	十五年
		晋悼公	六年
		燕武公	七年
		卫献公	十年
		曹成公	十一年
		杞桓公	七十年
		吴寿梦	二十年

国内	国外
陈国所以叛楚,因楚令尹芈辛贪酷,陈国不胜负荷之故。楚共王芈审乃杀芈辛。晋会宋、陈、鲁、卫、郑、曹、莒、邾、滕、薛、齐、吴、鄫于戚邑(河南濮阳),遣军屯陈国助守。楚令尹芈贞攻陈,晋会宋、鲁、卫、郑、曹、齐于城棣(郑地,河南原阳),谋救陈。	
春,杞桓公姒姑容卒,子孝公姒句嗣位。秋,莒灭鄫国(山东苍山)。冬,齐灭莱国(山东平度),山东半岛自是全入于齐。	

年份	干支	国号王朝及纪年	
566	乙未	周灵王	六年
		鲁襄公	七年
		秦景公	十一年
		陈哀公	三年
		蔡景侯	二十六年
		郑僖公	五年
		宋平公	十年
		楚共王	二十五年
		齐灵公	十六年
		晋悼公	七年
		燕武公	八年
		卫献公	十一年
		曹成公	十二年
		杞孝公	元年
		吴寿梦	二十一年
565	丙申	周灵王	七年
		鲁襄公	八年
		秦景公	十二年
		陈哀公	四年
		蔡景侯	二十七年
		郑简公	元年
		宋平公	十一年
		楚共王	二十六年
		齐灵公	十七年
		晋悼公	八年
		燕武公	九年
		卫献公	十二年
		曹成公	十三年
		杞孝公	二年
		吴寿梦	二十二年

国内	国外
楚令尹芈贞攻陈。晋会宋、陈、鲁、卫、曹、莒、邾诸国君于鄬邑(河南鲁山),共谋救陈。郑僖公姬髡顽性傲狠,屡对诸公子无礼,于赴鄬邑中途,又辱公子姬驷。侍者谏,又杀侍者。至鄵邑(河南新密),姬驷遂杀姬髡顽,立太子姬嘉,是为简公。	
郑攻蔡国,掳公子蔡燮,献捷于晋。秋,楚令尹芈贞攻郑,报其侵蔡之役,郑乞和,叛晋附楚。	释迦牟尼生(——前485)。

年份	干支	国号王朝及纪年	
564	丁酉	周灵王	八年
		鲁襄公	九年
		秦景公	十三年
		陈哀公	五年
		蔡景侯	二十八年
		郑简公	二年
		宋平公	十二年
		楚共王	二十七年
		齐灵公	十八年
		晋悼公	九年
		燕武公	十年
		卫献公	十三年
		曹成公	十四年
		杞孝公	三年
		吴寿梦	二十三年
563	戊戌	周灵王	九年
		鲁襄公	十年
		秦景公	十四年
		陈哀公	六年
		蔡景侯	二十九年
		郑简公	三年
		宋平公	十三年
		楚共王	二十八年
		齐灵公	十九年
		晋悼公	十年
		燕武公	十一年
		卫献公	十四年
		曹成公	十五年
		杞孝公	四年
		吴寿梦	二十四年

国内	国外
晋会宋、鲁、卫、曹、莒、邾、滕、薛、杞、小邾、齐，诸国攻郑，郑乞和，再叛楚附晋，盟于戏邑(河南荥阳)，郑公子姬骓誓曰："今日既盟之后，郑国对强而有礼，可以保护吾民者，敢有异心，有如誓言。"楚闻郑叛，即攻郑，郑再叛晋附楚。	
晋灭偪阳国(山东枣庄南)。楚令尹芈贞、郑公子姬耳围宋国，攻其桐门(宋都睢阳北门)。卫救宋，军至襄牛(河南范县)。郑大夫皇耳击卫，大败于犬丘(山东鄄城)，皇耳被掳。楚、郑联军攻宋，转攻鲁，陷萧邑(安徽萧县)。晋会宋、鲁、齐、卫、曹、莒、邾、滕、薛、杞、小邾，联军伐郑。郑内乱，诸公子姬驷、姬国、姬耳被杀。晋联军进屯虎牢，郑乞和，再叛楚附晋。楚令尹芈贞救郑，晋联军不敢战，向楚乞和而退。	

年份	干支	国号王朝及纪年	
562	己亥	周灵王	十年
		鲁襄公	十一年
		秦景公	十五年
		陈哀公	七年
		蔡景侯	三十年
		郑简公	四年
		宋平公	十四年
		楚共王	二十九年
		齐灵公	二十年
		晋悼公	十一年
		燕武公	十二年
		卫献公	十五年
		曹成公	十六年
		杞孝公	五年
		吴寿梦	二十五年
561	庚子	周灵王	十一年
		鲁襄公	十二年
		秦景公	十六年
		陈哀公	八年
		蔡景侯	三十一年
		郑简公	五年
		宋平公	十五年
		楚共王	三十年
		齐灵公	二十一年
		晋悼公	十二年
		燕武公	十三年
		卫献公	十六年
		曹成公	十七年
		杞孝公	六年
		吴寿梦	二十六年

国内	国外
鲁国建立三军，三桓(季孙、孟孙、叔孙)各统一军，鲁国遂分裂为三。郑患楚晋之逼，图使二国一分胜负，以便长久附于一方。于是攻宋。晋会宋、鲁、卫、鲁、齐、莒、邾、滕、薛、杞、小邾，救宋攻郑。郑乞和，盟于京邑(亳邑，河南郑州)。楚令尹芈贞，会秦军攻郑，郑乞和，复叛晋附楚。晋再会诸国攻郑，郑又乞和，叛楚附晋，楚不能救。郑遂臣服晋国。秦庶长嬴鲍救郑攻晋，败晋军于栎邑(晋地，陕西临潼)。	后巴比伦帝国名王尼布甲尼撒卒(前605——，在位五十八年)。
春，莒攻鲁，围台邑(山东费县)。吴王吴寿梦卒，子吴诸樊嗣位。冬，楚令尹芈贞、秦庶长嬴无地，联军攻宋之杨梁(河南商丘东南)，以报晋之取郑。	

前六世纪
四〇年代

年份	干支	国号王朝及纪年	
560	辛丑	周灵王	十二年
		鲁襄公	十三年
		秦景公	十七年
		陈哀公	九年
		蔡景侯	三十二年
		郑简公	六年
		宋平公	十六年
		楚共王	三十一年
		齐灵公	二十二年
		晋悼公	十三年
		燕武公	十四年
		卫献公	十七年
		曹成公	十八年
		杞孝公	七年
		吴诸樊	元年
559	壬寅	周灵王	十三年
		鲁襄公	十四年
		秦景公	十八年
		陈哀公	十年
		蔡景侯	三十三年
		郑简公	七年
		宋平公	十七年
		楚康王	元年
		齐灵公	二十三年
		晋悼公	十四年
		燕武公	十五年
		卫献公	十八年
		曹成公	十九年
		杞孝公	八年
		吴诸樊	二年

国内	国外
邿国(山东济宁)内乱,国分裂为三,鲁乘机灭之。楚共王芈审卒,子康王芈昭嗣位。吴攻楚,战于庸浦(楚地,安徽无为),吴军大败,王子吴党被掳。吴迁都姑苏(江苏苏州)。	
晋大夫荀偃率齐、宋、鲁、卫、郑、曹、莒、邾、滕、薛、杞、小邾诸国联军攻秦,以报前562年栎邑之役。至泾水,不敢渡而返。卫大夫孙林父逐献公卫衎,立穆公卫遬孙卫秋,是为殇公。卫衎奔齐。	

年份	干支	国号王朝及纪年	
558	癸卯	周灵王	十四年
		鲁襄公	十五年
		秦景公	十九年
		陈哀公	十一年
		蔡景侯	三十四年
		郑简公	八年
		宋平公	十八年
		楚康王	二年
		齐灵公	二十四年
		晋悼公	十五年
		燕武公	十六年
		卫殇公	元年
		曹成公	二十年
		杞孝公	九年
		吴诸樊	三年
557	甲辰	周灵王	十五年
		鲁襄公	十六年
		秦景公	二十年
		陈哀公	十二年
		蔡景侯	三十五年
		郑简公	九年
		宋平公	十九年
		楚康王	三年
		齐灵公	二十五年
		晋平公	元年
		燕武公	十七年
		卫殇公	二年
		曹成公	二十一年
		杞孝公	十年
		吴诸樊	四年

国内	国外
邾侵鲁国南疆,鲁告急于晋,晋将会诸侯伐邾及莒,因莒国亦不断侵鲁之故。会晋悼公姬周有疾而止。晋悼公姬周卒,子平公姬彪嗣位。	雅典前执政官梭伦卒。居鲁士建波斯帝国。
晋会宋、鲁、卫、郑、曹、莒、邾、薛、杞、小邾诸国君于溴梁(河南济源),囚邾宣公曹牼及莒犁比公。许国(河南叶县)请迁于晋国境,晋大夫荀偃率诸侯军往迎,许大夫不可,晋遂与郑、卫、宋、鲁,联合攻许,军屯函氏(河南叶县北)。晋大夫荀偃移军攻楚,以报前561年杨梁之役。楚王子芈格迎战于湛阪(河南平顶山),楚军败还。齐攻鲁,围郕邑(山东宁阳),不能胜。	

年份	干支	国号王朝及纪年	
556	乙巳	周灵王	十六年
		鲁襄公	十七年
		秦景公	二十一年
		陈哀公	十三年
		蔡景侯	三十六年
		郑简公	十年
		宋平公	二十年
		楚康王	四年
		齐灵公	二十六年
		晋平公	二年
		燕武公	十八年
		卫殇公	三年
		曹成公	二十二年
		杞孝公	十一年
		吴诸樊	五年
555	丙午	周灵王	十七年
		鲁襄公	十八年
		秦景公	二十二年
		陈哀公	十四年
		蔡景侯	三十七年
		郑简公	十一年
		宋平公	二十一年
		楚康王	五年
		齐灵公	二十七年
		晋平公	三年
		燕武公	十九年
		卫殇公	四年
		曹成公	二十三年
		杞孝公	十二年
		吴诸樊	六年

国内	国外
陈轻宋国,宋大夫庄朝攻陈,掳陈大夫妫印。卫大夫孙蒯入曹境狩猎,重丘(曹邑,山东巨野)人闭门詈之,孙蒯攻陷重丘。曹向晋告急求救。齐攻鲁北疆,围桃邑(鲁地,山东汶上)。邾国助齐攻鲁南疆。邾宣公曹牼卒,子悼公曹华嗣位。	
晋执卫大夫孙蒯囚之,以报去年重丘之役。齐再侵鲁北疆,晋会宋、鲁、卫、郑、曹、莒、邾、滕、薛、杞、小邾诸国君击齐,连陷平阴(山东平阴东北)、邿邑(山东平阴西),围齐首都临淄。曹成公曹负刍卒,子武公曹滕嗣位。郑公子姬嘉私约楚来攻,楚令尹芈午军至,郑已觉,姬嘉不敢动,楚军乃返。燕武公卒,文公嗣位。	

年份	干支	国号王朝及纪年	
554	丁未	周灵王	十八年
		鲁襄公	十九年
		秦景公	二十三年
		陈哀公	十五年
		蔡景侯	三十八年
		郑简公	十二年
		宋平公	二十二年
		楚康王	六年
		齐灵公	二十八年
		晋平公	四年
		燕文公	元年
		卫殇公	五年
		曹武公	元年
		杞孝公	十三年
		吴诸樊	七年
553	戊申	周灵王	十九年
		鲁襄公	二十年
		秦景公	二十四年
		陈哀公	十六年
		蔡景侯	三十九年
		郑简公	十三年
		宋平公	二十三年
		楚康王	七年
		齐庄公	元年
		晋平公	五年
		燕文公	二年
		卫殇公	六年
		曹武公	二年
		杞孝公	十四年
		吴诸樊	八年

国内	国外
晋联军攻齐还,与诸国君盟于祝柯(山东济南),囚邾悼公曹华,报复屡侵鲁之役。齐灵公姜环卒,子庄公姜光嗣位,杀其庶母戎子,曝尸于朝。大夫夙沙卫据高唐(山东禹城)叛,城破,被杀。郑国任用公孙侨为大夫。	
鲁大夫仲孙速率军攻邾国,报复其屡次侵边。	

年份	干支	国号王朝及纪年	
552	己酉	周灵王	二十年
		鲁襄公	二十一年
		秦景公	二十五年
		陈哀公	十七年
		蔡景侯	四十年
		郑简公	十四年
		宋平公	二十四年
		楚康王	八年
		齐庄公	二年
		晋平公	六年
		燕文公	三年
		卫殇公	七年
		曹武公	三年
		杞孝公	十五年
		吴诸樊	九年
551	庚戌	周灵王	二十一年
		鲁襄公	二十二年
		秦景公	二十六年
		陈哀公	十八年
		蔡景侯	四十一年
		郑简公	十五年
		宋平公	二十五年
		楚康王	九年
		齐庄公	三年
		晋平公	七年
		燕文公	四年
		卫殇公	八年
		曹武公	四年
		杞孝公	十六年
		吴诸樊	十年

国内	国外
邾大夫曹庶其据漆邑、闾丘(均在山东邹城)降鲁。晋大夫栾盈,被其母祁氏及舅父士鞅诬陷,被逐出晋国,奔楚。	
孔丘生(——前479)。楚令尹芈追舒任用观起,贪渎无厌,楚康王芈昭杀芈追舒,车裂观起。栾盈由楚奔齐。	

	年份	干支	国号王朝及纪年	
前六世纪五〇年代	550	辛亥	周灵王	二十二年
			鲁襄公	二十三年
			秦景公	二十七年
			陈哀公	十九年
			蔡景侯	四十二年
			郑简公	十六年
			宋平公	二十六年
			楚康王	十年
			齐庄公	四年
			晋平公	八年
			燕文公	五年
			卫殇公	九年
			曹武公	五年
			杞孝公	十七年
			吴诸樊	十一年
	549	壬子	周灵王	二十三年
			鲁襄公	二十四年
			秦景公	二十八年
			陈哀公	二十年
			蔡景侯	四十三年
			郑简公	十七年
			宋平公	二十七年
			楚康王	十一年
			齐庄公	五年
			晋平公	九年
			燕文公	六年
			卫殇公	十年
			曹武公	六年
			杞文公	元年
			吴诸樊	十二年

国内	国外
杞孝公姒匄卒,弟文公姒益姑嗣位。栾盈潜返晋曲沃(山西闻喜),攻首都新绛(山西侯马),大败。晋军陷曲沃,尽屠栾氏族党。齐乘晋内乱,攻卫,陷朝歌(河南淇县)。再攻晋,陷郫邵(河南济源),报复前555年平阴之败。鲁内乱,大夫臧孙纥出奔邾国(山东邹城东南)。齐庄公姜光攻莒国,伤腿,勇士杞梁战死,其妻哭而莒城颓,莒乞和。	波斯王居鲁士(——前530)统军西攻,灭米太帝国(今伊朗西北境),自是米太与波斯合而为一,军力益强。
燕文公卒,懿公嗣位。鲁大夫仲孙羯攻齐,报复去年齐攻晋之役。楚康王芈昭率水军攻吴,无功而还。晋会宋、卫、鲁、郑、曹、莒、邾、滕、薛、杞、小邾于夷仪(晋地,河北邢台),联军攻齐。适大雨,军不能进。楚会蔡、陈、许,联军攻郑以救齐,晋联军回军救郑。	

年份	干支	国号王朝及纪年	
548	癸丑	周灵王	二十四年
		鲁襄公	二十五年
		秦景公	二十九年
		陈哀公	二十一年
		蔡景侯	四十四年
		郑简公	十八年
		宋平公	二十八年
		楚康王	十二年
		齐庄公	六年
		晋平公	十年
		燕懿公	元年
		卫殇公	十一年
		曹武公	七年
		杞文公	二年
		吴诸樊	十三年
547	甲寅	周灵王	二十五年
		鲁襄公	二十六年
		秦景公	三十年
		陈哀公	二十二年
		蔡景侯	四十五年
		郑简公	十九年
		宋平公	二十九年
		楚康王	十三年
		齐景公	元年
		晋平公	十一年
		燕懿公	二年
		卫殇公	十二年
		曹武公	八年
		杞文公	三年
		吴余祭	元年

国内	国外
春,齐大夫崔杼攻鲁北疆,报复去年仲孙羯之役。夏,齐庄公姜光私通崔杼妻姜氏,崔杼杀姜光,立姜光弟姜杵臼为君,是为景公。晋会宋、鲁、卫、郑、曹、莒、邾、滕、薛、杞、小邾,联军攻齐,报复前年朝歌之败,齐乞和。郑公子姬展、大夫公孙夏,率军攻陈,俘陈哀公妫弱,取贿而还。秋,楚灭舒鸠(安徽舒城)。吴王吴诸樊卒,弟吴余祭嗣位。	
卫大夫宁喜杀国君殇公卫秋,迎立献公卫衎(前559)复位,大夫孙林父据戚邑(河南濮阳)叛,降晋。卫攻戚邑,大败。晋会鲁、郑、宋、曹于澶渊(河南濮阳西),囚卫献公卫衎。齐景公姜杵臼、郑简公姬嘉为请,又献女于晋,方释归。楚、秦联军攻吴,至雩娄(河南商城)闻吴有备而还。顺道击郑,陷城麇(河南西华),楚大将穿封戌掳郑国守将皇颉。王子芈围争功,皇颉取悦于敌,自承为芈围所掳。许灵公姜宁赴楚请兵攻郑,卒于楚,子悼公姜买嗣位,楚为发兵攻郑。	

年份	干支	国号王朝及纪年	
546	乙卯	周灵王	二十六年
		鲁襄公	二十七年
		秦景公	三十一年
		陈哀公	二十三年
		蔡景侯	四十六年
		郑简公	二十年
		宋平公	三十年
		楚康王	十四年
		齐景公	二年
		晋平公	十二年
		燕懿公	三年
		卫献公	三十一年
		曹武公	九年
		杞文公	四年
		吴余祭	二年
545	丙辰	周灵王	二十七年
		鲁襄公	二十八年
		秦景公	三十二年
		陈哀公	二十四年
		蔡景侯	四十七年
		郑简公	二十一年
		宋平公	三十一年
		楚康王	十五年
		齐景公	三年
		晋平公	十三年
		燕懿公	四年
		卫献公	三十二年
		曹武公	十年
		杞文公	五年
		吴余祭	三年

国内	国外
卫献公卫衎杀大夫宁喜及右宰谷臣。宋大夫向戌善于晋大夫赵武与楚令尹屈建,乃邀第二次弭兵会。晋、郑、宋、鲁、齐、卫、邾、楚、滕、秦、蔡、曹、许、陈,盟于宋都(河南商丘)蒙门之外。齐大夫庆封屠大夫崔杼族,崔杼自缢死,庆封遂专国政。	吕底亚(土耳其半岛西部)王克罗伊斯统军西攻波斯,波斯王居鲁士迎击,战于提力亚,吕底亚军败。又战于吕底亚首都萨狄斯城外,吕底亚骑兵所用之马,见波斯所用之骆驼,既怪又臭,遂惊骇狂奔,大溃。克罗伊斯被擒,吕底亚亡。
齐大夫庆封嗜酒猎,委政其子庆舍。庆舍嬖卢蒲癸,卢蒲癸潜引崔杼之难出奔者返,攻杀庆舍。庆封奔吴国,吴使居于朱方(江苏镇江)。周灵王姬泄心卒,子景王姬贵嗣位。楚康王芈昭卒,子芈麇嗣位,是为郏敖。燕懿公卒,子简公姬款嗣位。	

年份	干支	国号王朝及纪年	
544	丁巳	周景王	元年
		鲁襄公	二十九年
		秦景公	三十三年
		陈哀公	二十五年
		蔡景侯	四十八年
		郑简公	二十二年
		宋平公	三十二年
		楚郏敖	元年
		齐景公	四年
		晋平公	十四年
		燕简公	元年
		卫献公	三十三年
		曹武公	十一年
		杞文公	六年
		吴余祭	四年
543	戊午	周景王	二年
		鲁襄公	三十年
		秦景公	三十四年
		陈哀公	二十六年
		蔡景侯	四十九年
		郑简公	二十三年
		宋平公	三十三年
		楚郏敖	二年
		齐景公	五年
		晋平公	十五年
		燕简公	二年
		卫襄公	元年
		曹武公	十二年
		杞文公	七年
		吴夷昧	元年

国内	国外
吴王吴余祭为守门人所杀,弟吴夷昧嗣位。卫献公卫衎卒,子襄公卫恶嗣位。郑宋二国大饥。吴王子吴季札聘于鲁、齐、郑、卫、晋,听音乐,评国势。杞国(山东昌乐)再迁都淳于城(山东安丘)。	
蔡太子蔡般,娶楚女,其父景公蔡固与之通。蔡般遂杀父,嗣位,是为灵公。郑内乱,大夫姬良霄被逐,奔许国,潜返,事泄,被杀。楚令伊芈围杀大司马蔿掩,取其家产。宋大火,平公子成母共姬死于难。晋会齐、宋、鲁、卫、郑、曹、莒、邾、滕、薛、杞、小邾于澶渊(卫地,河南濮阳),谋救宋灾。既而无财货相助。	

年份	干支	国号王朝及纪年	
542	己未	周景王	三年
		鲁襄公	三十一年
		秦景公	三十五年
		陈哀公	二十七年
		蔡灵侯	元年
		郑简公	二十四年
		宋平公	三十四年
		楚郏敖	三年
		齐景公	六年
		晋平公	十六年
		燕简公	三年
		卫襄公	二年
		曹武公	十三年
		杞文公	八年
		吴夷昧	二年
541	庚申	周景王	四年
		鲁昭公	元年
		秦景公	三十六年
		陈哀公	二十八年
		蔡灵侯	二年
		郑简公	二十五年
		宋平公	三十五年
		楚郏敖	四年
		齐景公	七年
		晋平公	十七年
		燕简公	四年
		卫襄公	三年
		曹武公	十四年
		杞文公	九年
		吴夷昧	三年

国内	国外
鲁襄公姬午卒,子姬野嗣位,为大夫季孙宿所杀,另子昭公姬裯嗣位。莒犁比公己密州暴虐,先立子己展舆为太子,既而废之,己展舆遂杀父嗣位,其弟己去疾奔母国齐国。	
晋、楚、齐、宋、鲁、卫、陈、蔡、郑、许、曹,诸国代表会于虢城(郑地,河南荥阳),重申宋国之盟,史称“第三次弭兵之会”。会未散而鲁攻莒,取郓城(山东郓城),莒控于会,毫无反应。夏,邾悼公曹华卒,庄公曹穿嗣位。秋,莒公子己去疾逐己展舆,嗣位,是为著丘公。楚王芈麇卧病,王子芈围入问疾,缢杀芈麇,芈围嗣位,是为灵王。	

前六世纪六〇年代

年份	干支	国号王朝及纪年	
540	辛酉	周景王	五年
		鲁昭公	二年
		秦景公	三十七年
		陈哀公	二十九年
		蔡灵侯	三年
		郑简公	二十六年
		宋平公	三十六年
		楚灵王	元年
		齐景公	八年
		晋平公	十八年
		燕简公	五年
		卫襄公	四年
		曹武公	十五年
		杞文公	十年
		吴夷昧	四年
539	壬戌	周景王	六年
		鲁昭公	三年
		秦景公	三十八年
		陈哀公	三十年
		蔡灵侯	四年
		郑简公	二十七年
		宋平公	三十七年
		楚灵王	二年
		齐景公	九年
		晋平公	十九年
		燕简公	六年
		卫襄公	五年
		曹武公	十六年
		杞文公	十一年
		吴夷昧	五年

国内	国外
郑大夫公孙黑欲夺权,谋泄,自杀。	
滕成公姬原卒,子悼公姬宁嗣位。燕简公姬款多嬖宠,欲使其嬖人执政,诸大夫杀其嬖人,姬款惧,奔齐国。	波斯王居鲁士陷巴比伦城,后巴比伦帝国亡(前612——,立国七十四年)。居鲁士释被后巴比伦所掳为奴之以色列人返耶路撒冷(前586——,以色列人囚于后巴比伦四十八年)。

年份	干支	国号王朝及纪年	
538	癸亥	周景王	七年
		鲁昭公	四年
		秦景公	三十九年
		陈哀公	三十一年
		蔡灵侯	五年
		郑简公	二十八年
		宋平公	三十八年
		楚灵王	三年
		齐景公	十年
		晋平公	二十年
		燕简公	七年
		卫襄公	六年
		曹武公	十七年
		杞文公	十二年
		吴夷昧	六年
537	甲子	周景王	八年
		鲁昭公	五年
		秦景公	四十年
		陈哀公	三十二年
		蔡灵侯	六年
		郑简公	二十九年
		宋平公	三十九年
		楚灵王	四年
		齐景公	十一年
		晋平公	二十一年
		燕简公	八年
		卫襄公	七年
		曹武公	十八年
		杞文公	十三年
		吴夷昧	七年

国内	国外
楚灵王芈围,会蔡、陈、郑、许、徐、滕、顿、胡、沈、小邾、宋、淮夷诸国于申邑(河南南阳)。楚因徐君为吴外甥,认其有二心,囚之。又率楚、蔡、陈、许、顿、胡、沈、淮夷诸国联军攻吴,陷朱方(江苏镇江),掳庆封,负斧钺示众,使言曰:“无效法齐国庆封,杀他的君主,而盟君主的人民。”庆封曰:“无效法楚国共王之庶子芈围,杀他的君主,而盟君主的同盟诸侯。”观者大笑,芈围命速行刑。寻进军灭赖国(湖北随州东北)。莒著丘公己去疾暴虐,鄫邑(山东苍山)叛,降鲁。吴攻楚,报朱方之败,连陷棘邑(河南永城)、栎邑(河南新蔡)、麻邑(安徽砀山)。	
鲁内乱,叔孙氏杀其家臣竖牛。秦景公嬴后卒,子哀公嗣位。楚灵王芈围会蔡、陈、许、顿、沈、徐、越,联军攻吴,报去年棘邑之役,败于鹊岸(安徽铜陵)。再进至坻箕山(安徽巢湖),见吴有备,不敢战而还。莒大夫牟夷,据牟娄(山东诸城)、防邑、兹邑(均诸城北),降鲁。莒攻鲁而不设备,败于蚡泉(山东沂南)。	

年份	干支	国号王朝及纪年	
536	乙丑	周景王	九年
		鲁昭公	六年
		秦哀公	元年
		陈哀公	三十三年
		蔡灵侯	七年
		郑简公	三十年
		宋平公	四十年
		楚灵王	五年
		齐景公	十二年
		晋平公	二十二年
		燕简公	九年
		卫襄公	八年
		曹武公	十九年
		杞文公	十四年
		吴夷昧	八年
535	丙寅	周景王	十年
		鲁昭公	七年
		秦哀公	二年
		陈哀公	三十四年
		蔡灵侯	八年
		郑简公	三十一年
		宋平公	四十一年
		楚灵王	六年
		齐景公	十三年
		晋平公	二十三年
		燕悼公	元年
		卫襄公	九年
		曹武公	二十年
		杞平公	元年
		吴夷昧	九年

国内	国外
杞文公姒益姑卒,弟平公姒郁釐嗣位。郑国将刑法条文铸于鼎上,晋大夫叔向致书郑大夫公孙侨,责之,曰:“民知有法律,即不再忌惮权贵,有竞争之心,法律明白公布,即令可以任意解释,也不能大有作为。民既有竞争之心,将放弃礼仪,处处以法律为依据矣。”楚攻徐国(江苏泗洪),吴救徐,败楚军于房锺(吴地,安徽凤台)。齐送燕简公姬款强行返国,军入燕境。	
燕人贿齐,拒简公姬款,另立悼公,齐军退。卫襄公卫恶卒,子灵公卫元嗣位。楚灵王芈围筑章华台,鲁昭公姬裯赴楚贺落成,芈围赠以大屈宝弓,寻又懊悔,索回。	

年份	干支	国号王朝及纪年	
534	丁卯	周景王	十一年
		鲁昭公	八年
		秦哀公	三年
		陈哀公	三十五年
		蔡灵侯	九年
		郑简公	三十二年
		宋平公	四十二年
		楚灵王	七年
		齐景公	十四年
		晋平公	二十四年
		燕悼公	二年
		卫灵公	元年
		曹武公	二十一年
		杞平公	二年
		吴夷昧	十年
533	戊辰	周景王	十二年
		鲁昭公	九年
		秦哀公	四年
		蔡灵侯	十年
		郑简公	三十三年
		宋平公	四十三年
		楚灵王	八年
		齐景公	十五年
		晋平公	二十五年
		燕悼公	三年
		卫灵公	二年
		曹武公	二十二年
		杞平公	三年
		吴夷昧	十一年

国内	国外
陈哀公妫弱三子:太子妫偃师、次子妫留、三子妫胜。又有二弟:妫招、妫过。妫招、妫过杀妫偃师而立妫留。妫弱自缢死。妫招复归罪于妫过,杀妫过。楚王子芈弃疾乘机攻陈,陈亡。	
楚迁许国于夷城(安徽亳州东南)。	

年份	干支	国号王朝及纪年	
532	己巳	周景王	十三年
		鲁昭公	十年
		秦哀公	五年
		蔡灵侯	十一年
		郑简公	三十四年
		宋平公	四十四年
		楚灵王	九年
		齐景公	十六年
		晋平公	二十六年
		燕悼公	四年
		卫灵公	三年
		曹武公	二十三年
		杞平公	四年
		吴夷昧	十二年
531	庚午	周景王	十四年
		鲁昭公	十一年
		秦哀公	六年
		蔡灵侯	十二年
		郑简公	三十五年
		宋元公	元年
		楚灵王	十年
		齐景公	十七年
		晋昭公	元年
		燕悼公	五年
		卫灵公	四年
		曹武公	二十四年
		杞平公	五年
		吴夷昧	十三年

国内	国外
鲁大夫季孙意如率军攻莒国,陷郠邑(山东沂水),杀俘虏以祭亳社。宋平公子成卒,子元公子佐嗣位。晋平公姬彪卒,子昭公姬夷嗣位。	
楚灵王芈围,宴蔡灵侯蔡般于申邑(河南南阳),醉而杀之,遣王子芈弃疾攻蔡,蔡亡。楚杀蔡太子蔡友祭冈山(河南上蔡东)。许再迁白羽(河南西峡)。	

	年份	干支	国号王朝及纪年	
前六世纪七〇年代	530	辛未	周景王	十五年
			鲁昭公	十二年
			秦哀公	七年
			郑简公	三十六年
			宋元公	二年
			楚灵王	十一年
			齐景公	十八年
			晋昭公	二年
			燕悼公	六年
			卫灵公	五年
			曹武公	二十五年
			杞平公	六年
			吴夷昧	十四年
	529	壬申	周景王	十六年
			鲁昭公	十三年
			秦哀公	八年
			陈惠公	元年
			蔡平侯	元年
			郑定公	元年
			宋元公	三年
			楚灵王	十二年
			齐景公	十九年
			晋昭公	三年
			燕悼公	七年
			卫灵公	六年
			曹武公	二十六年
			杞平公	七年
			吴夷昧	十五年

国内	国外
郑简公姬嘉卒,子定公姬宁嗣位。晋诈称与齐军会师,出兵东进,遂灭肥国(河北藁城)。楚五大夫攻徐国(江苏泗洪)。	
楚灵王芈围游宴干溪(安徽亳州),王子芈弃疾由蔡邑(蔡国故城,河南上蔡)袭郢都,杀太子芈禄,立兄芈比为王。芈围自缢死。芈弃疾又逼芈比,芈比自杀。芈弃疾嗣位,是为平王。芈弃疾命陈蔡复国,立蔡太子蔡友子蔡庐为蔡君,是为平侯,都新蔡(河南新蔡)。立陈太子妫偃师子妫吴为陈君,是为惠公。晋会周、齐、鲁、宋、卫、郑、曹、莒、邾、滕、薛、杞、小邾于平丘(卫地,河南封丘)。禁鲁昭公姬裯不得与会,囚鲁大夫季孙意如归晋,报复前532年鲁侵莒国郠邑之役。晋攻鲜虞国(河北定州),大掠而还。吴攻楚,陷州来(安徽凤台)。燕悼公卒,子共公嗣位。许国再迁叶邑(河南叶县)。	波斯王居鲁士卒,子冈比西(——前522)嗣位。

年份	干支	国号王朝及纪年	
528	癸酉	周景王	十七年
		鲁昭公	十四年
		秦哀公	九年
		陈惠公	二年
		蔡平侯	二年
		郑定公	二年
		宋元公	四年
		楚平王	元年
		齐景公	二十年
		晋昭公	四年
		燕共公	元年
		卫灵公	七年
		曹武公	二十七年
		杞平公	八年
		吴夷昧	十六年
527	甲戌	周景王	十八年
		鲁昭公	十五年
		秦哀公	十年
		陈惠公	三年
		蔡平侯	三年
		郑定公	三年
		宋元公	五年
		楚平王	二年
		齐景公	二十一年
		晋昭公	五年
		燕共公	二年
		卫灵公	八年
		曹平公	元年
		杞平公	九年
		吴夷昧	十七年

国内	国外
莒著丘公己去疾卒,子郊公己狂嗣位,诸公子逐之,迎立己去疾弟己庚舆,是为共公。己狂奔齐国。曹武公曹滕卒,子平公曹须嗣位。	
晋大夫荀吴率军攻鲜虞(河北定州)、鼓国(河北晋州),掳鼓国君主鸢鞮回晋,寻释返。吴王吴夷昧卒,子吴僚嗣位。	

年份	干支	国号王朝及纪年	
526	乙亥	周景王	十九年
		鲁昭公	十六年
		秦哀公	十一年
		陈惠公	四年
		蔡平侯	四年
		郑定公	四年
		宋元公	六年
		楚平王	三年
		齐景公	二十二年
		晋昭公	六年
		燕共公	三年
		卫灵公	九年
		曹平公	二年
		杞平公	十年
		吴吴僚	元年
525	丙子	周景王	二十年
		鲁昭公	十七年
		秦哀公	十二年
		陈惠公	五年
		蔡平侯	五年
		郑定公	五年
		宋元公	七年
		楚平王	四年
		齐景公	二十三年
		晋顷公	元年
		燕共公	四年
		卫灵公	十年
		曹平公	三年
		杞平公	十一年
		吴吴僚	二年

国内	国外
齐景公姜杵臼率军攻徐国,徐乞和。齐、徐、郯、莒,四国盟于蒲隧(江苏睢宁)。晋昭公姬夷卒,子顷公姬去疾嗣位,六卿强大,晋政府蹈周政府覆辙,权力日益卑弱。楚平王芈弃疾遣大夫费无极赴秦,为太子芈建迎娶秦哀公女孟嬴。既至楚,费无极力言孟嬴美艳,芈弃疾乃自纳为妾。	波斯王冈比西统军攻入北非,陷埃及首都底比斯城,加冕为埃及法老。
晋大夫荀吴率军灭陆浑(河南卢氏)戎部落,陆浑酋长奔楚。吴攻楚,战于长岸(楚地,安徽当涂),互有胜负。	埃及帝国亡(前1580——,立国约一千零五十五年)。

年份	干支	国号王朝及纪年	
524	丁丑	周景王	二十一年
		鲁昭公	十八年
		秦哀公	十三年
		陈惠公	六年
		蔡平侯	六年
		郑定公	六年
		宋元公	八年
		楚平王	五年
		齐景公	二十四年
		晋顷公	二年
		燕共公	五年
		卫灵公	十一年
		曹平公	四年
		杞平公	十二年
		吴吴僚	三年
523	戊寅	周景王	二十二年
		鲁昭公	十九年
		秦哀公	十四年
		陈惠公	七年
		蔡平侯	七年
		郑定公	七年
		宋元公	九年
		楚平王	六年
		齐景公	二十五年
		晋顷公	三年
		燕平公	元年
		卫灵公	十二年
		曹悼公	元年
		杞平公	十三年
		吴吴僚	四年

国内	国外
曹平公曹须卒,子悼公曹午嗣位。周铸大钱。燕共公卒,平公嗣位。邾军袭鄅国(山东临沂),掳鄅君妻女,大掠而还。鄅君自投于邾,邾还其妻而留其女。楚再迁许国于白羽(楚地,河南西峡)。	
鄅君夫人,宋大夫向宁妹,宋遂攻邾,陷虫邑(山东济宁),邾尽归鄅俘。许悼公姜买病疟,饮太子姜止药而卒,姜止惧,奔晋,另子姜斯嗣位。楚筑城父(河南宝丰),命太子芈建出镇。齐大夫高发攻莒,莒共公己庚舆出奔。楚攻吴,取州来(安徽凤台),筑城。郑国大水。	波斯内乱,国王冈比西自埃及返国途中自杀(前526——)。

年份	干支	国号王朝及纪年	
522	己卯	周景王	二十三年
		鲁昭公	二十年
		秦哀公	十五年
		陈惠公	八年
		蔡平侯	八年
		郑定公	八年
		宋元公	十年
		楚平王	七年
		齐景公	二十六年
		晋顷公	四年
		燕平公	二年
		卫灵公	十三年
		曹悼公	二年
		杞平公	十四年
		吴吴僚	五年
521	庚辰	周景王	二十四年
		鲁昭公	二十一年
		秦哀公	十六年
		陈惠公	九年
		蔡蔡朱	元年
		悼侯	元年
		郑定公	九年
		宋元公	十一年
		楚平王	八年
		齐景公	二十七年
		晋顷公	五年
		燕平公	三年
		卫灵公	十四年
		曹悼公	三年
		杞平公	十五年
		吴吴僚	六年

国内	国外
楚大夫费无极惧后祸,诬太子芈建据城父叛,平王芈弃疾遂杀太子师伍奢及其子伍尚,又欲杀芈建,伍尚弟伍子胥与芈建奔郑国。晋欲袭郑,密约芈建为内应,事泄,郑杀芈建。伍子胥奉芈建子芈胜奔吴国。宋内乱,大夫华定、华亥、向宁,奔陈国。郑大夫公孙侨卒。蔡平侯蔡庐卒,子蔡朱嗣位。周景王姬贵铸大钟。	波斯内战,各地暴动。
宋少司马华貙,迎华定等由陈返宋,据南里(宋都城河南商丘城内东南隅)叛,吴军救华氏,晋、齐、卫、曹,联军援宋政府,败吴军于鸿口(河南虞城),围南里。蔡逐新君蔡朱,立灵侯蔡般孙蔡东国,是为悼侯,皆楚大夫费无极受贿之谋。	波斯贵族米太人大流士(——前485)嗣王位。

	年份	干支	国号王朝及纪年	
前六世纪八〇年代	520	辛巳	周景王	二十五年
			鲁昭公	二十二年
			秦哀公	十七年
			陈惠公	十年
			蔡悼侯	二年
			郑定公	十年
			宋元公	十二年
			楚平王	九年
			齐景公	二十八年
			晋顷公	六年
			燕平公	四年
			卫灵公	十五年
			曹悼公	四年
			杞平公	十六年
			吴吴僚	七年
	519	壬午	周敬王	元年
			姬朝	元年
			鲁昭公	二十三年
			秦哀公	十八年
			陈惠公	十一年
			蔡悼侯	三年
			郑定公	十一年
			宋元公	十三年
			楚平王	十年
			齐景公	二十九年
			晋顷公	七年
			燕平公	五年
			卫灵公	十六年
			曹悼公	五年
			杞平公	十七年
			吴吴僚	八年

国内	国外
周景王姬贵卒,子悼王姬猛嗣位,弟姬朝率旧官百工,及郊邑(河南巩义)、要邑(河南新安境)、饯邑(河南新安)驻军叛,兵败,奔京邑(河南荥阳)。姬猛寻卒,弟敬王姬匄嗣位。楚援宋华氏,晋联军解围,华氏举族奔楚。鼓国(河北晋州)背晋附鲜虞,晋遂发兵灭鼓。	
周王子姬朝逐其弟敬王姬匄,嗣位,姬匄出奔狄泉(周地,洛阳东北)。蔡悼侯蔡东国卒于楚,子昭侯蔡申嗣位。莒国君主己庚舆好剑,每铸剑则用人以试,大夫乌存率国人逐之,己庚舆奔鲁。齐遣军送郯公己狂返国复位。吴攻州来(安徽凤台),楚大夫薳越率顿、胡、沈、蔡、陈、许,联军救州来,战于鸡父(河南固始),楚联军大败,吴擒胡沈二国君主及陈大夫夏啮。	

年份	干支	国号王朝及纪年	
518	癸未	周敬王	二年
		姬朝	二年
		鲁昭公	二十四年
		秦哀公	十九年
		陈惠公	十二年
		蔡昭侯	元年
		郑定公	十二年
		宋元公	十四年
		楚平王	十一年
		齐景公	三十年
		晋顷公	八年
		燕平公	六年
		卫灵公	十七年
		曹悼公	六年
		杞平公	十八年
		吴吴僚	九年
517	甲申	周敬王	三年
		姬朝	三年
		鲁昭公	二十五年
		秦哀公	二十年
		陈惠公	十三年
		蔡昭侯	二年
		郑定公	十三年
		宋元公	十五年
		楚平王	十二年
		齐景公	三十一年
		晋顷公	九年
		燕平公	七年
		卫灵公	十八年
		曹悼公	七年
		杞悼公	元年
		吴吴僚	十年

国内	国外
鲁大旱。吴边邑卑梁女子与楚边邑钟离(安徽凤阳)女子争桑,两邑互斗。楚发兵屠卑梁,吴亦发兵屠钟离。并灭巢国(安徽巢湖)。杞平公姒郁釐卒,子悼公姒成嗣位。	
鲁大旱。　鲁昭公姬裯与其大夫郈氏、臧氏,起兵攻季孙意如,三桓起兵反攻姬裯,姬裯军败,奔齐。　宋元公子佐卒,子景公子栾嗣位。齐攻鲁,围郓城(山东郓城)。	

年份	干支	国号王朝及纪年	
516	乙酉	周敬王	四年
		姬朝	四年
		鲁昭公	二十六年
		秦哀公	二十一年
		陈惠公	十四年
		蔡昭侯	三年
		郑定公	十四年
		宋景公	元年
		楚平王	十三年
		齐景公	三十二年
		晋顷公	十年
		燕平公	八年
		卫灵公	十九年
		曹悼公	八年
		杞悼公	二年
		吴吴僚	十一年
515	丙戌	周敬王	五年
		鲁昭公	二十七年
		秦哀公	二十二年
		陈惠公	十五年
		蔡昭侯	四年
		郑定公	十五年
		宋景公	二年
		楚昭王	元年
		齐景公	三十三年
		晋顷公	十一年
		燕平公	九年
		卫灵公	二十年
		曹悼公	九年
		杞悼公	三年
		吴吴僚	十二年

国内	国外
春,齐陷鲁郓城,使鲁昭公姬裯居之。秋,楚平王芈弃疾卒,子昭王芈轸嗣位。晋、燕二国攻齐,齐命田穰苴为元帅,败晋燕联军。齐大旱。夏,齐遣军强送姬裯返鲁,攻成城(山东宁阳),败还。冬,晋大夫知跞率军助周敬王姬匄,陷洛阳,周王姬朝奔楚国。	
吴王子吴光,使专诸刺杀国王吴僚,吴光嗣位,是为阖庐。曹悼公曹午朝宋,宋囚之,曹人立其弟曹野,是为声公。曹午卒于宋。楚大夫费无极恶伯却宛,诬其欲杀令尹芈囊瓦,芈囊瓦贪贿而信谗,乃杀伯却宛,屠其族,其子伯嚭奔吴国。楚人怨怒,芈囊瓦惧,杀费无极,尽其族以自解。	

年份	干支	国号王朝及纪年	
514	丁亥	周敬王	六年
		鲁昭公	二十八年
		秦哀公	二十三年
		陈惠公	十六年
		蔡昭侯	五年
		郑定公	十六年
		宋景公	三年
		楚昭王	二年
		齐景公	三十四年
		晋顷公	十二年
		燕平公	十年
		卫灵公	二十一年
		曹声公	元年
		杞悼公	四年
		吴阖庐	元年
513	戊子	周敬王	七年
		鲁昭公	二十九年
		秦哀公	二十四年
		陈惠公	十七年
		蔡昭侯	六年
		郑献公	元年
		宋景公	四年
		楚昭王	三年
		齐景公	三十五年
		晋顷公	十三年
		燕平公	十一年
		卫灵公	二十二年
		曹声公	二年
		杞悼公	五年
		吴阖庐	二年

国内	国外
晋杀大夫祁盈及羊舌食我,尽屠祁氏及羊舌氏,分二氏之田为十县。郑定公姬宁卒,子献公姬虿嗣位。滕悼公姬宁卒,子顷公姬结嗣位。吴王吴光遣要离刺杀前王吴僚之子吴庆忌。	
鲁昭公姬裯由齐奔晋,居乾侯城(晋地,河北成安)。晋大夫赵鞅、荀寅铸鼎,刻士匄所著法律条文,史称“刑鼎”。孔丘责之曰:“晋将亡矣,民将尊重鼎,而不尊重权贵,权贵将何仗恃。贵贱不再有秩序,何以立国。”蔡墨亦责之曰:“范(士)氏、中行(荀)氏将亡矣,擅作刑鼎以为国法,是故意鼓励奸邪。然赵氏若能修德可免,因其德性大。”	

年份	干支	国号王朝及纪年	
512	己丑	周敬王	八年
		鲁昭公	三十年
		秦哀公	二十五年
		陈惠公	十八年
		蔡昭侯	七年
		郑献公	二年
		宋景公	五年
		楚昭王	四年
		齐景公	三十六年
		晋顷公	十四年
		燕平公	十二年
		卫灵公	二十三年
		曹声公	三年
		杞悼公	六年
		吴阖庐	三年
511	庚寅	周敬王	九年
		鲁昭公	三十一年
		秦哀公	二十六年
		陈惠公	十九年
		蔡昭侯	八年
		郑献公	三年
		宋景公	六年
		楚昭王	五年
		齐景公	三十七年
		晋定公	元年
		燕平公	十三年
		卫灵公	二十四年
		曹声公	四年
		杞悼公	七年
		吴阖庐	四年

国内	国外
晋顷公姬去疾卒,子定公姬午嗣位,晋政府益弱,六卿益强。兵学家孙武以孙子兵法上吴王吴光。吴灭徐国(江苏泗洪),徐国君主嬴章羽奔楚。吴又灭锺吾(江苏新沂)。	
薛献公任谷卒,子襄公任定嗣位。吴用大夫伍子胥谋,使楚军疲于奔命。乃攻楚之夷邑(即城父,安徽亳州东南)、潜邑(安徽霍山)、六邑(古六国,安徽六安),围弦邑(古弦国,河南息县)。楚军往援,吴军即退。	

前六世纪九〇年代

年份	干支	国号王朝及纪年	
510	辛卯	周敬王	十年
		鲁昭公	三十二年
		秦哀公	二十七年
		陈惠公	二十年
		蔡昭侯	九年
		郑献公	四年
		宋景公	七年
		楚昭王	六年
		齐景公	三十八年
		晋定公	二年
		燕平公	十四年
		卫灵公	二十五年
		曹声公	五年
		杞悼公	八年
		吴阖庐	五年
509	壬辰	周敬王	十一年
		鲁定公	元年
		秦哀公	二十八年
		陈惠公	二十一年
		蔡昭侯	十年
		郑献公	五年
		宋景公	八年
		楚昭王	七年
		齐景公	三十九年
		晋定公	三年
		燕平公	十五年
		卫灵公	二十六年
		曹隐公	元年
		杞悼公	九年
		吴阖庐	六年

国内	国外
吴攻越,两国争战自此开始。晋会齐、宋、鲁、卫、郑、曹、莒、薛、杞、小邾诸国,修筑周都成周(洛阳东)。鲁昭公姬裯卒于乾侯(河北成安)。曹公子曹通,杀其侄国君声公曹野,嗣位,是为隐公。	
鲁昭公姬裯弟姬宋,嗣位,是为定公。蔡昭侯蔡申赴楚朝觐,楚令尹芈囊瓦向其索裘佩,不与,因加软禁不使归。	罗马王国内乱,人民起兵推翻伊达拉里亚人所建之塔克文王朝,改建为罗马共和国,置执政官二人为元首,由贵族组元老院,另设公民会议。罗马有信史自今年始。

年份	干支	国号王朝及纪年	
508	癸巳	周敬王	十二年
		鲁定公	二年
		秦哀公	二十九年
		陈惠公	二十二年
		蔡昭侯	十一年
		郑献公	六年
		宋景公	九年
		楚昭王	八年
		齐景公	四十年
		晋定公	四年
		燕平公	十六年
		卫灵公	二十七年
		曹隐公	二年
		杞悼公	十年
		吴阖庐	七年
507	甲午	周敬王	十三年
		鲁定公	三年
		秦哀公	三十年
		陈惠公	二十三年
		蔡昭侯	十二年
		郑献公	七年
		宋景公	十年
		楚昭王	九年
		齐景公	四十一年
		晋定公	五年
		燕平公	十七年
		卫灵公	二十八年
		曹隐公	三年
		杞悼公	十一年
		吴阖庐	八年

国内	国外
桐国(安徽桐城)叛楚。楚令尹芈囊瓦攻吴,吴潜军攻楚巢邑(安徽巢湖),陷之,掳王子芈繁。	
春,邾庄公曹穿性洁而急躁,怒其大夫夷射姑,下令逮捕,不得,大怒,自撞于床下,坠于火炉中,皮肤灼烂而死。子隐公曹益嗣位。秋,鲜虞(河北定州)攻晋,败晋军于平中(晋地,河北唐县)。唐国(湖北随州西北)成侯赴楚朝觐,令尹芈囊瓦索其良马,不与,亦软禁不遣返国。唐国大夫窃马以献,始得还。蔡昭侯蔡申被羁已三年,闻之,献裘佩,亦得还。及渡汉水,投玉于水,誓曰:“再南来者,有如此江。”	

年份	干支	国号王朝及纪年	
506	乙未	周敬王	十四年
		鲁定公	四年
		秦哀公	三十一年
		陈惠公	二十四年
		蔡昭侯	十三年
		郑献公	八年
		宋景公	十一年
		楚昭王	十年
		齐景公	四十二年
		晋定公	六年
		燕平公	十八年
		卫灵公	二十九年
		曹隐公	四年
		杞悼公	十二年
		吴阖庐	九年
505	丙申	周敬王	十五年
		鲁定公	五年
		秦哀公	三十二年
		陈怀公	元年
		蔡昭侯	十四年
		郑献公	九年
		宋景公	十二年
		楚昭王	十一年
		齐景公	四十三年
		晋定公	七年
		燕平公	十九年
		卫灵公	三十年
		曹靖公	元年
		杞僖公	元年
		吴阖庐	十年

国内	国外
蔡昭侯蔡申赴晋,乞军攻楚,晋大夫荀寅索重贿,蔡申怒不与,晋遂不发兵。蔡灭沈国(安徽临泉),掳沈君嬴嘉,杀之。许国(河南西峡)再迁至容城(河南鲁山)。吴、蔡、唐,三国联军攻楚,五战抵郢都(湖北江陵),楚昭王芈轸奔郧城(湖北安陆),再奔随国(湖北随州)。吴军入郢都,伍子胥掘楚平王芈弃疾墓,鞭其尸三百。陈惠公妫吴卒,子怀公妫柳嗣位。杞悼公姒成卒,子隐公姒乞嗣位。其弟姒过杀姒乞,嗣位,是为僖公。曹隐公曹通,为侄曹露所杀,曹露嗣位,是为靖公。	
越乘吴军在楚,攻吴。楚大夫申包胥引秦军救楚,吴军屡败。吴王吴光弟吴夫概叛,返国称王,吴军遂离楚还。吴夫概降楚,楚昭王芈轸还郢都。周敬王姬匄遣人赴楚,刺杀王子姬朝。	

年份	干支	国号王朝及纪年	
504	丁酉	周敬王	十六年
		鲁定公	六年
		秦哀公	三十三年
		陈怀公	二年
		蔡昭侯	十五年
		郑献公	十年
		宋景公	十三年
		楚昭王	十二年
		齐景公	四十四年
		晋定公	八年
		燕惠公	元年
		卫灵公	三十一年
		曹靖公	二年
		杞僖公	二年
		吴阖庐	十一年
503	戊戌	周敬王	十七年
		鲁定公	七年
		秦哀公	三十四年
		陈怀公	三年
		蔡昭侯	十六年
		郑献公	十一年
		宋景公	十四年
		楚昭王	十三年
		齐景公	四十五年
		晋定公	九年
		燕惠公	二年
		卫灵公	三十二年
		曹靖公	三年
		杞僖公	三年
		吴阖庐	十二年

国内	国外
郑乘楚败,攻许国,掳许君姜斯,许国亡。吴大败楚水军,楚自郢都迁都鄀城(湖北钟祥西北)以避之。楚国势从此大衰。周王子姬朝之党儋翩,联合郑国攻敬王姬匄,姬匄奔晋,晋使之居姑莸(河南偃师)。	
儋翩兵败,周敬王姬匄返王城(洛阳西金谷园)。	

年份	干支	国号王朝及纪年	
502	己亥	周敬王	十八年
		鲁定公	八年
		秦哀公	三十五年
		陈怀公	四年
		蔡昭侯	十七年
		郑献公	十二年
		宋景公	十五年
		楚昭王	十四年
		齐景公	四十六年
		晋定公	十年
		燕惠公	三年
		卫灵公	三十三年
		曹靖公	四年
		杞僖公	四年
		吴阖庐	十三年
501	庚子	周敬王	十九年
		鲁定公	九年
		秦哀公	三十六年
		陈湣公	元年
		蔡昭侯	十八年
		郑献公	十三年
		宋景公	十六年
		楚昭王	十五年
		齐景公	四十七年
		晋定公	十一年
		燕惠公	四年
		卫灵公	三十四年
		曹曹阳	元年
		杞僖公	五年
		吴阖庐	十四年

国内	国外
鲁定公姬宋攻齐,围阳州(山东东平),又围廪丘(山东鄄城)。晋大夫涉佗、成何,与卫灵公卫元,盟于鄟泽(河南濮阳),二人傲而无礼,卫遂叛晋。晋大夫士鞅、周卿士成桓公,联军攻郑,围虫牢(河南封丘)。又攻卫,均不能胜。又命鲁军攻卫,鲁不能应。鲁大夫阳虎欲除三桓,兵败出奔。陈怀公妫柳赴吴朝觐,吴留不遣,遂卒于吴,子湣公妫越嗣位。曹靖公曹露卒,子曹阳嗣位。	
鲁大夫阳虎奔齐,奔宋,又奔晋,晋大夫赵鞅用为相。郑大夫邓析著刑法,刻之于竹简,称《竹刑》。执政公子姬驷歂杀邓析,而用其《竹刑》。郑献公姬虿卒,子声公姬胜嗣位。秦哀公卒,孙惠公嗣位。晋六卿更强,晋政府更弱。晋屡攻郑,郑不能支。鲁三桓任用孔丘为中都(山东汶上)宰(县长)齐陷晋之夷仪(晋地,河北邢台),卫灵公卫元率军往会,过中牟(河南汤阴),中牟人败齐军。齐将晋三城交卫。	

前五世纪

五霸中最后一霸，吴王吴夫差兴起，不久即被另一强权越王国所亡。春秋时代告终。

二〇年代，战国时代开始，春秋时代残余的宗法关系，斯文的国际礼貌，都化乌有，代之而起的是赤裸裸的强权高于一切，战争由小兵团而大兵团，封国大批被并吞。周王朝中央政府，沦为地方政权，再没有人谈“尊王攘夷”。

本世纪末，最强大的晋国，被三大家族——韩、赵、魏，由内部篡夺瓜分。

前五世纪
○○年代

年份	干支	国号王朝及纪年	
500	辛丑	周敬王	二十年
		鲁定公	十年
		秦惠公	元年
		陈湣公	二年
		蔡昭侯	十九年
		郑声公	元年
		宋景公	十七年
		楚昭王	十六年
		齐景公	四十八年
		晋定公	十二年
		燕惠公	五年
		卫灵公	三十五年
		曹曹阳	二年
		杞僖公	六年
		吴阖庐	十五年
499	壬寅	周敬王	二十一年
		鲁定公	十一年
		秦惠公	二年
		陈湣公	三年
		蔡昭侯	二十年
		郑声公	二年
		宋景公	十八年
		楚昭王	十七年
		齐景公	四十九年
		晋定公	十三年
		燕惠公	六年
		卫灵公	三十六年
		曹曹阳	三年
		杞僖公	七年
		吴阖庐	十六年

国内	国外
齐景公姜杵臼、鲁定公姬宋,会于夹谷(山东新泰),姬宋命孔丘任礼相。晋大夫赵鞅围卫,报复去年夷仪之败,并问叛晋之故,卫俱以告,晋遂杀涉佗,成何奔燕国。齐大夫晏婴卒。	希腊南部,位于伯罗奔尼撒境内诸城邦,先后与斯巴达结盟,推斯巴达为盟主,史称“伯罗奔尼撒联盟”。
鲁三桓命子丘任司空。宋公子子辰、子仲佗、子地,据萧邑(安徽萧县)叛。鲁与郑结盟,鲁从此叛晋。	波斯帝国属地爱奥尼亚诸城起兵叛波斯,陷萨狄斯,焚城,雅典遣舰队助之。波斯军反击。

年份	干支	国号王朝及纪年	
498	癸卯	周敬王	二十二年
		鲁定公	十二年
		秦惠公	三年
		陈湣公	四年
		蔡昭侯	二十一年
		郑声公	三年
		宋景公	十九年
		楚昭王	十八年
		齐景公	五十年
		晋定公	十四年
		燕惠公	七年
		卫灵公	三十七年
		曹曹阳	四年
		杞僖公	八年
		吴阖庐	十七年
497	甲辰	周敬王	二十三年
		鲁定公	十三年
		秦惠公	四年
		陈湣公	五年
		蔡昭侯	二十二年
		郑声公	四年
		宋景公	二十年
		楚昭王	十九年
		齐景公	五十一年
		晋定公	十五年
		燕惠公	八年
		卫灵公	三十八年
		曹曹阳	五年
		杞僖公	九年
		吴阖庐	十八年

国内	国外
薛襄公任定卒,子任比嗣位。鲁三桓任司空孔丘为司寇。卫大夫孟彄率军攻曹国,陷郊邑(山东曹县)而还。鲁三桓允堕三都,叔孙氏先堕其都郈城(山东东平),季孙氏将堕费城(山东费县),费城宰公山不狃叛,起兵攻鲁都(山东曲阜),兵败奔齐国,乃堕费城。但孟孙氏悔,其都成城(山东宁阳)宰公敛处父拒不堕。鲁定公姬宋亲率军进攻,不能胜。	
齐景公姜杵臼、卫灵公卫元,联军攻晋河内(河南黄河以北)。晋六卿内讧,赵鞅擅杀邯郸午,范氏士吉射、中行氏荀寅攻赵鞅,赵鞅奔晋阳(山西太原)。韩氏、魏氏攻范氏、中行氏,范氏、中行氏奔朝歌(河南淇县)。赵鞅始返新绛(山西侯马)。薛国(山东枣庄南)大夫杀新君任比,立惠公任夷。越部落酋长姒允常卒,子姒勾践嗣位,称王。	

年份	干支	国号王朝及纪年	
496	乙巳	周敬王	二十四年
		鲁定公	十四年
		秦惠公	五年
		陈湣公	六年
		蔡昭侯	二十三年
		郑声公	五年
		宋景公	二十一年
		楚昭王	二十年
		齐景公	五十二年
		晋定公	十六年
		燕惠公	九年
		卫灵公	三十九年
		曹曹阳	六年
		杞僖公	十年
		吴阖庐	十九年
495	丙午	周敬王	二十五年
		鲁定公	十五年
		秦惠公	六年
		陈湣公	七年
		蔡昭侯	二十四年
		郑声公	六年
		宋景公	二十二年
		楚昭王	二十一年
		齐景公	五十三年
		晋定公	十七年
		燕惠公	十年
		卫灵公	四十年
		曹曹阳	七年
		杞僖公	十一年
		吴夫差	元年

国内	国外
顿国(河南项城)君主姬牂,欲叛楚附晋,并与陈绝。楚四子芈结、陈公子妫佗人,联军攻之,顿亡。吴攻越,于槜李(浙江海宁)大败,吴王吴光伤指而卒,孙吴夫差嗣位。卫太子卫蒯聩,欲杀国君灵公卫元夫人南子,事败,奔宋。鲁司寇孔丘摄相事(代理宰相),诬杀大夫少正卯。季孙斯郊祭,不以祭肉送孔丘,孔丘奔卫国。	
胡国(安徽阜阳)乘前506年吴攻楚时,尽掠邻近楚国村邑人民。楚既获安定,胡国君主归豹又不归附,曰:“存亡有命,奉楚有何用,只多浪费而已。”楚发兵灭胡。鲁定公姬宋卒,子哀公姬蒋嗣位。	

年份	干支	国号王朝及纪年	
494	丁未	周敬王	二十六年
		鲁哀公	元年
		秦惠公	七年
		陈湣公	八年
		蔡昭侯	二十五年
		郑声公	七年
		宋景公	二十三年
		楚昭王	二十二年
		齐景公	五十四年
		晋定公	十八年
		燕惠公	十一年
		卫灵公	四十一年
		曹曹阳	八年
		杞僖公	十二年
		吴夫差	二年
493	戊申	周敬王	二十七年
		鲁哀公	二年
		秦惠公	八年
		陈湣公	九年
		蔡昭侯	二十六年
		郑声公	八年
		宋景公	二十四年
		楚昭王	二十三年
		齐景公	五十五年
		晋定公	十九年
		燕惠公	十二年
		卫灵公	四十二年
		曹曹阳	九年
		杞僖公	十三年
		吴夫差	三年

国内	国外
楚昭王芈轸会陈、随、许,联合攻蔡,报前506年之役,蔡乞降。越王姒勾践攻吴,吴王吴夫差御之,战于夫椒(江苏太湖中小岛),越军溃,退守会稽(浙江绍兴)乞降。身入吴都姑苏(江苏苏州),亲为吴夫差服役,礼卑辞服。卫、齐、鲜虞,联合攻晋,陷棘蒲(河北赵县)。	波斯军连陷爱奥尼亚诸城,米利都等皆遭惨屠(前499——)。
卫灵公卫元卒,太子卫蒯聩子卫辄嗣位,是为出公。吴迁蔡国(河南新蔡)于州来(安徽凤台)。燕惠公卒,子献公嗣位。	

年份	干支	国号王朝及纪年	
492	己酉	周敬王	二十八年
		鲁哀公	三年
		秦惠公	九年
		陈湣公	十年
		蔡昭侯	二十七年
		郑声公	九年
		宋景公	二十五年
		楚昭王	二十四年
		齐景公	五十六年
		晋定公	二十年
		燕献公	元年
		卫出公	元年
		曹曹阳	十年
		杞僖公	十四年
		吴夫差	四年
491	庚戌	周敬王	二十九年
		鲁哀公	四年
		秦悼公	元年
		陈湣公	十一年
		蔡昭侯	二十八年
		郑声公	十年
		宋景公	二十六年
		楚昭王	二十五年
		齐景公	五十七年
		晋定公	二十一年
		燕献公	二年
		卫出公	二年
		曹曹阳	十一年
		杞僖公	十五年
		吴夫差	五年

国内	国外
周诬杀大夫苌弘。秦惠公卒,子悼公嗣位。	
蔡昭侯蔡申将赴吴朝觐,国人恐其再迁,大夫公孙翩乃射杀蔡申。大夫文之锴率众杀公孙翩,逐其党,立太子蔡朔,是为成侯。楚灭密国(河南新密)。滕顷公姬结卒,子隐公姬虞毋嗣位。吴王吴夫差遣越王姒勾践归越。齐国攻晋,占领鄗邑(河北柏乡)。	

前五世纪
一〇年代

年份	干支	国号王朝及纪年	
490	辛亥	周敬王	三十年
		鲁哀公	五年
		秦悼公	二年
		陈湣公	十二年
		蔡成侯	元年
		郑声公	十一年
		宋景公	二十七年
		楚昭王	二十六年
		齐景公	五十八年
		晋定公	二十二年
		燕献公	三年
		卫出公	三年
		曹曹阳	十二年
		杞僖公	十六年
		吴夫差	六年
489	壬子	周敬王	三十一年
		鲁哀公	六年
		秦悼公	三年
		陈湣公	十三年
		蔡成侯	二年
		郑声公	十二年
		宋景公	二十八年
		楚昭王	二十七年
		齐孺公	元年
		晋定公	二十三年
		燕献公	四年
		卫出公	四年
		曹曹阳	十三年
		杞僖公	十七年
		吴夫差	七年

国内	国外
齐景公姜杵臼卒,少子孺公姜荼嗣位。晋陷柏人(河北隆尧),士吉射、荀寅奔齐,范氏、中行氏全族尽逐出晋国。晋大夫赵鞅攻卫,报复卫助范氏、中行氏。	波斯王军渡爱琴海,进攻雅典,雅典闻警,遣青年斐迪庇第斯跑步向斯巴达求援,以四十八小时,奔二百四十公里,而斯巴达必俟月圆,方可出兵。波斯军已于马拉松登陆,雅典将军米太亚得孤军迎战,波斯大败(第一次波希战争)。
齐大夫田乞立齐景公姜杵臼子姜阳生,是为悼公。遣人杀新君孺公姜荼于赖(山东章丘)之野幕之下。吴攻陈,报陈附楚。楚昭王轸率军救陈,卒于城父(安徽亳州东南)。子惠王芈章嗣位。	雅典将军米太亚得被诬"欺骗人民",忧愤而死。

年份	干支	国号王朝及纪年	
488	癸丑	周敬王	三十二年
		鲁哀公	七年
		秦悼公	四年
		陈湣公	十四年
		蔡成侯	三年
		郑声公	十三年
		宋景公	二十九年
		楚惠王	元年
		齐悼公	元年
		晋定公	二十四年
		燕献公	五年
		卫出公	五年
		曹曹阳	十四年
		杞僖公	十八年
		吴夫差	八年
487	甲寅	周敬王	三十三年
		鲁哀公	八年
		秦悼公	五年
		陈湣公	十五年
		蔡成侯	四年
		郑声公	十四年
		宋景公	三十年
		楚惠王	二年
		齐悼公	二年
		晋定公	二十五年
		燕献公	六年
		卫出公	六年
		曹曹阳	十五年
		杞僖公	十九年
		吴夫差	九年

国内	国外
夏,吴王吴夫差,与鲁哀公姬蒋,会于鄫城(山东苍山)。秋,鲁大夫季孙肥攻邾,掳邾隐公曹益。曹国君曹阳,信任司城公孙彊,谋图霸业,叛晋而仇宋。冬,宋攻曹。郑救曹,侵宋边。	
春,宋陷曹都(山东定陶),掳其国君曹阳、司城公孙彊杀之,曹国亡。吴攻鲁救邾,鲁连败,吴军直抵城下,鲁乞和,盟于莱门(鲁都城门)。夏,鲁遣邾隐公曹益归国,曹益暴虐如故,吴命太宰伯嚭讨擒。囚于楼台,立其太子曹革,是为桓公。秋,杞僖公姒过卒,子闵公姒维嗣位。	雅典创立“贝壳驱逐法”,以防野心家独裁。

年份	干支	国号王朝及纪年	
486	乙卯	周敬王	三十四年
		鲁哀公	九年
		秦悼公	六年
		陈湣公	十六年
		蔡成侯	五年
		郑声公	十五年
		宋景公	三十一年
		楚惠王	三年
		齐悼公	三年
		晋定公	二十六年
		燕献公	七年
		卫出公	七年
		杞闵公	元年
		吴夫差	十年
485	丙辰	周敬王	三十五年
		鲁哀公	十年
		秦悼公	七年
		陈湣公	十七年
		蔡成侯	六年
		郑声公	十六年
		宋景公	三十二年
		楚惠王	四年
		齐悼公	四年
		晋定公	二十七年
		燕献公	八年
		卫出公	八年
		杞闵公	二年
		吴夫差	十一年

国内	国外
吴凿邗沟(淮河至长江间运河),使淮河与长江相通。郑执政公子姬罕达嬖人许瑕求封邑,乃攻宋国雍丘(河南杞县),大败逃还。宋反攻,晋卜卦不吉,不敢救郑。陈背楚附吴,楚攻陈。	
邾隐公曹益由吴奔鲁,又奔齐。吴会鲁、邾、郯,联军攻齐,军至鄎邑(山东蒙阴)。齐大夫鲍牧杀国君悼公姜阳生,立其子姜壬,是为简公。越王姒勾践献美女西施、郑旦于吴王吴夫差。薛惠公任夷卒。楚王子芈结攻陈。吴王子吴季札救陈,告芈结曰:“两国国君不务德行,而力争盟邦,人民何罪,我先退军,使君成名。”即还。	波斯王大流士卒(前522——),子薛西斯(——前465)嗣位。 释迦牟尼卒(前565——),年八十一岁。僧徒五百人在王舍城聚会诵经(佛教徒第一次大集结)。

年份	干支	国号王朝及纪年	
484	丁巳	周敬王	三十六年
		鲁哀公	十一年
		秦悼公	八年
		陈湣公	十八年
		蔡成侯	七年
		郑声公	十七年
		宋景公	三十三年
		楚惠王	五年
		齐简公	元年
		晋定公	二十八年
		燕献公	九年
		卫出公	九年
		杞闵公	三年
		吴夫差	十二年
483	戊午	周敬王	三十七年
		鲁哀公	十二年
		秦悼公	九年
		陈湣公	十九年
		蔡成侯	八年
		郑声公	十八年
		宋景公	三十四年
		楚惠王	六年
		齐简公	二年
		晋定公	二十九年
		燕献公	十年
		卫出公	十年
		杞闵公	四年
		吴夫差	十三年

国内	国外
齐报复去年郿邑之役,大夫国书攻鲁。孔丘在卫,遣弟子端木赐说吴攻齐救鲁。吴、鲁联军于艾陵(山东沂源)大败齐军,擒国书。吴王吴夫差诬杀大夫伍子胥。滕隐公姬虞毋卒。孔丘由卫返鲁,流亡凡十三年(前496——)。周藏室史李耳弃职西行,至函谷关,著《道德经》五千言而去。	希腊史学家希罗多德生(——前425)。
吴王吴夫差、卫出公卫辄,会于郧城(江苏如皋),卫曾杀吴使者且姚,吴夫差囚卫辄,寻又释归。	

年份	干支	国号王朝及纪年	
482	己未	周敬王	三十八年
		鲁哀公	十三年
		秦悼公	十年
		陈湣公	二十年
		蔡成侯	九年
		郑声公	十九年
		宋景公	三十五年
		楚惠王	七年
		齐简公	三年
		晋定公	三十年
		燕献公	十一年
		卫出公	十一年
		杞闵公	五年
		吴夫差	十四年
481	庚申	周敬王	三十九年
		鲁哀公	十四年
		秦悼公	十一年
		陈湣公	二十一年
		蔡成侯	十年
		郑声公	二十年
		宋景公	三十六年
		楚惠王	八年
		齐简公	四年
		晋定公	三十一年
		燕献公	十二年
		卫出公	十二年
		杞闵公	六年
		吴夫差	十五年

国内	国外
吴会晋、周、鲁,于黄池(河南封丘)。越王姒勾践乘机大举攻吴,焚吴都姑苏,擒吴太子吴友。吴王吴夫差引军还,战不利,向越乞和。	
春秋时代终(前722——),共二百四十二年。鲁哀公姬蒋田猎获麒麟。莒郊公己狂卒。齐大夫田恒杀国君简公姜壬,立其弟姜骜,是为平公。齐政府权力衰弱,微不足道。田恒封地大于齐政府所辖地,田恒选女子百余充后宫,宾客出入不禁,生七十余男,以广田氏之族。	

	年份	干支	国号王朝及纪年	
前五世纪二〇年代	480	辛酉	周敬王	四十年
			鲁哀公	十五年
			秦悼公	十二年
			陈湣公	二十二年
			蔡成侯	十一年
			郑声公	二十一年
			宋景公	三十七年
			楚惠王	九年
			齐平公	元年
			晋定公	三十二年
			燕献公	十三年
			卫出公	十三年
			杞闵公	七年
			吴夫差	十六年
	479	壬戌	周敬王	四十一年
			鲁哀公	十六年
			秦悼公	十三年
			陈湣公	二十三年
			蔡成侯	十二年
			郑声公	二十二年
			宋景公	三十八年
			楚惠王	十年
			齐平公	二年
			晋定公	三十三年
			燕献公	十四年
			卫庄公	元年
			杞闵公	八年
			吴夫差	十七年

国内	国外
战国时代始(——前221,共二百六十年)。卫出公卫辄父卫蒯聩,谋潜返卫,大夫孔悝及浑良夫立之,是为庄公。其子出公卫辄奔鲁国。	波斯王薛西斯统军渡赫勒斯滂(达达尼尔)海峡,进攻雅典,雅典海军于萨拉米海峡反击,波斯舰队全没,薛西斯急引军退,但仍留其大将马都尼及一部军队续攻(第二次波希战争)。北非迦太基帝国遣舰队渡地中海,攻西西里岛希腊人殖民地叙拉古王国,叙拉古迎击,战于希梅勒,迦太基全军尽没,仅有一船逃回(萨拉米之战,与希梅勒之战,虽东西地隔千里,然同发生于前480年9月23日)。
卫庄公卫蒯聩返国,遂逐孔悝,孔悝载其母奔宋国。楚白公芈胜怨惠王芈章不击郑以报其父芈建之仇(前522),起兵攻芈章,兵败,自杀。孔丘卒(前551——)。	马都尼陷普拉提亚,希腊诸城联军反攻,马都尼阵亡,波斯军悉被杀被俘,自是波斯不能再举(第三次波希战争)。

年份	干支	国号王朝及纪年	
478	癸亥	周敬王	四十二年
		鲁哀公	十七年
		秦悼公	十四年
		陈湣公	二十四年
		蔡成侯	十三年
		郑声公	二十三年
		宋景公	三十九年
		楚惠王	十一年
		齐平公	三年
		晋定公	三十四年
		燕献公	十五年
		卫庄公	二年
		杞闵公	九年
		吴夫差	十八年
477	甲子	周敬王	四十三年
		鲁哀公	十八年
		秦悼公	十五年
		蔡成侯	十四年
		郑声公	二十四年
		宋景公	四十年
		楚惠王	十二年
		齐平公	四年
		晋定公	三十五年
		燕献公	十六年
		卫卫起	元年
		卫出公	十六年
		杞哀公	元年
		吴夫差	十九年

国内	国外
春,卫庄公卫蒯聩杀浑良夫。　越攻吴,吴王吴夫差御之于笠泽(上海吴淞江),大败。陈国(河南淮阳)乘芈胜之乱,攻楚。楚遣大夫公孙朝攻陈,陈亡。晋大夫赵鞅攻卫,卫逐庄公卫蒯聩,向晋乞和,晋立公子卫般师为君而还。卫蒯聩潜返,卫般师出奔。诸大夫群起攻卫蒯聩,杀其父子,复迎立卫般师。冬,齐攻卫,掳卫般师,立灵公卫元子卫起。齐平公姜骜与鲁哀公姬蒋会盟于蒙邑(山东蒙阴),姜骜叩首,姬蒋唯一揖,齐大怒,姬蒋礼相孟孙泄曰:"非向天子,礼不叩首。"杞闵公姒维为其弟姒阏路所杀,姒阏路嗣位,是为哀公。	
春,巴攻楚,败绩。夏,卫大夫石圃逐新君卫起,出公卫辄返国复位。秦悼公卒,子厉公嬴刺嗣位。周敬王姬句卒,子元王姬仁嗣位。	希腊人所建诸城邦,为防波斯再侵,结成联盟,推雅典为盟主,建立一支二百艘三层桨座舰队。因财库寄存于提洛岛阿波罗庙神龛中,故史称"提洛同盟"。

年份	干支	国号王朝及纪年	
476	乙丑	周元王	元年
		鲁哀公	十九年
		秦厉公	元年
		蔡成侯	十五年
		郑声公	二十五年
		宋景公	四十一年
		楚惠王	十三年
		齐平公	五年
		晋定公	三十六年
		燕献公	十七年
		卫出公	十七年
		杞哀公	二年
		吴夫差	二十年
475	丙寅	周元王	二年
		鲁哀公	二十年
		秦厉公	二年
		蔡成侯	十六年
		郑声公	二十六年
		宋景公	四十二年
		楚惠王	十四年
		齐平公	六年
		晋定公	三十七年
		燕献公	十八年
		卫出公	十八年
		杞哀公	三年
		吴夫差	二十一年

国内	国外
越攻楚,楚追越军至冥邑(安徽广德东),不及而还。	
晋大夫知伯荀瑶攻郑,陷九邑。晋定公姬午卒,子出公姬错嗣位。晋大夫赵简子赵鞅卒,子襄子赵无恤嗣位。邀宴代国(河北蔚县)君主,用铁斗击杀之,尽屠其随官,代亡。	

年份	干支	国号王朝及纪年	
474	丁卯	周元王	三年
		鲁哀公	二十一年
		秦厉公	三年
		蔡成侯	十七年
		郑声公	二十七年
		宋景公	四十三年
		楚惠王	十五年
		齐平公	七年
		晋出公	元年
		燕献公	十九年
		卫出公	十九年
		杞哀公	四年
		吴夫差	二十二年
473	戊辰	周元王	四年
		鲁哀公	二十二年
		秦厉公	四年
		蔡成侯	十八年
		郑声公	二十八年
		宋景公	四十四年
		楚惠王	十六年
		齐平公	八年
		晋出公	二年
		燕献公	二十年
		卫出公	二十年
		杞哀公	五年
		吴夫差	二十三年

国内	国外
齐平公姜骜、郳桓公曹革、鲁哀公姬蒋,会盟于顾邑(山东城)。齐遣力士强姬蒋叩首,因歌之曰:“鲁国人冥顽不灵,多少年都不清醒,使我们难以为情。他们死守着那可怜的儒书,徒引起无谓的纷争。”	
隐公曹益由齐奔越,越遣兵强送之归国复位,其子桓公曹革奔越。越大举攻吴,吴王吴夫差自杀,吴亡,亡国一百一十四年。	

年份	干支	国号王朝及纪年	
472	己巳	周元王	五年
		鲁哀公	二十三年
		秦厉公	五年
		蔡成侯	十九年
		郑声公	二十九年
		宋景公	四十五年
		楚惠王	十七年
		齐平公	九年
		晋出公	三年
		燕献公	二十一年
		卫出公	二十一年
		杞哀公	六年
471	庚午	周元王	六年
		鲁哀公	二十四年
		秦厉公	六年
		蔡声侯	元年
		郑声公	三十年
		宋景公	四十六年
		楚惠王	十八年
		齐平公	十年
		晋出公	四年
		燕献公	二十二年
		卫出公	二十二年
		杞哀公	七年

国内	国外
晋大夫知伯荀瑶攻齐,败齐军于黎丘(山东济阳)。越王姒勾践诬杀其复国功臣大夫文种。范蠡出奔。蔡成侯蔡朔卒,子声侯蔡产嗣位。	
隐公曹益复位后,暴虐如故,越发兵囚之,立其子曹何,曹何亦暴虐。鲁哀公姬蒋立妾为夫人,立妾子姬荆为太子,贵族强烈反对。	

前五世纪
三〇年代

年份	干支	国号王朝及纪年	
470	辛未	周元王	七年
		鲁哀公	二十五年
		秦厉公	七年
		蔡声侯	二年
		郑声公	三十一年
		宋景公	四十七年
		楚惠王	十九年
		齐平公	十一年
		晋出公	五年
		燕献公	二十三年
		卫出公	二十三年
		杞哀公	八年
469	壬申	周元王	八年
		鲁哀公	二十六年
		秦厉公	八年
		蔡声侯	三年
		郑声公	三十二年
		宋景公	四十八年
		楚惠王	二十年
		齐平公	十二年
		晋出公	六年
		燕献公	二十四年
		卫出公	二十四年
		杞哀公	九年

国内	国外
卫出公卫辄凶暴,大夫褚师比逐之,卫辄出奔。	
越、宋、鲁,联军强送卫辄返国,卫军屡败,无奈,盛怒开城以待,卫辄不敢入。卫遂立公子卫黔,是为悼公。宋景公子栾卒,无子,族孙子启嗣位,诸大夫予以驱逐,子启奔楚,其兄子得嗣位,是为昭公。周元王姬仁卒,子贞定王姬介嗣位。	希腊哲学家苏格拉底生(——前399)。

年份	干支	国号王朝及纪年	
468	癸酉	周贞定王	元年
		鲁哀公	二十七年
		秦厉公	九年
		蔡声侯	四年
		郑声公	三十三年
		宋昭公	元年
		楚惠王	二十一年
		齐平公	十三年
		晋出公	七年
		燕献公	二十五年
		卫悼公	元年
		杞哀公	十年
467	甲戌	周贞定王	二年
		鲁悼公	元年
		秦厉公	十年
		蔡声侯	五年
		郑声公	三十四年
		宋昭公	二年
		楚惠王	二十二年
		齐平公	十四年
		晋出公	八年
		燕献公	二十六年
		卫悼公	二年
		杞哀公	十一年

国内	国外
鲁哀公姬蒋欲借越军除三桓,事泄,奔越。三桓立其子姬宁,是为悼公。越自(浙江)诸暨迁都琅邪(山东胶南),筑观台以望东海。	

年份	干支	国号王朝及纪年	
466	乙亥	周贞定王	三年
		鲁悼公	二年
		秦厉公	十一年
		蔡声侯	六年
		郑声公	三十五年
		宋昭公	三年
		楚惠王	二十三年
		齐平公	十五年
		晋出公	九年
		燕献公	二十七年
		卫悼公	三年
		杞哀公	十二年
465	丙子	周贞定王	四年
		鲁悼公	三年
		秦厉公	十二年
		蔡声侯	七年
		郑声公	三十六年
		宋昭公	四年
		楚惠王	二十四年
		齐平公	十六年
		晋出公	十年
		燕献公	二十八年
		卫悼公	四年
		杞哀公	十三年

国内	国外
	罗马共和国战胜伏尔西人凯旋,不入罗马城,径至阿芬丁山要求元老院,如不予平民以应享之权利,彼等即另筑新城。元老院让步,特设保民官四人,由平民出任。
燕献公卒,孝公嗣位。越王姒勾践卒。子姒鼫与嗣位。	波斯王薛西斯于宫中被刺身死(前485——)。

年份	干支	国号王朝及纪年	
464	丁丑	周贞定王	五年
		鲁悼公	四年
		秦厉公	十三年
		蔡声侯	八年
		郑声公	三十七年
		宋昭公	五年
		楚惠王	二十五年
		齐平公	十七年
		晋出公	十一年
		燕孝公	元年
		卫悼公	五年
		杞哀公	十四年
463	戊寅	周贞定王	六年
		鲁悼公	五年
		秦厉公	十四年
		蔡声侯	九年
		郑声公	三十八年
		宋昭公	六年
		楚惠王	二十六年
		齐平公	十八年
		晋出公	十二年
		燕孝公	二年
		卫悼公	六年
		杞哀公	十五年

国内	国外
晋大夫知伯荀瑶率军攻郑。	
郑声公姬胜卒,子哀公姬易嗣位。	

年份	干支	国号王朝及纪年	
462	己卯	周贞定王	七年
		鲁悼公	六年
		秦厉公	十五年
		蔡声侯	十年
		郑哀公	元年
		宋昭公	七年
		楚惠王	二十七年
		齐平公	十九年
		晋出公	十三年
		燕孝公	三年
		卫悼公	七年
		杞哀公	十六年
461	庚辰	周贞定王	八年
		鲁悼公	七年
		秦厉公	十六年
		蔡声侯	十一年
		郑哀公	二年
		宋昭公	八年
		楚惠王	二十八年
		齐平公	二十年
		晋出公	十四年
		燕孝公	四年
		卫悼公	八年
		杞哀公	十七年

国内	国外
秦攻大荔国(陕西大荔),陷其都城。	雅典政治家伯里克利当选为执政官(——前429)。

	年份	干支	国号王朝及纪年	
前五世纪	460	辛巳	周贞定王	九年
四〇年代			鲁悼公	八年
			秦厉公	十七年
			蔡声侯	十二年
			郑哀公	三年
			宋昭公	九年
			楚惠王	二十九年
			齐平公	二十一年
			晋出公	十五年
			燕孝公	五年
			卫悼公	九年
			杞哀公	十八年
	459	壬午	周贞定王	十年
			鲁悼公	九年
			秦厉公	十八年
			蔡声侯	十三年
			郑哀公	四年
			宋昭公	十年
			楚惠王	三十年
			齐平公	二十二年
			晋出公	十六年
			燕孝公	六年
			卫悼公	十年
			杞哀公	十九年

国内	国外
越王姒鼫与卒,子姒不寿嗣位,是为盲姑。	

年份	干支	国号王朝及纪年	
458	癸未	周贞定王	十一年
		鲁悼公	十年
		秦厉公	十九年
		蔡声侯	十四年
		郑哀公	五年
		宋昭公	十一年
		楚惠王	三十一年
		齐平公	二十三年
		晋出公	十七年
		燕孝公	七年
		卫悼公	十一年
		杞哀公	二十年
457	甲申	周贞定王	十二年
		鲁悼公	十一年
		秦厉公	二十年
		蔡声侯	十五年
		郑哀公	六年
		宋昭公	十二年
		楚惠王	三十二年
		齐平公	二十四年
		晋哀公	元年
		燕孝公	八年
		卫悼公	十二年
		杞出公	元年

国内	国外
晋国大夫知氏、韩氏、赵氏、魏氏四卿，瓜分范氏、中行氏地，国君出公姬错怒，向齐国控告，欲借兵攻四卿，四卿反攻之，姬错奔齐，死于道途。知伯荀瑶立姬错族弟姬骄，是为哀公。知伯荀瑶灭仇由国(山西盂县)。杞哀公姒阏路卒，闵公姒维子出公姒敕嗣位。	
蔡声侯蔡产卒，子元侯嗣位。	

年份	干支	国号王朝及纪年	
456	乙酉	周贞定王	十三年
		鲁悼公	十二年
		秦厉公	二十一年
		蔡元侯	元年
		郑哀公	七年
		宋昭公	十三年
		楚惠王	三十三年
		齐平公	二十五年
		晋哀公	二年
		燕孝公	九年
		卫悼公	十三年
		杞出公	二年
455	丙戌	周贞定王	十四年
		鲁悼公	十三年
		秦厉公	二十二年
		蔡元侯	二年
		郑哀公	八年
		宋昭公	十四年
		楚惠王	三十四年
		齐宣公	元年
		晋哀公	三年
		燕孝公	十年
		卫悼公	十四年
		杞出公	三年

国内	国外
齐平公姜骜卒,子宣公姜积嗣位。晋大夫知襄子荀瑶,向赵襄子赵无蠓,要求割地,赵无蠓拒绝,荀瑶乃与韩康子韩虔、魏桓子魏驹,联兵攻赵无蠓。赵无蠓奔晋阳(山西太原)。	
郑人杀国君哀公姬易,立姬易伯父姬丑,是为共公。	

年份	干支	国号王朝及纪年	
454	丁亥	周贞定王	十五年
		鲁悼公	十四年
		秦厉公	二十三年
		蔡元侯	三年
		郑共公	元年
		宋昭公	十五年
		楚惠王	三十五年
		齐宣公	二年
		晋哀公	四年
		燕孝公	十一年
		卫悼公	十五年
		杞出公	四年
453	戊子	周贞定王	十六年
		鲁悼公	十五年
		秦厉公	二十四年
		蔡元侯	四年
		郑共公	二年
		宋昭公	十六年
		楚惠王	三十六年
		齐宣公	三年
		晋哀公	五年
		燕孝公	十二年
		卫悼公	十六年
		杞出公	五年

国内	国外
晋大夫知、韩、魏,三家联军围晋阳,引汾水灌城,仅三板之差,未能淹没。	
晋大夫赵、韩、魏,反攻知襄子荀,晋阳围解,尽行屠灭知氏宗族瓜分其地。赵、韩、魏三家共执晋国朝政。是为“三晋”。	

年份	干支	国号王朝及纪年	
452	己丑	周贞定王	十七年
		鲁悼公	十六年
		秦厉公	二十五年
		蔡元侯	五年
		郑共公	三年
		宋昭公	十七年
		楚惠王	三十七年
		齐宣公	四年
		晋哀公	六年
		燕孝公	十三年
		卫悼公	十七年
		杞出公	六年
451	庚寅	周贞定王	十八年
		鲁悼公	十七年
		秦厉公	二十六年
		蔡元侯	六年
		郑共公	四年
		宋昭公	十八年
		楚惠王	三十八年
		齐宣公	五年
		晋哀公	七年
		燕孝公	十四年
		卫悼公	十八年
		杞出公	七年

国内	国外
晋大夫知氏残余知开奔秦。	
卫悼公卫黔卒,子敬公卫弗嗣位。蔡元侯卒,子蔡齐嗣位。	

	年份	干支	国号王朝及纪年	
前五世纪 五〇年代	450	辛卯	周贞定王	十九年
			鲁悼公	十八年
			秦厉公	二十七年
			蔡蔡齐	元年
			郑共公	五年
			宋昭公	十九年
			楚惠王	三十九年
			齐宣公	六年
			晋哀公	八年
			燕孝公	十五年
			卫敬公	元年
			杞出公	八年
	449	壬辰	周贞定王	二十年
			鲁悼公	十九年
			秦厉公	二十八年
			蔡蔡齐	二年
			郑共公	六年
			宋昭公	二十年
			楚惠王	四十年
			齐宣公	七年
			晋哀公	九年
			燕成公	元年
			卫敬公	二年
			杞出公	九年

国内	国外
燕孝公卒,成公姬载嗣位。	罗马共和国将现行法律刻于十二块铜牌,公示全国,规定个人权利,区分法律与命令,厘定军事与民事范围。世称“十二铜牌”法。
越王姒不寿被杀,子姒翁嗣位。	波斯与希腊缔结《卡里阿斯和约》,放弃对希腊的霸权。

年份	干支	国号王朝及纪年	
448	癸巳	周贞定王	二十一年
		鲁悼公	二十年
		秦厉公	二十九年
		蔡蔡齐	三年
		郑共公	七年
		宋昭公	二十一年
		楚惠王	四十一年
		齐宣公	八年
		晋哀公	十年
		燕成公	二年
		卫敬公	三年
		杞出公	十年
447	甲午	周贞定王	二十二年
		鲁悼公	二十一年
		秦厉公	三十年
		蔡蔡齐	四年
		郑共公	八年
		宋昭公	二十二年
		楚惠王	四十二年
		齐宣公	九年
		晋哀公	十一年
		燕成公	三年
		卫敬公	四年
		杞出公	十一年

国内	国外
晋大夫知氏残余知宽,率其族人奔秦。	
楚攻蔡(安徽凤台),蔡国亡。	

年份	干支	国号王朝及纪年	
446	乙未	周贞定王	二十三年
		鲁悼公	二十二年
		秦厉公	三十一年
		郑共公	九年
		宋昭公	二十三年
		楚惠王	四十三年
		齐宣公	十年
		晋哀公	十二年
		燕成公	四年
		卫敬公	五年
		杞出公	十二年
445	丙申	周贞定王	二十四年
		鲁悼公	二十三年
		秦厉公	三十二年
		郑共公	十年
		宋昭公	二十四年
		楚惠王	四十四年
		齐宣公	十一年
		晋哀公	十三年
		燕成公	五年
		卫敬公	六年
		杞简公	元年
444	丁酉	周贞定王	二十五年
		鲁悼公	二十四年
		秦厉公	三十三年
		郑共公	十一年
		宋昭公	二十五年
		楚惠王	四十五年
		齐宣公	十二年
		晋哀公	十四年
		燕成公	六年
		卫敬公	七年

国内	国外
(魏文侯元年) 杞出公姒敕卒,子简公姒春嗣位。晋大夫魏桓子魏驹卒,子文侯魏斯嗣位。	
(魏文侯二年) 楚攻杞(山东安丘),杞国亡。	
(魏文侯三年) 秦攻义渠(甘肃庆阳),掳义渠王。晋大夫韩、魏,共灭伊洛阴戎。	

年份	干支	国号王朝及纪年	
443	戊戌	周贞定王	二十六年
		鲁悼公	二十五年
		秦厉公	三十四年
		郑共公	十二年
		宋昭公	二十六年
		楚惠王	四十六年
		齐宣公	十三年
		晋哀公	十五年
		燕成公	七年
		卫敬公	八年
442	己亥	周贞定王	二十七年
		鲁悼公	二十六年
		秦躁公	元年
		郑共公	十三年
		宋昭公	二十七年
		楚惠王	四十七年
		齐宣公	十四年
		晋哀公	十六年
		燕成公	八年
		卫敬公	九年
441	庚子	周贞定王	二十八年
		鲁悼公	二十七年
		秦躁公	二年
		郑共公	十四年
		宋昭公	二十八年
		楚惠王	四十八年
		齐宣公	十五年
		晋哀公	十七年
		燕成公	九年
		卫敬公	十年

国内	国外
(魏文侯四年) 秦历公嬴刺卒,子躁公嗣位。	
(魏文侯五年)	
(魏文侯六年) 周贞定王姬介卒,长子哀王姬去疾嗣位。其弟姬叔袭杀之,嗣位,是为思王。其少弟姬嵬又袭杀姬叔袭,嗣位,是为考王。	

	年份	干支	国号王朝及纪年	
前五世纪六〇年代	440	辛丑	周考王	元年
			鲁悼公	二十八年
			秦躁公	三年
			郑共公	十五年
			宋昭公	二十九年
			楚惠王	四十九年
			齐宣公	十六年
			晋哀公	十八年
			燕成公	十年
			卫敬公	十一年
	439	壬寅	周考王	二年
			鲁悼公	二十九年
			秦躁公	四年
			郑共公	十六年
			宋昭公	三十年
			楚惠王	五十年
			齐宣公	十七年
			晋幽公	元年
			燕成公	十一年
			卫敬公	十二年
	438	癸卯	周考王	三年
			鲁悼公	三十年
			秦躁公	五年
			郑共公	十七年
			宋昭公	三十一年
			楚惠王	五十一年
			齐宣公	十八年
			晋幽公	二年
			燕成公	十二年
			卫敬公	十三年

国内	国外
(魏文侯七年) 晋哀公姬骄卒,子幽公姬柳嗣位,晋政府权力所及,仅剩绛城(山西侯马)、曲沃(山西闻喜)二城,余皆入韩、赵、魏三家。国君有名无实,心怀畏惧,反赴三家朝觐。	
(魏文侯八年) 周考王姬嵬封其弟姬揭于王城(洛阳王城公园一带),是为河南桓公,亦称西周桓公。	
(魏文侯九年)	

年份	干支	国号王朝及纪年	
437	甲辰	周考王	四年
		鲁悼公	三十一年
		秦躁公	六年
		郑共公	十八年
		宋昭公	三十二年
		楚惠王	五十二年
		齐宣公	十九年
		晋幽公	三年
		燕成公	十三年
		卫敬公	十四年
436	乙巳	周考王	五年
		鲁悼公	三十二年
		秦躁公	七年
		郑共公	十九年
		宋昭公	三十三年
		楚惠王	五十三年
		齐宣公	二十年
		晋幽公	四年
		燕成公	十四年
		卫敬公	十五年
435	丙午	周考王	六年
		鲁悼公	三十三年
		秦躁公	八年
		郑共公	二十年
		宋昭公	三十四年
		楚惠王	五十四年
		齐宣公	二十一年
		晋幽公	五年
		燕成公	十五年
		卫敬公	十六年

国内	国外
(魏文侯十年)	
(魏文侯十一年)	
(魏文侯十二年)	

年份	干支	国号王朝及纪年	
434	丁未	周考王	七年
		鲁悼公	三十四年
		秦躁公	九年
		郑共公	二十一年
		宋昭公	三十五年
		楚惠王	五十五年
		齐宣公	二十二年
		晋幽公	六年
		燕成公	十六年
		卫敬公	十七年
433	戊申	周考王	八年
		鲁悼公	三十五年
		秦躁公	十年
		郑共公	二十二年
		宋昭公	三十六年
		楚惠王	五十六年
		齐宣公	二十三年
		晋幽公	七年
		燕湣公	元年
		卫敬公	十八年
432	己酉	周考王	九年
		鲁悼公	三十六年
		秦躁公	十一年
		郑共公	二十三年
		宋昭公	三十七年
		楚惠王	五十七年
		齐宣公	二十四年
		晋幽公	八年
		燕湣公	二年
		卫敬公	十九年

国内	国外
(魏文侯十三年) 燕成公姬载卒,湣公嗣位。	
(魏文侯十四年) 楚自鄀城(湖北钟祥西北)还都郢都(湖北江陵)。	
(魏文侯十五年) 卫敬公卫弗卒,子昭公卫纠嗣位,微弱如小侯,隶属于晋。楚惠王芈章卒,子简王芈仲嗣位。	

	年份	干支	国号王朝及纪年	
	431	庚戌	周考王	十年
			鲁悼公	三十七年
			秦躁公	十二年
			郑共公	二十四年
			宋昭公	三十八年
			楚简王	元年
			齐宣公	二十五年
			晋幽公	九年
			燕湣公	三年
			卫昭公	元年
前五世纪	430	辛亥	周考王	十一年
七〇年代			鲁元公	元年
			秦躁公	十三年
			郑共公	二十五年
			宋昭公	三十九年
			楚简王	二年
			齐宣公	二十六年
			晋幽公	十年
			燕湣公	四年
			卫昭公	二年
	429	壬子	周考王	十二年
			鲁元公	二年
			秦躁公	十四年
			郑共公	二十六年
			宋昭公	四十年
			楚简王	三年
			齐宣公	二十七年
			晋幽公	十一年
			燕湣公	五年
			卫昭公	三年

国内	国外
(魏文侯十六年) 鲁悼公姬宁卒,子元公姬嘉嗣位。楚攻莒(山东莒县),莒国亡。	雅典与斯巴达争霸,伯罗奔尼撒盟员(前500)科林斯殖民地克基拉叛变,雅典助克基拉,联盟军遂攻雅典,战争历时十年(——前421)(第一次伯罗奔尼撒战争)。
(魏文侯十七年) 义渠国攻秦,军至渭水之南。	
(魏文侯十八年) 秦躁公卒,弟怀公嗣位。	雅典执政官伯里克利卒,伯里克利时代终(前461——)。克里昂继任执政官。

年份	干支	国号王朝及纪年	
428	癸丑	周考王	十三年
		鲁元公	三年
		秦怀公	元年
		郑共公	二十七年
		宋昭公	四十一年
		楚简王	四年
		齐宣公	二十八年
		晋幽公	十二年
		燕湣公	六年
		卫昭公	四年
427	甲寅	周考王	十四年
		鲁元公	四年
		秦怀公	二年
		郑共公	二十八年
		宋昭公	四十二年
		楚简王	五年
		齐宣公	二十九年
		晋幽公	十三年
		燕湣公	七年
		卫昭公	五年
426	乙卯	周考王	十五年
		鲁元公	五年
		秦怀公	三年
		郑共公	二十九年
		宋昭公	四十三年
		楚简王	六年
		齐宣公	三十年
		晋幽公	十四年
		燕湣公	八年
		卫昭公	六年

国内	国外
(魏文侯十九年)	
(魏文侯二十年) 晋大夫李悝行“平籴法”。	希腊哲学家柏拉图生(——前347)。
(魏文侯二十一年) 周考王姬嵬卒,子威烈王姬午嗣位。卫公子卫亹杀国君昭公卫纠,嗣位,是为怀公。	

年份	干支	国号王朝及纪年	
425	丙辰	周威烈王	元年
		鲁元公	六年
		秦怀公	四年
		郑共公	三十年
		宋昭公	四十四年
		楚简王	七年
		齐宣公	三十一年
		晋幽公	十五年
		燕湣公	九年
		卫怀公	元年
424	丁巳	周威烈王	二年
		鲁元公	七年
		秦灵公	元年
		郑共公	三十一年
		宋昭公	四十五年
		楚简王	八年
		齐宣公	三十二年
		晋幽公	十六年
		燕湣公	十年
		卫怀公	二年
423	戊午	周威烈王	三年
		鲁元公	八年
		秦灵公	二年
		郑幽公	元年
		宋昭公	四十六年
		楚简王	九年
		齐宣公	三十三年
		晋幽公	十七年
		燕湣公	十一年
		卫怀公	三年

国内	国外
(魏文侯二十二年) 秦大臣围国君怀公,怀公自杀,其孙嬴肃嗣位,是为灵公。晋大夫赵襄子赵无嵘卒,侄孙赵浣嗣位,是为献侯,建都中牟(河南鹤壁)。赵无嵘弟赵嘉逐赵浣,嗣位,是为桓子,迁都代邑(河北蔚县)。晋大夫韩康子韩虎卒,子武子韩启章嗣位。	希腊史学家希罗多德卒(前484——),西洋学者尊之为历史之父。
(魏文侯二十三年) 晋大夫赵桓子赵嘉卒,国人杀其子,迎立赵浣。郑共公姬丑卒,子幽公姬已嗣位。	
(魏文侯二十四年) 晋大夫韩武子韩启章攻郑,杀郑幽公姬已。郑人立其弟缧公姬骀。	

	年份	干支	国号王朝及纪年	
	422	己未	周威烈王	四年
			鲁元公	九年
			秦灵公	三年
			郑繻公	元年
			宋昭公	四十七年
			楚简王	十年
			齐宣公	三十四年
			晋幽公	十八年
			燕滑公	十二年
			卫怀公	四年
	421	庚申	周威烈王	五年
			鲁元公	十年
			秦灵公	四年
			齐宣公	三十五年
			晋烈公	元年
			燕滑公	十三年
			卫怀公	五年
			郑繻公	二年
			宋昭公	四十八年
			楚简王	十一年
前五世纪八〇年代	420	辛酉	周威烈王	六年
			鲁元公	十一年
			秦灵公	五年
			郑繻公	三年
			宋昭公	四十九年
			楚简王	十二年
			齐宣公	三十六年
			晋烈公	二年
			燕滑公	十四年
			卫怀公	六年

国内	国外
(魏文侯二十五年) 晋幽公姬柳夫人秦嬴,杀其夫国君姬柳,子烈公姬止嗣位。	雅典执政官克里昂战死(前429——),斯巴达大将伯拉西达亦战死。
(魏文侯二十六年) 晋大夫韩武子韩启章修筑都城平阳(山西临汾)。 晋大夫赵献侯赵浣筑泫氏城(山西高平)。	第一次伯罗奔尼撒战争终(前431——),雅典不能再支,向斯巴达乞和,订五十年休战条约。
(魏文侯二十七年)	

年份	干支	国号王朝及纪年	
419	壬戌	周威烈王	七年
		鲁元公	十二年
		秦灵公	六年
		郑缧公	四年
		宋昭公	五十年
		楚简王	十三年
		齐宣公	三十七年
		晋烈公	三年
		燕湣公	十五年
		卫怀公	七年
418	癸亥	周威烈王	八年
		鲁元公	十三年
		秦灵公	七年
		郑缧公	五年
		宋昭公	五十一年
		楚简王	十四年
		齐宣公	三十八年
		晋烈公	四年
		燕湣公	十六年
		卫怀公	八年
417	甲子	周威烈王	九年
		鲁元公	十四年
		秦灵公	八年
		郑缧公	六年
		宋昭公	五十二年
		楚简王	十五年
		齐宣公	三十九年
		晋烈公	五年
		燕湣公	十七年
		卫怀公	九年

国内	国外
(魏文侯二十八年) 晋大夫魏文侯魏斯,筑少梁城(陕西韩城)。	
(魏文侯二十九年) 秦攻晋大夫魏境,战于少梁。	
(魏文侯三十年) 齐攻晋大夫赵境,围平邑(河南南乐)。	

年份	干支	国号王朝及纪年	
416	乙丑	周威烈王	十年
		鲁元公	十五年
		秦灵公	九年
		郑缧公	七年
		宋昭公	五十三年
		楚简王	十六年
		齐宣公	四十年
		晋烈公	六年
		燕湣公	十八年
		卫怀公	十年
415	丙寅	周威烈王	十一年
		鲁元公	十六年
		秦灵公	十年
		郑缧公	八年
		宋昭公	五十四年
		楚简王	十七年
		齐宣公	四十一年
		晋烈公	七年
		燕湣公	十九年
		卫怀公	十一年
414	丁卯	周威烈王	十二年
		鲁元公	十七年
		秦简公	元年
		郑缧公	九年
		宋昭公	五十五年
		楚简王	十八年
		齐宣公	四十二年
		晋烈公	八年
		燕湣公	二十年
		卫慎公	元年

国内	国外
(魏文侯三十一年) 晋大夫魏氏地邺城(河北邯郸)令西门豹,革河伯娶妇陋习,改良水利。	
(魏文侯三十二年) 卫公子卫颓,杀国君怀公卫亹,嗣位,是为慎公。秦灵公嬴肃卒,叔简公嬴悼子嗣位。秦筑籍姑城(陕西韩城北)。	雅典遣一四三艘战舰西征西西里岛叙拉古王国,斯巴达助叙拉古,战争又起,历时十二年(——前404)(第二次伯罗奔尼撒战争)。
(魏文侯三十三年) 西周桓公姬揭卒,子威公嗣位。越灭郯国(山东郯城),掳郯君己鸪。中山国(古鲜虞国,河北定州)武公即位。中山始见于史。	

年份	干支	国号王朝及纪年	
413	戊辰	周威烈王	十三年
		鲁元公	十八年
		秦简公	二年
		郑缧公	十年
		宋昭公	五十六年
		楚简王	十九年
		齐宣公	四十三年
		晋烈公	九年
		燕湣公	二十一年
		卫慎公	二年
412	己巳	周威烈王	十四年
		鲁元公	十九年
		秦简公	三年
		郑缧公	十一年
		宋昭公	五十七年
		楚简王	二十年
		齐宣公	四十四年
		晋烈公	十年
		燕湣公	二十二年
		卫慎公	三年
411	庚午	周威烈王	十五年
		鲁元公	二十年
		秦简公	四年
		郑缧公	十二年
		宋昭公	五十八年
		楚简王	二十一年
		齐宣公	四十五年
		晋烈公	十一年
		燕湣公	二十三年
		卫慎公	四年

国内	国外
(魏文侯三十四年) 齐大夫田庄子田白卒,子太公田和嗣位。	雅典再遣七十艘战舰往攻叙拉古,连前遣舰队,全数败没,士兵悉被卖为奴。
(魏文侯三十五年)(齐太公元年) 越王姒翁卒,子姒翳嗣位。	
(魏文侯三十六年)(齐太公二年) 晋大夫赵献侯赵浣攻齐,克平邑,筑城。	

	年份	干支	国号王朝及纪年	
前五世纪九〇年代	410	辛未	周威烈王	十六年
			鲁元公	二十一年
			秦简公	五年
			郑繻公	十三年
			宋昭公	五十九年
			楚简王	二十二年
			齐宣公	四十六年
			晋烈公	十二年
			燕湣公	二十四年
			卫慎公	五年
	409	壬申	周威烈王	十七年
			鲁穆公	元年
			秦简公	六年
			郑繻公	十四年
			宋昭公	六十年
			楚简王	二十三年
			齐宣公	四十七年
			晋烈公	十三年
			燕湣公	二十五年
			卫慎公	六年
	408	癸酉	周威烈王	十八年
			鲁穆公	二年
			秦简公	七年
			郑繻公	十五年
			宋昭公	六十一年
			楚简王	二十四年
			齐宣公	四十八年
			晋烈公	十四年
			燕湣公	二十六年
			卫慎公	七年

国内	国外
(魏文侯三十七年)(齐太公三年) 鲁元公姬嘉卒,子穆公姬显嗣位。周威烈王姬午命晋大夫韩、赵二家攻齐,陷长垣(河南长垣)。	
(魏文侯三十八年)(齐太公四年) 晋大夫魏文侯魏斯攻秦,筑临晋城(陕西大荔)。晋大夫韩武子韩启章卒,子景侯韩虔嗣位。晋大夫赵献侯赵浣卒,子烈侯赵籍嗣位。	
(魏文侯三十九年)(韩景侯元年)(赵烈侯元年)(齐太公五年) 晋大夫韩景侯韩虔攻秦,筑汾阴(山西万荣)、合阳(陕西合阳)二城。晋大夫魏文侯魏斯,任乐羊为元帅,灭中山国。楚简王芈仲卒,子声王当嗣位。	

年份	干支	国号王朝及纪年	
407	甲戌	周威烈王	十九年
		鲁穆公	三年
		秦简公	八年
		郑缧公	十六年
		宋昭公	六十二年
		楚声王	元年
		齐宣公	四十九年
		晋烈公	十五年
		燕湣公	二十七年
		卫慎公	八年
406	乙亥	周威烈王	二十年
		鲁穆公	四年
		秦简公	九年
		郑缧公	十七年
		宋昭公	六十三年
		楚声王	二年
		齐宣公	五十年
		晋烈公	十六年
		燕湣公	二十八年
		卫慎公	九年
405	丙子	周威烈王	二十一年
		鲁穆公	五年
		秦简公	十年
		郑缧公	十八年
		宋昭公	六十四年
		楚声王	三年
		齐宣公	五十一年
		晋烈公	十七年
		燕湣公	二十九年
		卫慎公	十年

国内	国外
(魏文侯四十年)(韩景侯二年)(赵烈侯二年)(齐太公六年) 齐攻卫,陷毋丘。郑攻晋大夫韩境,败韩军于负黍(河南登封)。	
(魏文侯四十一年)(韩景侯三年)(赵烈侯三年)(齐太公七年) 邾国改称邹国(山东邹城)。	
(魏文侯四十二年)(韩景侯四年)(赵烈侯四年)(齐太公八年) 齐宣公姜积卒,子康公姜贷嗣位,益弱。	

年份	干支	国号王朝及纪年	
404	丁丑	周威烈王	二十二年
		鲁穆公	六年
		秦简公	十一年
		郑繻公	十九年
		宋昭公	六十五年
		楚声王	四年
		齐康公	元年
		晋烈公	十八年
		燕湣公	三十年
		卫慎公	十一年
403	戊寅	周威烈王	二十三年
		鲁穆公	七年
		秦简公	十二年
		郑繻公	二十年
		宋悼公	元年
		楚声王	五年
		齐康公	二年
		晋烈公	十九年
		魏文侯	四十四年
		韩景侯	六年
		赵烈侯	六年
		燕湣公	三十一年
		卫慎公	十二年

国内	国外
(魏文侯四十三年)(韩景侯五年)(赵烈侯五年)(齐太公九年) 宋昭公子得卒,子悼公子购由嗣位。	第二次伯罗奔尼撒战争终(前 415——),雅典亡,城墙悉被撤除。斯巴达命三十人组织政府,统治雅典,史称“三十暴君统治”。
(齐太公十年) 周威烈王姬午命晋大夫魏、韩、赵三氏脱离晋国独立,皆为独立封国。魏元帅吴起攻秦,取六城。燕湣公卒,子釐公嗣位。《资治通鉴》起于本年。	雅典“三十暴君统治”被推翻,色拉西布拉斯执政。

年份	干支	国号王朝及纪年	
402	己卯	周威烈王	二十四年
		鲁穆公	八年
		秦简公	十三年
		郑繻公	二十一年
		宋悼公	二年
		楚声王	六年
		齐康公	三年
		晋烈公	二十年
		魏文侯	四十五年
		韩景侯	七年
		赵烈侯	七年
		燕釐公	元年
		卫慎公	十三年
401	庚辰	周安王	元年
		鲁穆公	九年
		秦简公	十四年
		郑繻公	二十二年
		宋悼公	三年
		楚悼王	元年
		齐康公	四年
		晋烈公	二十一年
		魏文侯	四十六年
		韩景侯	八年
		赵烈侯	八年
		燕釐公	二年
		卫慎公	十四年

国内	国外
(齐太公十一年) 周威烈王姬午卒,子安王姬骄嗣位。楚声王芈当为盗所杀,子悼王芈疑嗣位。	
(齐太公十二年) 秦攻魏,至阳狐(山西垣曲)。	

前四世纪

本世纪仍是战国时代，全国陷于大混战，封国君主纷纷称王，地位与周王朝的王相等。用以作战的兵团更大，因铁器的广泛使用，战争也更残忍，一次战役，常杀戮数万人甚至数十万人。

远在西方边陲，被视为野蛮落后的秦国，用公孙鞅变法，迅速地成为一等强国。国际策士苏秦倡议合纵抗秦，张仪倡议连横和秦。

前四世纪
○○年代

年份	干支	国号王朝及纪年	
400	辛巳	周安王	二年
		鲁穆公	十年
		秦简公	十五年
		郑缧公	二十三年
		宋悼公	四年
		楚悼王	二年
		齐康公	五年
		晋烈公	二十二年
		魏文侯	四十七年
		韩景侯	九年
		赵烈侯	九年
		燕釐公	三年
		卫慎公	十五年
399	壬午	周安王	三年
		鲁穆公	十一年
		秦惠公	元年
		郑缧公	二十四年
		宋悼公	五年
		楚悼王	三年
		齐康公	六年
		晋烈公	二十三年
		魏文侯	四十八年
		韩烈侯	元年
		赵武侯	元年
		燕釐公	四年
		卫慎公	十六年

国内	国外
(齐太公十三年) 魏、韩、赵三国联合攻楚,兵至桑丘(山东济南)。 郑攻韩,围阳翟(河南禹州)。 韩景侯韩虔卒,子烈侯韩取嗣位。 赵烈侯赵籍卒,弟武侯嗣位。 秦简公嬴悼子卒,子惠公嗣位。	
(齐太公十四年) 周王子姬定奔晋。	希腊哲学家苏格拉底为政敌迫害,服毒自杀(前469——)。

年份	干支	国号王朝及纪年	
398	癸未	周安王	四年
		鲁穆公	十二年
		秦惠公	二年
		郑繻公	二十五年
		宋悼公	六年
		楚悼王	四年
		齐康公	七年
		晋烈公	二十四年
		魏文侯	四十九年
		韩烈侯	二年
		赵武侯	二年
		燕釐公	五年
		卫慎公	十七年
397	甲申	周安王	五年
		鲁穆公	十三年
		秦惠公	三年
		郑繻公	二十六年
		宋悼公	七年
		楚悼王	五年
		齐康公	八年
		晋烈公	二十五年
		魏文侯	五十年
		韩烈侯	三年
		赵武侯	三年
		燕釐公	六年
		卫慎公	十八年

国内	国外
(齐太公十五年) 楚攻郑。郑繻公姬骀诬杀其相驷子阳。	
(齐太公十六年) 韩大夫严遂,使聂政刺杀韩相韩傀(侠累)。 魏文侯魏斯卒,子武侯魏击嗣位。	

年份	干支	国号王朝及纪年	
396	乙酉	周安王	六年
		鲁穆公	十四年
		秦惠公	四年
		郑繻公	二十七年
		宋悼公	八年
		楚悼王	六年
		齐康公	九年
		晋烈公	二十六年
		魏武侯	元年
		韩烈侯	四年
		赵武侯	四年
		燕釐公	七年
		卫慎公	十九年
395	丙戌	周安王	七年
		鲁穆公	十五年
		秦惠公	五年
		郑康公	元年
		宋休公	元年
		楚悼王	七年
		齐康公	十年
		晋烈公	二十七年
		魏武侯	二年
		韩烈侯	五年
		赵武侯	五年
		燕釐公	八年
		卫慎公	二十年

国内	国外
(齐太公十七年) 郑故相驷子阳之党刺杀国君繻公姬骀,立其弟姬乙,是为康公。 宋悼公子购由卒,子休公子田嗣位。	
(齐太公十八年)	

年份	干支	国号王朝及纪年	
394	丁亥	周安王	八年
		鲁穆公	十六年
		秦惠公	六年
		郑康公	二年
		宋休公	二年
		楚悼王	八年
		齐康公	十一年
		晋烈公	二十八年
		魏武侯	三年
		韩烈侯	六年
		赵武侯	六年
		燕釐公	九年
		卫慎公	二十一年
393	戊子	周安王	九年
		鲁穆公	十七年
		秦惠公	七年
		郑康公	三年
		宋休公	三年
		楚悼王	九年
		齐康公	十二年
		晋烈公	二十九年
		魏武侯	四年
		韩烈侯	七年
		赵武侯	七年
		燕釐公	十年
		卫慎公	二十二年

国内	国外
(齐太公十九年) 齐攻鲁,陷最城。　负黍叛郑,降韩。	
(齐太公二十年) 魏攻郑,筑酸枣城(河南延津)。楚攻韩,陷负黍。 晋烈公姬止卒,孝公姬倾嗣位。	

年份	干支	国号王朝及纪年	
392	己丑	周安王	十年
		鲁穆公	十八年
		秦惠公	八年
		郑康公	四年
		宋休公	四年
		楚悼王	十年
		齐康公	十三年
		晋孝公	元年
		魏武侯	五年
		韩烈侯	八年
		赵武侯	八年
		燕釐公	十一年
		卫慎公	二十三年
391	庚寅	周安王	十一年
		鲁穆公	十九年
		秦惠公	九年
		郑康公	五年
		宋休公	五年
		楚悼王	十一年
		齐康公	十四年
		晋孝公	二年
		魏武侯	六年
		韩烈侯	九年
		赵武侯	九年
		燕釐公	十二年
		卫慎公	二十四年

国内	国外
(齐太公二十一年)	
(齐太公二十二年) 秦攻韩宜阳,陷六城邑。齐国大夫田和迁国君康公姜贷(吕贷)于黄海之滨,使食一城,以奉姜氏之祀。齐国君主与晋国君主相同,奄奄一息,仅名义上尚存。	

	年份	干支	国号王朝及纪年	
前四世纪一〇年代	390	辛卯	周安王	十二年
			鲁穆公	二十年
			秦惠公	十年
			郑康公	六年
			宋休公	六年
			楚悼王	十二年
			齐康公	十五年
			晋孝公	三年
			魏武侯	七年
			韩烈侯	十年
			赵武侯	十年
			燕釐公	十三年
			卫慎公	二十五年
	389	壬辰	周安王	十三年
			鲁穆公	二十一年
			秦惠公	十一年
			郑康公	七年
			宋休公	七年
			楚悼王	十三年
			齐康公	十六年
			齐太公	二十四年
			晋孝公	四年
			魏武侯	八年
			韩烈侯	十一年
			赵武侯	十一年
			燕釐公	十四年
			卫慎公	二十六年

国内	国外
(齐太公二十三年) 秦、魏二国战于武城(陕西华县)。齐攻魏,陷襄陵(河南睢县)。齐攻鲁,齐军败于平陆(山东汶上)。	
秦攻魏,兵至晋阴。　齐大夫田和会魏、楚、卫三国于浊泽(河南新郑)。周安王姬骄封田和为封侯,仍用齐为国号。	

年份	干支	国号王朝及纪年	
388	癸巳	周安王	十四年
		鲁穆公	二十二年
		秦惠公	十二年
		郑康公	八年
		宋休公	八年
		楚悼王	十四年
		齐康公	十七年
		齐太公	二十五年
		晋孝公	五年
		魏武侯	九年
		韩烈侯	十二年
		赵武侯	十二年
		燕釐公	十五年
		卫慎公	二十七年
387	甲午	周安王	十五年
		鲁穆公	二十三年
		秦惠公	十三年
		郑康公	九年
		宋休公	九年
		楚悼王	十五年
		齐康公	十八年
		齐田剡	元年
		晋孝公	六年
		魏武侯	十年
		韩烈侯	十三年
		赵武侯	十三年
		燕釐公	十六年
		卫慎公	二十八年

国内	国外
齐大夫田和卒,子田剡嗣位。	高卢王布伦努斯东征,陷罗马城,罗马共和国以黄金一千磅贿其退出,分批缴纳赎金时,每有争执,布伦努斯大怒,拔剑砍天秤曰:“战败者都不幸。”
赵武侯卒,侄敬侯赵章嗣位。 韩烈侯韩取卒,子文侯嗣位。 秦惠公卒,子出公嗣位。 魏元帅吴起被谗奔楚,楚用为令尹(宰相)。	斯巴达与波斯订《安塔西达和约》。

年份	干支	国号王朝及纪年	
386	乙未	周安王	十六年
		鲁穆公	二十四年
		秦出公	元年
		郑康公	十年
		宋休公	十年
		楚悼王	十六年
		齐康公	十九年
		齐田剡	二年
		晋孝公	七年
		魏武侯	十一年
		韩文侯	元年
		赵敬侯	元年
		燕釐公	十七年
		卫慎公	二十九年
385	丙申	周安王	十七年
		鲁穆公	二十五年
		秦出公	二年
		郑康公	十一年
		宋休公	十一年
		楚悼王	十七年
		齐康公	二十年
		齐田剡	三年
		晋孝公	八年
		魏武侯	十二年
		韩文侯	二年
		赵敬侯	二年
		燕釐公	十八年
		卫慎公	三十年

国内	国外
秦庶长杀国君出公及其母,迎立公子嬴师隰,是为献公。	

年份	干支	国号王朝及纪年	
384	丁酉	周安王	十八年
		鲁穆公	二十六年
		秦献公	元年
		郑康公	十二年
		宋休公	十二年
		楚悼王	十八年
		齐康公	二十一年
		齐田剡	四年
		晋孝公	九年
		魏武侯	十三年
		韩文侯	三年
		赵敬侯	三年
		燕釐公	十九年
		卫慎公	三十一年
383	戊戌	周安王	十九年
		鲁穆公	二十七年
		秦献公	二年
		郑康公	十三年
		宋休公	十三年
		楚悼王	十九年
		齐康公	二十二年
		齐田剡	五年
		晋孝公	十年
		魏武侯	十四年
		韩文侯	四年
		赵敬侯	四年
		燕釐公	二十年
		卫慎公	三十二年

国内	国外
	希腊哲学家亚里士多德生(——前322)。
魏攻赵,败赵军于兔台。秦筑栎阳城(陕西临潼),自雍城(陕西凤翔)迁都。	

年份	干支	国号王朝及纪年	
382	己亥	周安王	二十年
		鲁穆公	二十八年
		秦献公	三年
		郑康公	十四年
		宋休公	十四年
		楚悼王	二十年
		齐康公	二十三年
		齐田剡	六年
		晋孝公	十一年
		魏武侯	十五年
		韩文侯	五年
		赵敬侯	五年
		燕釐公	二十一年
		卫慎公	三十三年
381	庚子	周安王	二十一年
		鲁穆公	二十九年
		秦献公	四年
		郑康公	十五年
		宋休公	十五年
		楚悼王	二十一年
		齐康公	二十四年
		齐田剡	七年
		晋孝公	十二年
		魏武侯	十六年
		韩文侯	六年
		赵敬侯	六年
		燕釐公	二十二年
		卫慎公	三十四年

国内	国外
楚令尹吴起公正严明,疏无能贵族,抚养战士,楚国复强。唯怨家亦多,今年,楚悼王芈疑卒,子肃王芈臧嗣位。贵戚大臣发兵攻吴起,吴起奔芈疑尸下,贵戚大臣射杀之,箭并中芈疑尸。芈臧既立,诛射尸者七十余家。	

前四世纪
二〇年代

年份	干支	国号王朝及纪年	
380	辛丑	周安王	二十二年
		鲁穆公	三十年
		秦献公	五年
		郑康公	十六年
		宋休公	十六年
		楚肃王	元年
		齐康公	二十五年
		齐田剡	八年
		晋孝公	十三年
		魏武侯	十七年
		韩文侯	七年
		赵敬侯	七年
		燕釐公	二十三年
		卫慎公	三十五年
379	壬寅	周安王	二十三年
		鲁穆公	三十一年
		秦献公	六年
		郑康公	十七年
		宋休公	十七年
		楚肃王	二年
		齐康公	二十六年
		齐田剡	九年
		晋孝公	十四年
		魏武侯	十八年
		韩文侯	八年
		赵敬侯	八年
		燕釐公	二十四年
		卫慎公	三十六年

国内	国外
齐康公姜贷卒,姜氏齐国亡。越自琅邪(山东胶南)迁都会稽(浙江绍兴)。	

年份	干支	国号王朝及纪年	
378	癸卯	周安王	二十四年
		鲁穆公	三十二年
		秦献公	七年
		郑康公	十八年
		宋休公	十八年
		楚肃王	三年
		齐田剡	十年
		晋孝公	十五年
		魏武侯	十九年
		韩文侯	九年
		赵敬侯	九年
		燕釐公	二十五年
		卫慎公	三十七年
377	甲辰	周安王	二十五年
		鲁穆公	三十三年
		秦献公	八年
		郑康公	十九年
		宋休公	十九年
		楚肃王	四年
		齐桓公	元年
		晋靖公	元年
		魏武侯	二十年
		韩文侯	十年
		赵敬侯	十年
		燕釐公	二十六年
		卫慎公	三十八年

国内	国外
狄攻魏,败魏军于浍水(山西翼城)。魏、韩、赵三国攻齐,军至灵丘(山东茌平)。晋孝公姬倾卒,子靖公姬俱酒嗣位。齐侯田剡卒,子桓公田午嗣位。	雅典恢复“提洛同盟”(前477)。
蜀攻楚,陷兹方(四川奉节),楚筑扞关(奉节东)御蜀。 鲁穆公姬显卒,子共公姬奋嗣位。 韩文侯卒,子哀侯嗣位。	佛教解经分歧长老耶舍,于毗舍离城召高僧集会,订正异说(佛教徒第二次大集结)。

年份	干支	国号王朝及纪年	
376	乙巳	周安王	二十六年
		鲁共公	元年
		秦献公	九年
		郑康公	二十年
		宋休公	二十年
		楚肃王	五年
		齐桓公	二年
		晋靖公	二年
		魏武侯	二十一年
		韩哀侯	元年
		赵敬侯	十一年
		燕釐公	二十七年
		卫慎公	三十九年
375	丙午	周烈王	元年
		鲁共公	二年
		秦献公	十年
		郑康公	二十一年
		宋休公	二十一年
		楚肃王	六年
		齐桓公	三年
		魏武侯	二十二年
		韩哀侯	二年
		赵敬侯	十二年
		燕釐公	二十八年
		卫慎公	四十年

国内	国外
魏、韩、赵三国共废晋国君主靖公姬俱酒为庶民,瓜分其地,晋亡。 周安王姬骄卒,子烈王姬喜嗣位。	雅典、斯巴达舰队决战那克索斯,斯巴达大败。
韩灭郑,自阳翟迁都郑国故都郑城(河南新郑)。 赵敬侯赵章卒,子成侯赵种嗣位。	

年份	干支	国号王朝及纪年	
374	丁未	周烈王	二年
		鲁共公	三年
		秦献公	十一年
		宋休公	二十二年
		楚肃王	七年
		齐桓公	四年
		魏武侯	二十三年
		韩哀侯	三年
		赵成侯	元年
		燕簷公	二十九年
		卫慎公	四十一年
373	戊申	周烈王	三年
		鲁共公	四年
		秦献公	十二年
		宋休公	二十三年
		楚肃王	八年
		齐桓公	五年
		魏武侯	二十四年
		韩哀侯	四年
		赵成侯	二年
		燕簷公	三十年
		卫慎公	四十二年
372	己酉	周烈王	四年
		鲁共公	五年
		秦献公	十三年
		宋辟公	元年
		楚肃王	九年
		齐桓公	六年
		魏武侯	二十五年
		韩哀侯	五年
		赵成侯	三年
		燕桓公	元年
		卫声公	元年

国内	国外
燕攻齐,败齐军于林狐(河北盐山境)。 魏攻齐,军至博陵(山东茌平境)。 燕釐公卒,子桓公嗣位。 宋休公子田卒,子辟公子辟兵嗣位。 卫慎公卫颓卒,子声公卫训嗣位。	
赵攻卫,陷七十三乡邑,卫国疆土益小。 魏攻赵,败赵军于北蔺(山西离石西)。 孟轲生(——前289)。	

	年份	干支	国号王朝及纪年	
	371	庚戌	周烈王	五年
			鲁共公	六年
			秦献公	十四年
			宋辟公	二年
			楚肃王	十年
			齐桓公	七年
			魏武侯	二十六年
			韩哀侯	六年
			赵成侯	四年
			燕桓公	二年
			卫声公	二年
前四世纪三〇年代	370	辛亥	周烈王	六年
			鲁共公	七年
			秦献公	十五年
			宋辟公	三年
			楚肃王	十一年
			齐桓公	八年
			魏惠王	元年
			韩庄侯	元年
			赵成侯	五年
			燕桓公	三年
			卫声公	三年
	369	壬子	周烈王	七年
			鲁共公	八年
			秦献公	十六年
			宋剔成	元年
			楚宣王	元年
			齐桓公	九年
			魏惠王	二年
			韩庄侯	二年
			赵成侯	六年
			燕桓公	四年
			卫声公	四年

国内	国外
秦、赵,战于高安,秦军败退。 魏攻楚,陷鲁阳(河南鲁山)。 魏武侯魏击卒,太子魏罃与公子魏缓争立,国内大乱。 韩相严遂杀国君哀侯,立其子庄侯韩若山。	希腊城邦底比斯起兵叛斯巴达,战于留克特拉,斯巴达大败。
楚肃王芈臧卒,弟宣王芈良夫嗣位。 宋辟公子辟兵卒,子子剔成嗣位。 齐封即墨大夫,烹阿邑(山东东阿)大夫。 齐桓公田午,赴洛阳朝觐周烈王姬喜。是时周政府权力没落,周王几被遗忘。田午此举,列国瞩目。	
周烈王姬喜卒,弟显王姬扁嗣位。 魏大夫王错奔韩。 韩、赵乘魏内乱,联合攻魏,战于浊泽(山西永济),大破魏军,遂围魏都安邑(山西夏县)。赵欲杀太子魏罃,立公子魏缓。韩欲分地。二国不和,先后退军。魏罃遂杀魏缓,嗣位,是为惠王。	

年份	干支	国号王朝及纪年	
368	癸丑	周显王	元年
		鲁共公	九年
		秦献公	十七年
		宋剔成	二年
		楚宣王	二年
		齐桓公	十年
		魏惠王	三年
		韩庄侯	三年
		赵成侯	七年
		燕桓公	五年
		卫声公	五年
367	甲寅	周显王	二年
		鲁共公	十年
		秦献公	十八年
		宋剔成	三年
		楚宣王	三年
		齐桓公	十一年
		魏惠王	四年
		韩庄侯	四年
		赵成侯	八年
		燕桓公	六年
		卫声公	六年
366	乙卯	周显王	三年
		鲁共公	十一年
		秦献公	十九年
		宋剔成	四年
		楚宣王	四年
		齐桓公	十二年
		魏惠王	五年
		韩庄侯	五年
		赵成侯	九年
		燕桓公	七年
		卫声公	七年

国内	国外
齐攻魏,陷观津(河北武邑)。 赵攻齐,兵至长城(山东中部)。 秦献公嬴师隰封子嬴向为蓝田君。	
	罗马共和国保民官李锡尼为平民利益制定法典,限制贵族及富人利息及土地,史称《李锡尼法典》。
魏、韩二国君主会于宅阳(河南郑州)。联军攻秦,败于洛阳。	

年份	干支	国号王朝及纪年	
365	丙辰	周显王	四年
		鲁共公	十二年
		秦献公	二十年
		宋剔成	五年
		楚宣王	五年
		齐桓公	十三年
		魏惠王	六年
		韩庄侯	六年
		赵成侯	十年
		燕桓公	八年
		卫声公	八年
364	丁巳	周显王	五年
		鲁共公	十三年
		秦献公	二十一年
		宋剔成	六年
		楚宣王	六年
		齐桓公	十四年
		魏惠王	七年
		韩庄侯	七年
		赵成侯	十一年
		燕桓公	九年
		卫声公	九年
363	戊午	周显王	六年
		鲁共公	十四年
		秦献公	二十二年
		宋剔成	七年
		楚宣王	七年
		齐桓公	十五年
		魏惠王	八年
		韩庄侯	八年
		赵成侯	十二年
		燕桓公	十年
		卫声公	十年

国内	国外
魏攻宋,陷仪台(河南虞城)。	
秦元帅章峤攻魏。韩、赵救魏,战于石门(山西运城西南),三国联军大败,死六万人。	

	年份	干支	国号王朝及纪年	
	362	己未	周显王	七年
			鲁共公	十五年
			秦献公	二十三年
			宋剔成	八年
			楚宣王	八年
			齐桓公	十六年
			魏惠王	九年
			韩庄侯	九年
			赵成侯	十三年
			燕桓公	十一年
			卫声公	十一年
	361	庚申	周显王	八年
			鲁共公	十六年
			秦孝公	元年
			宋剔成	九年
			楚宣王	九年
			齐桓公	十七年
			魏惠王	十年
			韩庄侯	十年
			赵成侯	十四年
			燕文公	元年
			卫成侯	元年
前四世纪四〇年代	360	辛酉	周显王	九年
			鲁共公	十七年
			秦孝公	二年
			宋剔成	十年
			楚宣王	十年
			齐桓公	十八年
			魏惠王	十一年
			韩庄侯	十一年
			赵成侯	十五年
			燕文公	二年
			卫成侯	二年

国内	国外
秦攻魏,败魏军于少梁(陕西韩城)。 卫声公卫训卒,子成侯卫速嗣位。 燕桓公卒,子文公嗣位。 秦献公嬴师隰卒,子孝公嬴渠梁嗣位。	
秦孝公嬴渠梁下令求贤,卫公子卫鞅自魏入秦。	

年份	干支	国号王朝及纪年	
359	壬戌	周显王	十年
		鲁共公	十八年
		秦孝公	三年
		宋剔成	十一年
		楚宣王	十一年
		齐桓公	十九年
		魏惠王	十二年
		韩庄侯	十二年
		赵成侯	十六年
		燕文公	三年
		卫成侯	三年
358	癸亥	周显王	十一年
		鲁共公	十九年
		秦孝公	四年
		宋剔成	十二年
		楚宣王	十二年
		齐威王	元年
		魏惠王	十三年
		韩昭侯	元年
		赵成侯	十七年
		燕文公	四年
		卫成侯	四年
357	甲子	周显王	十二年
		鲁共公	二十年
		秦孝公	五年
		宋剔成	十三年
		楚宣王	十三年
		齐威王	二年
		魏惠王	十四年
		韩昭侯	二年
		赵成侯	十八年
		燕文公	五年
		卫成侯	五年

国内	国外
秦任卫鞅为左庶长,开始变法。　韩庄侯韩若山卒,子昭侯嗣位。　齐桓公田午卒,子威王田因嗣位。	希腊北部马其顿王国新王腓力二世即位(——前336)。
秦、韩二国战于西山(河南熊耳山),韩军败退。　齐任邹忌为相。	
韩、魏二国君主会于鄗邑(河北柏乡)。	

年份	干支	国号王朝及纪年	
356	乙丑	周显王	十三年
		鲁共公	二十一年
		秦孝公	六年
		宋剔成	十四年
		楚宣王	十四年
		齐威王	三年
		魏惠王	十五年
		韩昭侯	三年
		赵成侯	十九年
		燕文公	六年
		卫成侯	六年
355	丙寅	周显王	十四年
		鲁共公	二十二年
		秦孝公	七年
		宋剔成	十五年
		楚宣王	十五年
		齐威王	四年
		魏惠王	十六年
		韩昭侯	四年
		赵成侯	二十年
		燕文公	七年
		卫成侯	七年
354	丁卯	周显王	十五年
		鲁康公	元年
		秦孝公	八年
		宋剔成	十六年
		楚宣王	十六年
		齐威王	五年
		魏惠王	十七年
		韩昭侯	五年
		赵成侯	二十一年
		燕文公	八年
		卫成侯	八年

国内	国外
赵、燕二国君主会于阿城(山东阳谷)。　赵、齐、宋三国君主会于平陆(山东汶上)。	
齐、魏二国君主会于郊县。魏惠王魏罃问齐威王田因齐,有何国宝,田因齐曰:"我有四臣,使守四疆,乃国之宝。"秦、魏二国君主会于杜平(陕西澄城东)。　鲁共公姬奋卒,子康公姬毛嗣位。	
秦败魏军于元里(陕西澄城南),斩首七千,陷少梁(陕西韩城)。　魏元帅庞涓攻赵,围赵都邯郸。	

年份	干支	国号王朝及纪年	
353	戊辰	周显王	十六年
		鲁康公	二年
		秦孝公	九年
		宋剔成	十七年
		楚宣王	十七年
		齐威王	六年
		魏惠王	十八年
		韩昭侯	六年
		赵成侯	二十二年
		燕文公	九年
		卫成侯	九年
352	己巳	周显王	十七年
		鲁康公	三年
		秦孝公	十年
		宋剔成	十八年
		楚宣王	十八年
		齐威王	七年
		魏惠王	十九年
		韩昭侯	七年
		赵成侯	二十三年
		燕文公	十年
		卫成侯	十年
351	庚午	周显王	十八年
		鲁康公	四年
		秦孝公	十一年
		宋剔成	十九年
		楚宣王	十九年
		齐威王	八年
		魏惠王	二十年
		韩昭侯	八年
		赵成侯	二十四年
		燕文公	十一年
		卫成侯	十一年

国内	国外
齐救赵,命田忌为元帅,孙膑为军师,直入魏境。魏撤军回击,战于桂陵(河南长垣),魏军大败。 楚任昭奚恤为令尹。　韩攻东周,陷陵观、廪丘(皆村落名)。	
秦国默默无闻已久,中原诸封国羞与为伍,自卫鞅变法,国势骤强。建立霸权,各国震惧。	
韩任申不害为相。　秦大良造卫鞅攻魏,陷固阳(绥远九原城东北)。	

前四世纪
五〇年代

年份	干支	国号王朝及纪年	
350	辛未	周显王	十九年
		鲁康公	五年
		秦孝公	十二年
		宋剔成	二十年
		楚宣王	二十年
		齐威王	九年
		魏惠王	二十一年
		韩昭侯	九年
		赵成侯	二十五年
		燕文公	十二年
		卫成侯	十二年
349	壬申	周显王	二十年
		鲁康公	六年
		秦孝公	十三年
		宋剔成	二十一年
		楚宣王	二十一年
		齐威王	十年
		魏惠王	二十二年
		韩昭侯	十年
		赵肃侯	元年
		燕文公	十三年
		卫成侯	十三年
348	癸酉	周显王	二十一年
		鲁康公	七年
		秦孝公	十四年
		宋剔成	二十二年
		楚宣王	二十二年
		齐威王	十一年
		魏惠王	二十三年
		韩昭侯	十一年
		赵肃侯	二年
		燕文公	十四年
		卫成侯	十四年

国内	国外
秦自栎阳(陕西临潼东北)迁都(陕西)咸阳。卫鞅令国民父子兄弟姊妹分室而居,颁度量衡制度,聚乡邑为三十一县。赵成侯赵种卒,子肃侯赵语嗣位。	
赵自晋阳(山西太原)迁都(河北)邯郸。	
秦行新赋税法。	

年份	干支	国号王朝及纪年	
347	甲戌	周显王	二十二年
		鲁康公	八年
		秦孝公	十五年
		宋剔成	二十三年
		楚宣王	二十三年
		齐威王	十二年
		魏惠王	二十四年
		韩昭侯	十二年
		赵肃侯	三年
		燕文公	十五年
		卫成侯	十五年
346	乙亥	周显王	二十三年
		鲁康公	九年
		秦孝公	十六年
		宋剔成	二十四年
		楚宣王	二十四年
		齐威王	十三年
		魏惠王	二十五年
		韩昭侯	十三年
		赵肃侯	四年
		燕文公	十六年
		卫成侯	十六年
345	丙子	周显王	二十四年
		鲁景公	元年
		秦孝公	十七年
		宋剔成	二十五年
		楚宣王	二十五年
		齐威王	十四年
		魏惠王	二十六年
		韩昭侯	十四年
		赵肃侯	五年
		燕文公	十七年
		卫成侯	十七年

国内	国外
赵公子赵范叛,起兵袭邯郸,败死。	希腊哲学家柏拉图卒(前427——)。
鲁康公姬毛卒,子景公姬偃嗣位。　卫因国弱土小,自贬号为侯,臣属于魏、韩、赵。	

年份	干支	国号王朝及纪年	
344	丁丑	周显王	二十五年
		鲁景公	二年
		秦孝公	十八年
		宋剔成	二十六年
		楚宣王	二十六年
		齐威王	十五年
		魏惠王	二十七年
		韩昭侯	十五年
		赵肃侯	六年
		燕文公	十八年
		卫成侯	十八年
343	戊寅	周显王	二十六年
		鲁景公	三年
		秦孝公	十九年
		宋剔成	二十七年
		楚宣王	二十七年
		齐威王	十六年
		魏惠王	二十八年
		韩昭侯	十六年
		赵肃侯	七年
		燕文公	十九年
		卫成侯	十九年
342	己卯	周显王	二十七年
		鲁景公	四年
		秦孝公	二十年
		宋剔成	二十八年
		楚宣王	二十八年
		齐威王	十七年
		魏惠王	二十九年
		韩昭侯	十七年
		赵肃侯	八年
		燕文公	二十年
		卫成侯	二十年

国内	国外
周显王姬扁正式晋封秦孝公嬴渠梁为“西伯”,各国君主皆致贺。	

	年份	干支	国号王朝及纪年	
	341	庚辰	周显王	二十八年
			鲁景公	五年
			秦孝公	二十一年
			宋剔成	二十九年
			楚宣王	二十九年
			齐威王	十八年
			魏惠王	三十年
			韩昭侯	十八年
			赵肃侯	九年
			燕文公	二十一年
			卫成侯	二十一年
前四世纪六〇年代	340	辛巳	周显王	二十九年
			鲁景公	六年
			秦孝公	二十二年
			宋剔成	三十年
			楚宣王	三十年
			齐威王	十九年
			魏惠王	三十一年
			韩昭侯	十九年
			赵肃侯	十年
			燕文公	二十二年
			卫成侯	二十二年
	339	壬午	周显王	三十年
			鲁景公	七年
			秦孝公	二十三年
			宋剔成	三十一年
			楚威王	元年
			齐威王	二十年
			魏惠王	三十二年
			韩昭侯	二十年
			赵肃侯	十一年
			燕文公	二十三年
			卫成侯	二十三年

国内	国外
魏大举攻韩,齐命田忌为上将,孙膑为军师,攻魏救韩,大败魏军于马陵道(山东莘县西南),生擒魏太子魏申,杀庞涓。 齐相邹忌诬元帅田忌谋反,田忌奔楚。	
秦大夫卫鞅会齐、赵,联军攻魏,大败魏军,掳魏元帅魏卬,魏割黄河以西地求和。 因自安邑迁都大梁(河南开封)。各国对秦震惧更甚。 秦封卫鞅商县地(陕西商州),号商君。 楚宣王芈良夫卒,子威王芈商嗣位。	

年份	干支	国号王朝及纪年	
338	癸未	周显王	三十一年
		鲁景公	八年
		秦孝公	二十四年
		宋剔成	三十二年
		楚威王	二年
		齐威王	二十一年
		魏惠王	三十三年
		韩昭侯	二十一年
		赵肃侯	十二年
		燕文公	二十四年
		卫成侯	二十四年
337	甲申	周显王	三十二年
		鲁景公	九年
		秦惠王	元年
		宋剔成	三十三年
		楚威王	三年
		齐威王	二十二年
		魏惠王	三十四年
		韩昭侯	二十二年
		赵肃侯	十三年
		燕文公	二十五年
		卫成侯	二十五年
336	乙酉	周显王	三十三年
		鲁景公	十年
		秦惠王	二年
		宋剔成	三十四年
		楚威王	四年
		齐威王	二十三年
		魏惠王	三十五年
		韩昭侯	二十三年
		赵肃侯	十四年
		燕文公	二十六年
		卫成侯	二十六年

国内	国外
秦孝公嬴渠梁卒,子惠王嬴驷嗣位,诬卫鞅谋反,捕杀之,尽屠其家。	马其顿王腓力二世南下攻掠,战于喀罗尼亚,底比斯雅典联军大败,乞降,马其顿遂统一希腊全境。
洛阳人苏秦以连横策略(列国与秦国和解)游说秦惠王嬴驷,嬴驷不能采纳,苏秦返家,妻不停织布,嫂不为煮饭。韩相申不害卒。	
	马其顿王腓力二世被刺身死(前359——),子亚历山大嗣位(——前323)。

年份	干支	国号王朝及纪年	
335	丙戌	周显王	三十四年
		鲁景公	十一年
		秦惠王	三年
		宋剔成	三十五年
		楚威王	五年
		齐威王	二十四年
		魏惠王	三十六年
		韩昭侯	二十四年
		赵肃侯	十五年
		燕文公	二十七年
		卫成侯	二十七年
334	丁亥	周显王	三十五年
		鲁景公	十二年
		秦惠王	四年
		宋剔成	三十六年
		楚威王	六年
		齐威王	二十五年
		魏惠王	后元元年
		韩昭侯	二十五年
		赵肃侯	十六年
		燕文公	二十八年
		卫成侯	二十八年
333	戊子	周显王	三十六年
		鲁景公	十三年
		秦惠王	五年
		宋剔成	三十七年
		楚威王	七年
		齐威王	二十六年
		魏惠王	后元二年
		韩昭侯	二十六年
		赵肃侯	十七年
		燕文公	二十九年
		卫成侯	二十九年

国内	国外
秦攻韩,陷宜阳(河南宜阳)。 苏秦以合纵策略(各国结盟抗秦)说赵肃侯赵语,赵语封苏秦为武安君。	
齐威王田因齐、魏惠王魏罃,会于徐州(山东滕州),同时宣布称王。建齐王国与魏王国。赵王姒无强攻楚,大败,身死国亡,立国一百六十四年。	马其顿王亚历山大统军渡赫勒斯滂海峡(今达达尼尔海峡)东攻波斯,战于格拉尼卡斯河,波斯军大败,亚历山大乘胜陷萨狄斯、以弗所、米利都诸城。
苏秦以合纵对抗策略游说列国,佩燕、赵、韩、魏、齐、楚六国相印。 魏国人张仪以连横和解策略游说秦惠王嬴驷,嬴驷正悔失去苏秦,乃用张仪为客卿。 韩昭侯卒,子威侯嗣位。 燕文公卒,子易王嗣位。卫成侯卫速卒,子平侯嗣位。	马其顿王亚历山大统军三万人续东攻,波斯王大流士三世统军六十万人迎击,战于伊苏斯平原,亚历山大军死四百五十人,波斯军死十一万,大流士三世遁走,太后、皇后、公主悉被擒,乞割幼发拉底河以西请和,亚历山大不许。

	年份	干支	国号王朝及纪年	
	332	己丑	周显王	三十七年
			鲁景公	十四年
			秦惠王	六年
			宋剔成	三十八年
			楚威王	八年
			齐威王	二十七年
			魏惠王	后元三年
			韩威侯	元年
			赵肃侯	十八年
			燕易王	元年
			卫平侯	元年
	331	庚寅	周显王	三十八年
			鲁景公	十五年
			秦惠王	七年
			宋剔成	三十九年
			楚威王	九年
			齐威王	二十八年
			魏惠王	后元四年
			韩威侯	二年
			赵肃侯	十九年
			燕易王	二年
			卫平侯	二年
前四世纪	330	辛卯	周显王	三十九年
七〇年代			鲁景公	十六年
			秦惠王	八年
			宋剔成	四十年
			楚威王	十年
			齐威王	二十九年
			魏惠王	后元五年
			韩威侯	三年
			赵肃侯	二十年
			燕易王	三年
			卫平侯	三年

国内	国外
秦为破坏合纵对抗,教唆齐、魏,联合攻赵,苏秦恐,请出使燕国。苏秦既离赵,合纵对抗约遂瓦解。赵决河水灌敌军,齐、魏军始退。　齐攻燕,陷十邑,既而归还。	马其顿王亚历山大统军入北非,陷埃及,于尼罗河口筑亚历山大城。
(宋国君主本姓子,约在此时改姓宋。)	马其顿王亚历山大追击波斯王大流士三世,再会战于亚卑拉,波斯军再大溃。亚历山大陷波斯首都苏萨,建亚历山大帝国(——前323)。
秦攻魏,围焦城(河南三门峡西)、曲沃(河南三门峡西南),魏尽割黄河以西残地与秦。	波斯王大流士三世为叛将柏苏斯刺杀于骡车中,波斯帝国亡(前539——,立国二百一十年)。

年份	干支	国号王朝及纪年	
329	壬辰	周显王	四十年
		鲁景公	十七年
		秦惠王	九年
		宋剔成	四十一年
		楚威王	十一年
		齐威王	三十年
		魏惠王	后元六年
		韩威侯	四年
		赵肃侯	二十一年
		燕易王	四年
		卫平侯	四年
328	癸巳	周显王	四十一年
		鲁景公	十八年
		秦惠王	十年
		宋康王	元年
		楚怀王	元年
		齐威王	三十一年
		魏惠王	后元七年
		韩威侯	五年
		赵肃侯	二十二年
		燕易王	五年
		卫平侯	五年
327	甲午	周显王	四十二年
		鲁景公	十九年
		秦惠王	十一年
		宋康王	二年
		楚怀王	二年
		齐威王	三十二年
		魏惠王	后元八年
		韩威侯	六年
		赵肃侯	二十三年
		燕易王	六年
		卫平侯	六年

国内	国外
秦攻魏,陷汾阴(山西万荣)、皮氏(山西河津)、焦城、曲沃。　楚威王芈商卒,子怀王芈槐嗣位。 宋公子宋偃起兵叛,国君宋剔成奔齐,宋偃嗣位,是为康王。	
秦攻魏,陷蒲阳(山西隰县),又复归还。魏为感谢,乃割上郡(陕西榆林)十五县予秦。　秦任张仪相。秦攻赵,陷离石(山西离石)。	亚历山大陷巴克拉尼,擒柏苏斯,鞭打后交波斯故王大流士三世家属。
秦灭义渠国(甘肃西峰),置义渠县。秦归焦城、曲沃于魏。	亚历山大续东攻,抵印度河。

年份	干支	国号王朝及纪年	
326	乙未	周显王	四十三年
		鲁景公	二十年
		秦惠王	十二年
		宋康王	三年
		楚怀王	三年
		齐威王	三十三年
		魏惠王	后元九年
		韩威侯	七年
		赵肃侯	二十四年
		燕易王	七年
		卫平侯	七年
325	丙申	周显王	四十四年
		鲁景公	二十一年
		秦惠王	十三年
		宋康王	四年
		楚怀王	四年
		齐威王	三十四年
		魏惠王	后元十年
		韩威侯	八年
		赵武灵王	元年
		燕易王	八年
		卫平侯	八年
324	丁酉	周显王	四十五年
		鲁景公	二十二年
		秦惠王	元年
		宋康王	五年
		楚怀王	五年
		齐威王	三十五年
		魏惠王	后元十一年
		韩威侯	九年
		赵武灵王	二年
		燕易王	九年
		卫嗣君	元年

国内	国外
赵肃侯赵语卒,子武灵王赵雍嗣位。魏惠王魏罃与魏威侯会于巫沙。	亚历山大渡印度河,陷旁遮普,欲深入印度,而士卒疲惫,苦于酷热,怨不肯前,乃还。
卫平侯卒,子嗣君嗣位。　秦惠王嬴驷正式称王。　齐元帅田胜,攻赵都邯郸,擒赵大将韩举,占领平邑(河北南乐东北)、新城(山西闻喜东)。	意大利中部萨谟奈人攻那不勒斯,罗马共和国救那不勒斯,战争持续三十五年(——前290)。(萨谟奈战争从公元前343年开始,一共进行了三次,一直到公元前290年萨谟奈人战败求和为止,前后共持续三十五年。——编者注)
秦相张仪攻魏,陷陕城(河南三门峡)。　燕相苏秦私通前任国君文公夫人,易王侦知,苏秦恐,奔齐。齐任为客卿。	

年份	干支	国号王朝及纪年	
323	戊戌	周显王	四十六年
		鲁景公	二十三年
		秦惠王	二年
		宋康王	六年
		楚怀王	六年
		齐威王	三十六年
		魏惠王	后元十二年
		韩宣惠王	十年
		赵武灵王	三年
		燕易王	十年
		卫嗣君	二年
322	己亥	周显王	四十七年
		鲁景公	二十四年
		秦惠王	三年
		宋康王	七年
		楚怀王	七年
		齐威王	三十七年
		魏惠王	后元十三年
		韩宣惠王	十一年
		赵武灵王	四年
		燕易王	十一年
		卫嗣君	三年
321	庚子	周显王	四十八年
		鲁景公	二十五年
		秦惠王	四年
		宋康王	八年
		楚怀王	八年
		齐威王	三十八年
		魏惠王	后元十四年
		韩宣惠王	十二年
		赵武灵王	五年
		燕易王	十二年
		卫嗣君	四年

国内	国外
秦相张仪,与齐相、楚令尹,会于啮桑(江苏沛县西南)。韩、燕二国同时宣布称王,分别建韩王国与燕王国。	亚历山大痛饮狂醉,暴卒(在位时间为前336——),年三十三岁。其后罗克桑娜杀另一后大流士三世之女巴星尼。生遗腹子,名亚历山大阿杰斯。
秦相张仪赴魏,任魏相。　秦攻魏,陷曲沃、平周(山西介休)。	希腊哲学家亚里士多德卒(前384——)。
周显王姬扁卒,子慎靓王姬定嗣位。　燕易王卒,子姬哙嗣位。　齐相田婴卒,子田文嗣位,是为孟尝君。	印度人旃陀罗笈多(又称月护王)起兵,据旁遮普,逐亚历山大所置官吏,建立帝国,称孔雀王朝(——前184)。(孔雀王朝当至公元前187年止。——编者注)

	年份	干支	国号王朝	及纪年
前四世纪八〇年代	320	辛丑	周慎靓王	元年
			鲁景公	二十六年
			秦惠王	五年
			宋康王	九年
			楚怀王	九年
			齐威王	三十九年
			魏惠王	后元十五年
			韩宣惠王	十三年
			赵武灵王	六年
			燕姬哙	元年
			卫嗣君	五年
	319	壬寅	周慎靓王	二年
			鲁景公	二十七年
			秦惠王	六年
			宋康王	十年
			楚怀王	十年
			齐宣王	元年
			魏惠王	后元十六年
			韩宣惠王	十四年
			赵武灵王	七年
			燕姬哙	二年
			卫嗣君	六年
	318	癸卯	周慎靓王	三年
			鲁景公	二十八年
			秦惠王	七年
			宋康王	十一年
			楚怀王	十一年
			齐宣王	二年
			魏襄王	元年
			韩宣惠王	十五年
			赵武灵王	八年
			燕姬哙	三年
			卫嗣君	七年

国内	国外
卫益微弱,不敢称侯,再自贬号称君。游说家孟轲见魏惠王魏罃,魏罃曰:“叟不远千里而来,亦将有以利吾国乎。”孟轲曰:“王何必曰利,亦有仁义而已矣。” 齐威王田因齐卒,子宣王田辟疆嗣位。	
秦攻韩,陷鄢陵(河南鄢陵)。 魏惠王魏罃卒,子襄王魏嗣嗣位。孟轲见魏嗣,出语人曰:“望之不似人君。”	
楚、魏、韩、赵、燕,五国联军攻秦,兵至函谷关,秦开关迎敌,五国联军惧不敢战,退走。 宋国君王宋偃宣布称王,建宋王国。 各国均地广兵强,混战日益惨烈。周、卫二国,皆弹丸之地,无人理睬。	

年份	干支	国号王朝及纪年	
317	甲辰	周慎靓王	四年
		鲁景公	二十九年
		秦惠王	八年
		宋康王	十二年
		楚怀王	十二年
		齐宣王	三年
		魏襄王	二年
		韩宣惠王	十六年
		赵武灵王	九年
		燕姬哙	四年
		卫嗣君	八年
316	乙巳	周慎靓王	五年
		鲁平公	元年
		秦惠王	九年
		宋康王	十三年
		楚怀王	十三年
		齐宣王	四年
		魏襄王	三年
		韩宣惠王	十七年
		赵武灵王	十年
		燕姬哙	五年
		卫嗣君	九年
315	丙午	周慎靓王	六年
		鲁平公	二年
		秦惠王	十年
		宋康王	十四年
		楚怀王	十四年
		齐宣王	五年
		魏襄王	四年
		韩宣惠王	十八年
		赵武灵王	十一年
		燕子之	元年
		卫嗣君	十年

国内	国外
秦败韩军于修鱼(河南原阳),斩首八万,复于观泽(河南清丰)掳韩大将魏叟、申差。诸国震恐。 齐大夫与苏秦争宠,不胜,乃刺杀苏秦。 魏相张仪返秦,复任秦相。 鲁景公姬偃卒,子平公姬旅嗣位。	
燕王姬哙让位于其相子之。 秦大夫司马错攻蜀国(四川成都),蜀王开明死,蜀亡。	
周慎靓王姬定卒,子赧王姬延嗣位。 赵国君主赵雍宣布称王,建赵王国。	马其顿摄政卡山德,逮亚历山大生母奥林匹亚斯,肢解处死。

年份	干支	国号王朝及纪年	
314	丁未	周赧王	元年
		鲁平公	三年
		秦惠王	十一年
		宋康王	十五年
		楚怀王	十五年
		齐宣王	六年
		魏襄王	五年
		韩宣惠王	十九年
		赵武灵王	十二年
		燕子之	二年
		卫嗣君	十一年
313	戊申	周赧王	二年
		鲁平公	四年
		秦惠王	十二年
		宋康王	十六年
		楚怀王	十六年
		齐宣王	七年
		魏襄王	六年
		韩宣惠王	二十年
		赵武灵王	十三年
		卫嗣君	十二年
312	己酉	周赧王	三年
		鲁平公	五年
		秦惠王	十三年
		宋康王	十七年
		楚怀王	十七年
		齐宣王	八年
		魏襄王	七年
		韩宣惠王	二十一年
		赵武灵王	十四年
		燕昭王	元年
		卫嗣君	十三年

国内	国外
秦攻韩,败韩军于岸门(山西河津),赵遣太子入秦为人质。　燕王子之即位三年,国内大乱,前王姬哙太子姬平起兵,构难数月,死数万人。齐宣王田辟疆遣元帅匡章,乘虚攻燕,杀子之,并杀姬哙,遂灭燕。　赵闻讯立燕公子姬职为燕王,遣大将乐池送之返国。秦封王子嬴通为蜀侯,命陈庄为相,时蛮戎尚强,秦移民万家于蜀。	
秦攻赵,陷蔺城(山西离石西),掳赵大将庄豹。秦相张仪访楚,说楚怀王芈槐与齐断绝邦交,许以割地六百里,既而仅割地六里,芈槐大怒发兵攻秦。	
秦迎击楚军,战于丹阳(河南淅江),楚大败,死八万人,秦掳楚大将屈匄,陷汉中郡。楚怀王芈槐悉发国内兵,再战于蓝田,又大败。自是楚衰。　燕人立太子姬平为君,是为昭王。驱齐军,复国。任用乐毅为亚卿,主持国政。　韩宣惠王卒,子襄王韩仓嗣位。	亚历山大帝国分裂,亚历山大部将塞琉西据波斯故土、美索不达米亚平原、土耳其东部诸地,称塞琉西王国(——前65)。

	年份	干支	国号王朝及纪年	
	311	庚戌	周赧王	四年
			鲁平公	六年
			秦惠王	十四年
			宋康王	十八年
			楚怀王	十八年
			齐宣王	九年
			魏襄王	八年
			韩襄王	元年
			赵武灵王	十五年
			燕昭王	二年
			卫嗣君	十四年
前四世纪九〇年代	310	辛亥	周赧王	五年
			鲁平公	七年
			秦武王	元年
			宋康王	十九年
			楚怀王	十九年
			齐宣王	十年
			魏襄王	九年
			韩襄王	二年
			赵武灵王	十六年
			燕昭王	三年
			卫嗣君	十五年
	309	壬子	周赧王	六年
			鲁平公	八年
			秦武王	二年
			宋康王	二十年
			楚怀王	二十年
			齐宣王	十一年
			魏襄王	十年
			韩襄王	三年
			赵武灵王	十七年
			燕昭王	四年
			卫嗣君	十六年

国内	国外
秦属蜀相陈庄叛,杀蜀侯嬴通。　秦相张仪以连横(联秦)游说楚、韩、齐、赵、燕五国,均听命。　秦惠王嬴驷卒,子武王嬴荡嗣位。	亚历山大寡后罗克桑娜与小亚历山大,被摄政卡山德遣人刺死,另一子赫邱利亦被杀。
魏复任张仪为相。　秦大夫甘茂诛蜀相陈庄。　秦武王嬴荡与魏襄王魏嗣,会于临晋(陕西大荔)。	

年份	干支	国号王朝及纪年	
308	癸丑	周赧王	七年
		鲁平公	九年
		秦武王	三年
		宋康王	二十一年
		楚怀王	二十一年
		齐宣王	十二年
		魏襄王	十一年
		韩襄王	四年
		赵武灵王	十八年
		燕昭王	五年
		卫嗣君	十七年
307	甲寅	周赧王	八年
		鲁平公	十年
		秦武王	四年
		宋康王	二十二年
		楚怀王	二十二年
		齐宣王	十三年
		魏襄王	十二年
		韩襄王	五年
		赵武灵王	十九年
		燕昭王	六年
		卫嗣君	十八年
306	乙卯	周赧王	九年
		鲁平公	十一年
		秦昭襄王	元年
		宋康王	二十三年
		楚怀王	二十三年
		齐宣王	十四年
		魏襄王	十三年
		韩襄王	六年
		赵武灵王	二十年
		燕昭王	七年
		卫嗣君	十九年

国内	国外
秦任樗里子嬴疾为左丞相,甘茂为右丞相。是为中国有丞相之始。甘茂攻韩,军行之前,与武王嬴荡先盟于息壤(高陵、河堤之谓),约定秦王不听谗言,不成功即不还军。秦封王子嬴辉为蜀侯。	
秦甘茂陷韩(河南)宜阳。　秦武王嬴荡赴洛阳,观周太庙,举鼎绝脉而死,弟昭襄王嬴稷嗣位。 　赵武灵王赵雍下令国人废弃中华人固有服装,改穿胡人服装,废弃军中笨重车辆,改为骑马,守旧势力哗然。	
秦右丞相甘茂惧谗,奔齐。　赵发兵拓境,北至宁葭(河北获鹿),西至榆中(内蒙东胜)。　楚、齐、韩三国再订合纵抗秦盟约。	亚历山大部将托勒密据埃及独立,称托勒密王国(——前31)。

年份	干支	国号王朝及纪年	
305	丙辰	周赧王	十年
		鲁平公	十二年
		秦昭襄王	二年
		宋康王	二十四年
		楚怀王	二十四年
		齐宣王	十五年
		魏襄王	十四年
		韩襄王	七年
		赵武灵王	二十一年
		燕昭王	八年
		卫嗣君	二十年
304	丁巳	周赧王	十一年
		鲁平公	十三年
		秦昭襄王	三年
		宋康王	二十五年
		楚怀王	二十五年
		齐宣王	十六年
		魏襄王	十五年
		韩襄王	八年
		赵武灵王	二十二年
		燕昭王	九年
		卫嗣君	二十一年
303	戊午	周赧王	十二年
		鲁平公	十四年
		秦昭襄王	四年
		宋康王	二十六年
		楚怀王	二十六年
		齐宣王	十七年
		魏襄王	十六年
		韩襄王	九年
		赵武灵王	二十三年
		燕昭王	十年
		卫嗣君	二十二年

国内	国外
赵攻中山国,中山割四邑求和。秦穰侯魏冉杀惠文后及诸王子。	
秦昭襄王嬴稷与楚怀王芈槐盟于黄棘(河南南阳)。秦将侵地上庸(湖北竹山)还楚。	
齐、魏、韩,三国以楚与秦盟,背叛合纵,联合攻楚。楚遣太子芈横入秦为人质,秦发兵救楚。秦攻魏救楚,陷蒲阪(山西永济西)、阳春(山西永济西南)、封陵(山西芮城风陵渡)。 秦再攻韩,陷武遂(山西垣曲)。	塞琉西王反攻旁遮普,印度孔雀王朝旃陀罗笈多王迎战,大败塞军,据塞王之女为妻。

年份	干支	国号王朝及纪年	
302	己未	周赧王	十三年
		鲁平公	十五年
		秦昭襄王	五年
		宋康王	二十七年
		楚怀王	二十七年
		齐宣王	十八年
		魏襄王	十七年
		韩襄王	十年
		赵武灵王	二十四年
		燕昭王	十一年
		卫嗣君	二十三年
301	庚申	周赧王	十四年
		鲁平公	十六年
		秦昭襄王	六年
		宋康王	二十八年
		楚怀王	二十八年
		齐宣王	十九年
		魏襄王	十八年
		韩襄王	十一年
		赵武灵王	二十五年
		燕昭王	十二年
		卫嗣君	二十四年

国内	国外
秦昭襄王嬴稷、魏襄王魏嗣、韩太子韩婴,会于临晋。秦以侵地蒲阪还魏,抗秦合纵盟约又瓦解。 楚太子芈横自秦逃归。	
秦、韩、魏、齐,四国攻楚,败楚军于重丘(河南泌阳),杀楚大将唐昧。秦蜀侯嬴辉被诬进毒,秦遣大夫司马错击杀之。 赵惠后卒。 齐宣王田辟疆卒,子王田地嗣位。 秦寻攻韩,占领穰城(河南邓州)。	

前三世纪

本世纪是一个更惨烈的混战世纪，各王国吞并结果，只剩下七国——齐、楚、燕、赵、韩、魏、秦。不久，被秦全部消灭。战国时代终。秦成为中国历史上第一个最强大的王朝。但内乱又起，项羽、刘邦两位草莽英雄火并。

本世纪末，刘邦的西汉王朝统一中国。

前三世纪
○○年代

年份	干支	国号王朝及纪年	
300	辛酉	周赧王	十五年
		鲁平公	十七年
		秦昭襄王	七年
		宋康王	二十九年
		楚怀王	二十九年
		齐湣王	元年
		魏襄王	十九年
		韩襄王	十二年
		赵武灵王	二十六年
		燕昭王	十三年
		卫嗣君	二十五年
299	壬戌	周赧王	十六年
		鲁平公	十八年
		秦昭襄王	八年
		宋康王	三十年
		楚怀王	三十年
		齐湣王	二年
		魏襄王	二十年
		韩襄王	十三年
		赵武灵王	二十七年
		燕昭王	十四年
		卫嗣君	二十六年
298	癸亥	周赧王	十七年
		鲁平公	十九年
		秦昭襄王	九年
		宋康王	三十一年
		楚顷襄王	元年
		齐湣王	三年
		魏襄王	二十一年
		韩襄王	十四年
		赵惠文王	元年
		燕昭王	十五年
		卫嗣君	二十七年

国内	国外
秦华阳君芈戎攻楚,斩首三万,杀楚大将景缺,陷襄城(河南襄城)。 楚遣太子芈横入齐为人质。 秦丞相樗里子嬴疾卒,楼缓继为丞相。	
秦昭襄王嬴稷邀楚怀王芈槐会盟武关(陕西商南),突劫芈槐至咸阳,强迫割巫郡(四川巫山)、黔中郡(湖南吉首)。芈槐怒拒,乃留不使返。楚迎立太子芈横嗣位,是为顷襄王。 楚大夫屈原以屡次向国王进谏,皆不见从,且被贬逐,悲愤之余,投汨罗江(湖南汨罗)自杀。 赵武灵王赵雍,传位于少子惠文王赵何,赵雍自称主父。 秦任齐孟尝君田文为秦相。	
秦昭襄王嬴稷信谗,欲杀田文,田文逃归齐。 秦军出武关攻楚,斩首五万,陷楚十六城。 赵惠文王赵何,封其弟赵胜为平原君。 哲学家公孙龙始创“白马非马”之说。	印度孔雀王朝旃陀罗笈多王卒(在位时间为前321 ——),子宾头沙罗(——前273)嗣位。

年份	干支	国号王朝及纪年	
297	甲子	周赧王	十八年
		鲁平公	二十年
		秦昭襄王	十年
		宋康王	三十二年
		楚顷襄王	二年
		齐湣王	四年
		魏襄王	二十二年
		韩襄王	十五年
		赵惠文王	二年
		燕昭王	十六年
		卫嗣君	二十八年
296	乙丑	周赧王	十九年
		鲁湣公	元年
		秦昭襄王	十一年
		宋康王	三十三年
		楚顷襄王	三年
		齐湣王	五年
		魏襄王	二十三年
		韩襄王	十六年
		赵惠文王	三年
		燕昭王	十七年
		卫嗣君	二十九年
295	丙寅	周赧王	二十年
		鲁湣公	二年
		秦昭襄王	十二年
		宋康王	三十四年
		楚顷襄王	四年
		齐湣王	六年
		魏昭王	元年
		韩釐王	元年
		赵惠文王	四年
		燕昭王	十八年
		卫嗣君	三十年

国内	国外
楚怀王芈槐自秦囚所逃走,秦军遮楚道搜捕,芈槐奔赵,赵不敢收容。将奔魏,秦兵追至逮获。 鲁平公姬旅卒,子湣公姬贾嗣位。	
楚怀王芈槐卒,秦归其尸。　魏襄王魏嗣卒,子昭王魏遬嗣位。　韩襄王韩仓逝世,子釐王韩咎嗣位。	
中山(河北定州)贵儒学,轻战士,赵主父赵雍袭而灭之,迁其王于肤施(陕西绥德),中山亡。 赵主父赵雍游沙丘(河北平乡),长子安阳君赵章起兵攻国君惠文王赵何,兵败被杀。公子赵成及司寇李兑惧后患,因围赵雍宫,赵雍饿死。　秦命穰侯魏冉为丞相。	

年份	干支	国号王朝及纪年	
294	丁卯	周赧王	二十一年
		鲁湣公	三年
		秦昭襄王	十三年
		宋康王	三十五年
		楚顷襄王	五年
		齐湣王	七年
		魏昭王	二年
		韩釐王	二年
		赵惠文王	五年
		燕昭王	十九年
		卫嗣君	三十一年
293	戊辰	周赧王	二十二年
		鲁湣公	四年
		秦昭襄王	十四年
		宋康王	三十六年
		楚顷襄王	六年
		齐湣王	八年
		魏昭王	三年
		韩釐王	三年
		赵惠文王	六年
		燕昭王	二十年
		卫嗣君	三十二年
292	己巳	周赧王	二十三年
		鲁湣公	五年
		秦昭襄王	十五年
		宋康王	三十七年
		楚顷襄王	七年
		齐湣王	九年
		魏昭王	四年
		韩釐王	四年
		赵惠文王	七年
		燕昭王	二十一年
		卫嗣君	三十三年

国内	国外
韩、魏攻秦,秦任白起为元帅,战于伊阙(河南洛阳南),大败二国联军,斩二十四万人,掳韩大将公孙喜。	

	年份	干支	国号王朝	纪年
	291	庚午	周赧王	二十四年
			鲁湣公	六年
			秦昭襄王	十六年
			宋康王	三十八年
			楚顷襄王	八年
			齐湣王	十年
			魏昭王	五年
			韩釐王	五年
			赵惠文王	八年
			燕昭王	二十二年
			卫嗣君	三十四年
前三世纪一〇年代	290	辛未	周赧王	二十五年
			鲁湣公	七年
			秦昭襄王	十七年
			宋康王	三十九年
			楚顷襄王	九年
			齐湣王	十一年
			魏昭王	六年
			韩釐王	六年
			赵惠文王	九年
			燕昭王	二十三年
			卫嗣君	三十五年
	289	壬申	周赧王	二十六年
			鲁湣公	八年
			秦昭襄王	十八年
			宋康王	四十年
			楚顷襄王	十年
			齐湣王	十二年
			魏昭王	七年
			韩釐王	七年
			赵惠文王	十年
			燕昭王	二十四年
			卫嗣君	三十六年

国内	国外
秦攻韩,陷宛城(河南南阳)。	
魏割河东地(山西)四百里、韩割武遂地(山西垣曲东南)二百里与秦。	萨谟奈战争终(前325——),萨谟奈部落溃,罗马共和国统一意大利半岛中部。
秦大良造白起、客卿司马错,率军攻魏,军至轵城(河南济源),陷大小六十一邑。 孟轲卒(前372——)。	

年份	干支	国号王朝及纪年	
288	癸酉	周赧王	二十七年
		鲁湣公	九年
		秦昭襄王	十九年
		宋康王	四十一年
		楚顷襄王	十一年
		齐湣王	十三年
		魏昭王	八年
		韩釐王	八年
		赵惠文王	十一年
		燕昭王	二十五年
		卫嗣君	三十七年
287	甲戌	周赧王	二十八年
		鲁湣公	十年
		秦昭襄王	二十年
		宋康王	四十二年
		楚顷襄王	十二年
		齐湣王	十四年
		魏昭王	九年
		韩釐王	九年
		赵惠文王	十二年
		燕昭王	二十六年
		卫嗣君	三十八年
286	乙亥	周赧王	二十九年
		鲁湣公	十一年
		秦昭襄王	二十一年
		宋康王	四十三年
		楚顷襄王	十三年
		齐湣王	十五年
		魏昭王	十年
		韩釐王	十年
		赵惠文王	十三年
		燕昭王	二十七年
		卫嗣君	三十九年

国内	国外
秦昭襄王嬴稷称西帝,遣使尊齐湣王田地称东帝。寻皆弃帝号,恢复称王。	
秦攻魏,陷新垣(山西垣曲)、曲阳(河南济源)。	
秦攻魏,魏割故都安邑(山西夏县)求和,秦尽驱安邑之民入魏,仅据其城。　齐攻宋,宋康王宋偃兵溃,被杀,宋亡,立国四十四年。	

年份	干支	国号王朝及纪年	
285	丙子	周赧王	三十年
		鲁湣公	十二年
		秦昭襄王	二十二年
		楚顷襄王	十四年
		齐湣王	十六年
		魏昭王	十一年
		韩釐王	十一年
		赵惠文王	十四年
		燕昭王	二十八年
		卫嗣君	四十年
284	丁丑	周赧王	三十一年
		鲁湣公	十三年
		秦昭襄王	二十三年
		楚顷襄王	十五年
		齐湣王	十七年
		魏昭王	十二年
		韩釐王	十二年
		赵惠文王	十五年
		燕昭王	二十九年
		卫嗣君	四十一年
283	戊寅	周赧王	三十二年
		鲁湣公	十四年
		秦昭襄王	二十四年
		楚顷襄王	十六年
		齐襄王	元年
		魏昭王	十三年
		韩釐王	十三年
		赵惠文王	十六年
		燕昭王	三十年
		卫嗣君	四十二年

国内	国外
秦、楚会于宛城(河南南阳)。 秦、赵会于中阳(山西中阳)。 秦大将蒙武攻齐,陷九城。	
燕上将乐毅会赵、秦、韩、魏,五国联军,大举攻齐,陷齐七十余城。仅余即墨(山东平度)、莒邑(山东莒县)二城不下,乐毅围即墨。齐湣王田地奔卫,奔邹,奔鲁,又奔莒。楚遣大将淖齿救齐,淖齿杀田地。 秦、魏、韩,会于周都洛阳。	
秦、赵二国会于穰城(河南邓州)。 秦攻魏,陷安城(河南原阳),前锋至魏都大梁而还。 齐人攻杀淖齿,立故王太子田法章,是为襄王。 秦昭襄王嬴稷向赵国索和氏璧,声称用十五城交换。赵遣舍人蔺相如执璧赴秦,见秦无诚意,完璧而归。 卫嗣君卒,子怀君嗣位。 乐毅围即墨一年。	

	年份	干支	国号王朝及纪年	
	282	己卯	周赧王	三十三年
			鲁湣公	十五年
			秦昭襄王	二十五年
			楚顷襄王	十七年
			齐襄王	二年
			魏昭王	十四年
			韩釐王	十四年
			赵惠文王	十七年
			燕昭王	三十一年
			卫怀君	元年
	281	庚辰	周赧王	三十四年
			鲁湣公	十六年
			秦昭襄王	二十六年
			楚顷襄王	十八年
			齐襄王	三年
			魏昭王	十五年
			韩釐王	十五年
			赵惠文王	十八年
			燕昭王	三十二年
			卫怀君	二年
前三世纪二〇年代	280	辛巳	周赧王	三十五年
			鲁湣公	十七年
			秦昭襄王	二十七年
			楚顷襄王	十九年
			齐襄王	四年
			魏昭王	十六年
			韩釐王	十六年
			赵惠文王	十九年
			燕昭王	三十三年
			卫怀君	三年

国内	国外
秦攻赵,陷两城。 乐毅围即墨二年。	
秦再攻赵,陷石城(河北石家庄)。 乐毅围即墨三年。	意大利南部,希腊殖民所建城邦林立,总称“大希腊”,互相攻伐不止。条立爱邀罗马共和国击他林敦,他林敦亦向希腊本土城邦伊庇鲁斯求救,伊王皮洛士渡海入援,战争持续七年(——前275)。
秦大将白起攻赵,斩首二万,陷代郡(河北蔚县)光狼城。 秦大将司马错攻楚,陷黔中(湖南吉首),楚割汉水以北及上庸地(湖北竹山)求和。 乐毅围即墨四年。	

年份	干支	国号王朝及纪年	
279	壬午	周赧王	三十六年
		鲁湣公	十八年
		秦昭襄王	二十八年
		楚顷襄王	二十年
		齐襄王	五年
		魏昭王	十七年
		韩釐王	十七年
		赵惠文王	二十年
		燕昭王	三十四年
		卫怀君	四年
278	癸未	周赧王	三十七年
		鲁湣公	十九年
		秦昭襄王	二十九年
		楚顷襄王	二十一年
		齐襄王	六年
		魏昭王	十八年
		韩釐王	十八年
		赵惠文王	二十一年
		燕惠王	元年
		卫怀君	五年
277	甲申	周赧王	三十八年
		鲁湣公	二十年
		秦昭襄王	三十年
		楚顷襄王	二十二年
		齐襄王	七年
		魏昭王	十九年
		韩釐王	十九年
		赵惠文王	二十二年
		燕惠王	二年
		卫怀君	六年

国内	国外
秦大将白起攻楚,陷鄢城(湖北宜城)、邓县(湖北襄樊)、西陵(湖北宜昌)。秦赵会于渑池(河南三门峡)。赵任蔺相如为相。乐毅围即墨五年。燕昭王姬平卒,子惠王姬乐资嗣位。即墨大夫田单施离间计,姬乐资果使骑劫代乐毅为将,乐毅奔赵。田单用火牛反攻,斩骑劫,大破燕军,尽复七十城,迎襄王田法章入临淄。　齐孟尝君田文卒,魏、齐二国乘其丧,共灭其食邑薛国(山东微山)。	
秦大将白起攻楚,陷其国都郢都(湖北江陵),烧其先王坟墓夷陵(湖北宜昌),楚兵溃散,不能复战,迁都陈丘(故陈国,河南淮阳)。	
秦于侵楚地置黔中郡(湖南吉首)。　魏昭王魏遫卒,子安釐王魏圉嗣位。	

年份	干支	国号王朝及纪年	
276	乙酉	周赧王	三十九年
		鲁湣公	二十一年
		秦昭襄王	三十一年
		楚顷襄王	二十三年
		齐襄王	八年
		魏安釐王	元年
		韩釐王	二十年
		赵惠文王	二十三年
		燕惠王	三年
		卫怀君	七年
275	丙戌	周赧王	四十年
		鲁湣公	二十二年
		秦昭襄王	三十二年
		楚顷襄王	二十四年
		齐襄王	九年
		魏安釐王	二年
		韩釐王	二十一年
		赵惠文王	二十四年
		燕惠王	四年
		卫怀君	八年
274	丁亥	周赧王	四十一年
		鲁湣公	二十三年
		秦昭襄王	三十三年
		楚顷襄王	二十五年
		齐襄王	十年
		魏安釐王	三年
		韩釐王	二十二年
		赵惠文王	二十五年
		燕惠王	五年
		卫怀君	九年

国内	国外
秦武安君白起攻魏,陷两城。楚顷襄王芈横收东地兵,得十余万,复西取江南十五邑。　魏安釐王魏圉封弟魏无忌为信陵君。	
魏割温城(河南温县)八城与秦。秦穰侯魏冉再攻魏,韩遣大将暴鸢救魏。魏冉大破韩援军,斩首四万,围大梁。	罗马共和国与伊庇鲁斯王皮洛士,屡战不利,乃与迦太基帝国结盟,联军反攻,皮洛士大败,遁回希腊,罗马悉并"大希腊"诸城邦,统一意大利半岛,迦太基取得西西里岛西半部(前281——)。
秦穰侯魏冉再攻魏,陷四城,斩首四万。　鲁湣公姬贾卒,子顷公姬雠嗣位。	

年份	干支	国号王朝及纪年	
273	戊子	周赧王	四十二年
		鲁顷公	元年
		秦昭襄王	三十四年
		楚顷襄王	二十六年
		齐襄王	十一年
		魏安釐王	四年
		韩釐王	二十三年
		赵惠文王	二十六年
		燕惠王	六年
		卫怀君	十年
272	己丑	周赧王	四十三年
		鲁顷公	二年
		秦昭襄王	三十五年
		楚顷襄王	二十七年
		齐襄王	十二年
		魏安釐王	五年
		韩桓惠王	元年
		赵惠文王	二十七年
		燕惠王	七年
		卫怀君	十一年
271	庚寅	周赧王	四十四年
		鲁顷公	三年
		秦昭襄王	三十六年
		楚顷襄王	二十八年
		齐襄王	十三年
		魏安釐王	六年
		韩桓惠王	二年
		赵惠文王	二十八年
		燕武成王	元年
		卫怀君	十二年

国内	国外
魏、赵联军攻韩华阳(河南新郑),秦救韩,败魏军于华阳城下,斩首十三万,魏割南阳(河南修武以西)于秦求和。秦又败赵军,沉赵兵二万于黄河。 韩釐王韩咎卒,子桓惠王嗣位。	印度孔雀王朝宾头沙罗王卒(前298——),子阿输加嗣位,中国称之为阿育王(——前232)。
燕惠王姬乐资卒,子武成王嗣位。	
赵相蔺相如攻齐,军至平邑(河南南乐)。	

	年份	干支	国号王朝及纪年	
前三世纪三〇年代	270	辛卯	周赧王	四十五年
			鲁顷公	四年
			秦昭襄王	三十七年
			楚顷襄王	二十九年
			齐襄王	十四年
			魏安釐王	七年
			韩桓惠王	三年
			赵惠文王	二十九年
			燕武成王	二年
			卫怀君	十三年
	269	壬辰	周赧王	四十六年
			鲁顷公	五年
			秦昭襄王	三十八年
			楚顷襄王	三十年
			齐襄王	十五年
			魏安釐王	八年
			韩桓惠王	四年
			赵惠文王	三十年
			燕武成王	三年
			卫怀君	十四年
	268	癸巳	周赧王	四十七年
			鲁顷公	六年
			秦昭襄王	三十九年
			楚顷襄王	三十一年
			齐襄王	十六年
			魏安釐王	九年
			韩桓惠王	五年
			赵惠文王	三十一年
			燕武成王	四年
			卫怀君	十五年

国内	国外
秦攻赵,围阏与(山西和顺),赵大将赵奢救之,大败秦军。 秦任魏国人范雎为客卿。	西西里岛希腊殖民地叙拉古王国发兵剿捕海盗,迦太基帝国助叙拉古,海盗向罗马共和国求援。
秦再攻赵阏与,不能胜。	罗马共和国铸造银币,世界以银为币自此始。
秦攻魏,陷怀城(河南武陟)。	

年份	干支	国号王朝及纪年	
267	甲午	周赧王	四十八年
		鲁顷公	七年
		秦昭襄王	四十年
		楚顷襄王	三十二年
		齐襄王	十七年
		魏安釐王	十年
		韩桓惠王	六年
		赵惠文王	三十二年
		燕武成王	五年
		卫怀君	十六年
266	乙未	周赧王	四十九年
		鲁顷公	八年
		秦昭襄王	四十一年
		楚顷襄王	三十三年
		齐襄王	十八年
		魏安釐王	十一年
		韩桓惠王	七年
		赵惠文王	三十三年
		燕武成王	六年
		卫怀君	十七年
265	丙申	周赧王	五十年
		鲁顷公	九年
		秦昭襄王	四十二年
		楚顷襄王	三十四年
		齐襄王	十九年
		魏安釐王	十二年
		韩桓惠王	八年
		赵孝成王	元年
		燕武成王	七年
		卫怀君	十八年

国内	国外
秦任范雎为丞相,封应侯,向魏索其仇家魏相魏齐,魏齐大恐,弃官奔赵,匿于平原君赵胜家。 赵惠文王赵何卒,子孝成王赵丹嗣位,任赵胜为相。	
秦攻赵,陷三城,赵左师触詟说太后遣少子长安君入齐为人质。齐遂发兵救赵,秦军始退。　齐安平君田单与赵联军攻燕,陷中人(山西中阳)。再攻韩,陷注人(河南汝州)。　齐襄王田法章卒,子田建嗣位,年少,国事皆决于其母王太后。	

年份	干支	国号王朝及纪年	
264	丁酉	周赧王	五十一年
		鲁顷公	十年
		秦昭襄王	四十三年
		楚顷襄王	三十五年
		齐田建	元年
		魏安釐王	十三年
		韩桓惠王	九年
		赵孝成王	二年
		燕武成王	八年
		卫怀君	十九年
263	戊戌	周赧王	五十二年
		鲁顷公	十一年
		秦昭襄王	四十四年
		楚考烈王	元年
		齐田建	二年
		魏安釐王	十四年
		韩桓惠王	十年
		赵孝成王	三年
		燕武成王	九年
		卫怀君	二十年
262	己亥	周赧王	五十三年
		鲁顷公	十二年
		秦昭襄王	四十五年
		楚考烈王	二年
		齐田建	三年
		魏安釐王	十五年
		韩桓惠王	十一年
		赵孝成王	四年
		燕武成王	十年
		卫怀君	二十一年

国内	国外
楚顷襄王芈横卒,子考烈王芈完嗣位,任黄歇为相,封春申君。	罗马共和国出兵助西西里海盗(前270),遂与迦太基帝国开战,战争持续二十四年(——前241)(第一次布匿战争)。
秦武安君白起攻韩,陷南阳(河南修武以西),绝太行山道。	印度孔雀王朝阿育王皈依佛教,屡颁诏书,制定人民生活规范,皆刻于岩石或柱竿之上,以使国人周知,史称"岩石诏书"、"柱竿诏书"。
秦大将白起攻韩,陷野王(河南沁阳)。韩上党(山西长子)与本国路断,上党守将冯亭不欲降秦,而率十七城降赵。	

	年份	干支	国号王朝及纪年	
	261	庚子	周赧王	五十四年
			鲁顷公	十三年
			秦昭襄王	四十六年
			楚考烈王	三年
			齐田建	四年
			魏安釐王	十六年
			韩桓惠王	十二年
			赵孝成王	五年
			燕武成王	十一年
			卫怀君	二十二年
前三世纪四〇年代	260	辛丑	周赧王	五十五年
			鲁顷公	十四年
			秦昭襄王	四十七年
			楚考烈王	四年
			齐田建	五年
			魏安釐王	十七年
			韩桓惠王	十三年
			赵孝成王	六年
			燕武成王	十二年
			卫怀君	二十三年
	259	壬寅	周赧王	五十六年
			鲁顷公	十五年
			秦昭襄王	四十八年
			楚考烈王	五年
			齐田建	六年
			魏安釐王	十八年
			韩桓惠王	十四年
			赵孝成王	七年
			燕武成王	十三年
			卫怀君	二十四年

国内	国外
秦左庶长王龁攻赵,陷上党,赵大将廉颇知不能战,严垒相峙,俟机进击。秦国深以为忧,乃用离间计扬言秦不惧廉颇,唯惧赵括。赵果命赵括代廉颇,秦人闻之,大喜如狂,密遣大将白起代王龁。赵军出击被截分为二,断粮四十六日,大溃。秦杀赵括,坑赵降卒四十万于长平(山西高平),赵举国大震。	
韩割垣雍城(河南原阳)、赵割六城于秦求和。秦昭襄王嬴稷代报范雎之仇,诱赵相平原君赵胜赴秦,然后囚之,索魏齐交换。魏齐由赵再奔魏,无人敢予收留,窘困自杀。 赵斩其首献秦相范雎,秦始释赵胜还。	印度孔雀王朝阿育王邀高僧四千余人于华氏城集会,确定佛教宗旨(佛教徒第三次大结集)。

年份	干支	国号王朝及纪年	
258	癸卯	周赧王	五十七年
		鲁顷公	十六年
		秦昭襄王	四十九年
		楚考烈王	六年
		齐田建	七年
		魏安釐王	十九年
		韩桓惠王	十五年
		赵孝成王	八年
		燕武成王	十四年
		卫怀君	二十五年
257	甲辰	周赧王	五十八年
		鲁顷公	十七年
		秦昭襄王	五十年
		楚考烈王	七年
		齐田建	八年
		魏安釐王	二十年
		韩桓惠王	十六年
		赵孝成王	九年
		燕孝王	元年
		卫怀君	二十六年
256	乙巳	周赧王	五十九年
		鲁顷公	十八年
		秦昭襄王	五十一年
		楚考烈王	八年
		齐田建	九年
		魏安釐王	二十一年
		韩桓惠王	十七年
		赵孝成王	十年
		燕孝王	二年
		卫怀君	二十七年

国内	国外
秦五大夫王陵攻赵都邯郸,不能克。遣王龁代之,仍不能克,乃长围邯郸,赵震恐,向各国乞援。 楚使大将黄歇救赵,魏使大将晋鄙救赵。秦昭襄王嬴稷遣使谓魏安釐王魏圉曰:"敢有参战者,吾移兵相加。"魏圉惧,命晋鄙屯兵邺城(河北临漳),不敢再进。 魏信陵君魏无忌计夺晋鄙军,引兵而前。 燕武成王卒,子孝王嗣位。	
秦命武安君白起代王龁为帅,白起以赵尚不可破,且身又有疾,辞不肯行。秦昭襄王嬴稷谓其心中有恨意,乃杀白起。 魏信陵君魏无忌大败秦军于邯郸城下。 秦太子嬴柱之子嬴异人质于赵,赵商人吕不韦助以资财,共逃归秦,嬴异人改名嬴楚。	
秦大将嬴摎攻韩,陷阳城(河南登封),斩首四万。攻赵,陷二十余县,斩杀及俘虏九万。周赧王姬延大恐,与燕、楚密谋联合各国,再缔合纵盟约攻秦。秦即起兵攻周,掳姬延入秦,既而释归。姬延寻卒,周亡,立国八百七十九年。	

年份	干支	国号王朝及纪年	
255	丙午	鲁顷公	十九年
		秦昭襄王	五十二年
		楚考烈王	九年
		齐田建	十年
		魏安釐王	二十二年
		韩桓惠王	十八年
		赵孝成王	十一年
		燕孝王	三年
		卫怀君	二十八年
254	丁未	鲁顷公	二十年
		秦昭襄王	五十三年
		楚考烈王	十年
		齐田建	十一年
		魏安釐王	二十三年
		韩桓惠王	十九年
		赵孝成王	十二年
		燕姬喜	元年
		卫怀君	二十九年
253	戊申	鲁顷公	二十一年
		秦昭襄王	五十四年
		楚考烈王	十一年
		齐田建	十二年
		魏安釐王	二十四年
		韩桓惠王	二十年
		赵孝成王	十三年
		燕姬喜	二年
		卫怀君	三十年

国内	国外
秦应侯范雎辞相。蔡泽继任相国,数月亦免。 楚任荀况为兰陵县(山东苍山)令。 秦迁西周文公姬咎于悉狐聚(河南汝州西北),西周亡。 楚迁鲁顷公姬雠于莒城(山东莒县),尽取鲁地,鲁仅余此一城。 燕孝王卒,子姬喜嗣位。	
秦攻魏,陷吴城(山西平陆)。魏屈服,降为秦之属国。 韩桓惠王赴秦朝觐。	

	年份	干支	国号王朝及纪年	
	252	己酉	鲁顷公	二十二年
			秦昭襄王	五十五年
			楚考烈王	十二年
			齐田建	十三年
			魏安釐王	二十五年
			韩桓惠王	二十一年
			赵孝成王	十四年
			燕姬喜	三年
			卫怀君	三十一年
	251	庚戌	鲁顷公	二十三年
			秦昭襄王	五十六年
			楚考烈王	十三年
			齐田建	十四年
			魏安釐王	二十六年
			韩桓惠王	二十二年
			赵孝成王	十五年
			燕姬喜	四年
			卫元君	元年
前三世纪	250	辛亥	鲁顷公	二十四年
五〇年代			秦孝文王	元年
			楚考烈王	十四年
			齐田建	十五年
			魏安釐王	二十七年
			韩桓惠王	二十三年
			赵孝成王	十六年
			燕姬喜	五年
			卫元君	二年

国内	国外
卫怀君赴魏朝觐,魏执而杀之,立其弟元君。	
秦昭襄王嬴稷卒,子孝文王嬴柱嗣位。 燕王姬喜使大夫栗腹赴赵签订友好条约,栗腹返,力言赵国衰弱空虚,可一举灭之,乃发兵攻赵,战于宋子(河北赵县),燕军大败,栗腹被杀。 赵平原君赵胜卒。	
秦孝文王嬴柱卒,子庄襄王嬴异人嗣位。 燕攻齐,陷聊城(山东聊城)。	波斯湾北岸帕尔尼部落酋长阿萨息斯起兵叛塞琉西王国(因国都在叙利亚,世又称为叙利亚王国),尽逐塞军,于故波斯地建安息王国(——后226)。(一说安息王国建于前247年。——编者注)

年份	干支	国号王朝及纪年	
249	壬子	鲁顷公	二十五年
		秦庄襄王	元年
		楚考烈王	十五年
		齐田建	十六年
		魏安釐王	二十八年
		韩桓惠王	二十四年
		赵孝成王	十七年
		燕姬喜	六年
		卫元君	三年
248	癸丑	秦庄襄王	二年
		楚考烈王	十六年
		齐田建	十七年
		魏安釐王	二十九年
		韩桓惠王	二十五年
		赵孝成王	十八年
		燕姬喜	七年
		卫元君	四年
247	甲寅	秦庄襄王	三年
		楚考烈王	十七年
		齐田建	十八年
		魏安釐王	三十年
		韩桓惠王	二十六年
		赵孝成王	十九年
		燕姬喜	八年
		卫元君	五年
246	乙卯	秦始皇	元年
		楚考烈王	十八年
		齐田建	十九年
		魏安釐王	三十一年
		韩桓惠王	二十七年
		赵孝成王	二十年
		燕姬喜	九年
		卫元君	六年

国内	国外
秦任吕不韦为相国,封文信侯。　东周君与诸侯密谋攻秦,秦发兵灭之,迁东周君于阳人聚(河南汝州西北),东周亡。　秦大将蒙骜攻韩,陷成皋(河南荥阳西北),置三川郡。　楚迁鲁顷公姬雠于下县(山东泗水)为民,鲁亡。	
秦大将蒙骜攻赵,陷榆次(山西榆次)、狼孟(山西阳曲)等三十七城。　楚于吴国故都姑苏(江苏苏州)故墟筑城,做为陪都。	
秦大将王龁攻赵,尽陷上党(山西长子)诸城,置太原郡。　秦大将蒙骜攻魏,陷高都(山西晋城)、汲县(河南卫辉)。　魏信陵君魏无忌率五国联军,败秦军于河外(黄河以南),追至函谷关而还。秦用万金离间,魏安釐王魏圉果夺魏无忌兵权。魏国顿衰,不能再振。秦庄襄王嬴异人卒,子始皇帝嬴政嗣位,年十三,国事皆决于文信侯吕不韦。	
秦用韩国水工郑国凿泾水,筑渠三百里,从此秦益富强。	

年份	干支	国号王朝及纪年	
245	丙辰	秦始皇	二年
		楚考烈王	十九年
		齐田建	二十年
		魏安鳌王	三十二年
		韩桓惠王	二十八年
		赵孝成王	二十一年
		燕姬喜	十年
		卫元君	七年
244	丁巳	秦始皇	三年
		楚考烈王	二十年
		齐田建	二十一年
		魏安鳌王	三十三年
		韩桓惠王	二十九年
		赵悼襄王	元年
		燕姬喜	十一年
		卫元君	八年
243	戊午	秦始皇	四年
		楚考烈王	二十一年
		齐田建	二十二年
		魏安鳌王	三十四年
		韩桓惠王	三十年
		赵悼襄王	二年
		燕姬喜	十二年
		卫元君	九年
242	己未	秦始皇	五年
		楚考烈王	二十二年
		齐田建	二十三年
		魏景湣王	元年
		韩桓惠王	三十一年
		赵悼襄王	三年
		燕姬喜	十三年
		卫元君	十年

国内	国外
赵孝成王赵丹,任廉颇代理相国,赵丹寻卒,子悼襄王赵偃嗣位,使乐乘代廉颇。廉颇奔魏,楚使人邀之,任为大将,后卒于楚。	
秦大饥。 秦大将蒙骜攻韩,陷十二城。 赵任李牧为大将,攻燕,陷武遂(河北徐水),方城(河北固安)。 匈奴统一长城以北诸民族,其势渐大。	
秦大将蒙骜攻魏,陷畼城、有诡。 秦蝗疫,令百姓纳粟千石,拜爵一级。中国卖官制度自此始。 魏安釐王魏圉卒,子景湣王魏增嗣位。	
秦大将蒙骜攻魏,陷酸枣(河南延津)、山阳(河南焦作)等三十城。诸国患秦益深。 燕乘赵国疲惫,数惨败于秦,廉颇又出奔,乃遣大将剧辛攻赵。赵大将庞暖拒之,斩剧辛,俘燕军二军。	

	年份	干支	国号王朝及纪年	
	241	庚申	秦始皇	六年
			楚考烈王	二十三年
			齐田建	二十四年
			魏景湣王	二年
			韩桓惠王	三十二年
			赵悼襄王	四年
			燕姬喜	十四年
			卫元君	十一年
前三世纪	240	辛酉	秦始皇	七年
六〇年代			楚考烈王	二十四年
			齐田建	二十五年
			魏景湣王	三年
			韩桓惠王	三十三年
			赵悼襄王	五年
			燕姬喜	十五年
			卫元君	十二年
	239	壬戌	秦始皇	八年
			楚考烈王	二十五年
			齐田建	二十六年
			魏景湣王	四年
			韩桓惠王	三十四年
			赵悼襄王	六年
			燕姬喜	十六年
			卫元君	十三年
	238	癸亥	秦始皇	九年
			楚考烈王	二十六年
			齐田建	二十七年
			魏景湣王	五年
			韩韩安	元年
			赵悼襄王	七年
			燕姬喜	十七年
			卫元君	十四年

国内	国外
楚、赵、魏、韩、卫,再结合纵盟约,五国联军攻秦,楚考烈王芈完担任纵约长,春申君黄歇用事,代理统军,军至函谷关,秦开关出兵,联军不敢战而走。自此秦益为诸国所畏。　楚自巨阳(安徽太和)迁都寿春(安徽寿县)。　秦攻魏,陷朝歌(河南淇县)。　卫国君主元君率其宗室迁居野王(河南沁阳),只此一小城,苟延残喘。	第一次布匿战争终(前264——),二十四年战争中,罗马共和国沉舰七百艘,士卒死二十万,迦太基帝国损失更重,乞和,赔偿战费黄金三千二百泰伦,割西西里岛与罗马。
秦攻魏,陷汲县(河南卫辉)。　秦相吕不韦著《吕氏春秋》问世。	
韩桓惠王卒,子韩安嗣位。	罗马占领撒丁岛及科西嘉岛。
秦攻魏,陷垣县(山西垣曲)、蒲县(河南长垣)。　秦太后姘夫长信侯嫪毐作乱,屠三族。　楚考烈王芈完后李氏之兄李园,杀春申君黄歇。芈完寻卒,子幽王芈悍嗣位。	

年份	干支	国号王朝及纪年	
237	甲子	秦始皇	十年
		楚幽王	元年
		齐田建	二十八年
		魏景湣王	六年
		韩韩安	二年
		赵悼襄王	八年
		燕姬喜	十八年
		卫元君	十五年
236	乙丑	秦始皇	十一年
		楚幽王	二年
		齐田建	二十九年
		魏景湣王	七年
		韩韩安	三年
		赵悼襄王	九年
		燕姬喜	十九年
		卫元君	十六年
235	丙寅	秦始皇	十二年
		楚幽王	三年
		齐田建	三十年
		魏景湣王	八年
		韩韩安	四年
		赵幽缪王	元年
		燕姬喜	二十年
		卫元君	十七年
234	丁卯	秦始皇	十三年
		楚幽王	四年
		齐田建	三十一年
		魏景湣王	九年
		韩韩安	五年
		赵幽缪王	二年
		燕姬喜	二十一年
		卫元君	十八年

国内	国外
秦文信侯吕不韦免相。　秦下逐客令,客卿李斯上书言客不负于秦,秦即将逐客令取消。　秦用李斯议,遣间谍携大量金玉,以离间诸国君臣。	
赵攻燕,陷渔阳(北京怀柔)。　秦乘机攻赵,大将王翦陷阏与(山西和顺);桓龄陷安阳(河南安阳)。　赵悼襄王赵偃卒,子幽缪王赵迁嗣位。	迦太基占领西班牙。
秦文信侯吕不韦为秦王嬴政逼迫,自杀。	
秦大将桓龄攻赵,战于平阳(河北临漳西南),杀赵大将扈辄,斩首十万。赵命李牧为大将反攻,复战于宜安(河北藁城西南)肥城(藁城),大败秦军,桓龄奔还。赵封李牧为武安君。	

	年份	干支	国号王朝及纪年	
	233	戊辰	秦始皇	十四年
			楚幽王	五年
			齐田建	三十二年
			魏景湣王	十年
			韩韩安	六年
			赵幽缪王	三年
			燕姬喜	二十二年
			卫元君	十九年
	232	己巳	秦始皇	十五年
			楚幽王	六年
			齐田建	三十三年
			魏景湣王	十一年
			韩韩安	七年
			赵幽缪王	四年
			燕姬喜	二十三年
			卫元君	二十年
	231	庚午	秦始皇	十六年
			楚幽王	七年
			齐田建	三十四年
			魏景湣王	十二年
			韩韩安	八年
			赵幽缪王	五年
			燕姬喜	二十四年
			卫元君	二十一年
前三世纪七〇年代	230	辛未	秦始皇	十七年
			楚幽王	八年
			齐田建	三十五年
			魏景湣王	十三年
			韩韩安	九年
			赵幽缪王	六年
			燕姬喜	二十五年
			卫元君	二十二年

国内	国外
秦大将桓龄再攻赵,陷宜安、平阳、武城(河南临漳西南)。秦王嬴政读韩公子韩非书,至为钦敬,慕作者之人,向韩邀韩非入见,李斯谮其终不忠于秦国,嬴政遂杀韩非。	
秦大举攻赵,南路军扑邺城(河北临漳),北路军扑太原(山西太原),连陷狼孟(山西阳曲)、番吾(河北磁县北),忽遇赵大将李牧,秦不敢战,即行撤退。	印度孔雀王朝阿育王卒(前273——,在位四十二年),二孙各据一方,帝国纷乱不止。
韩割南阳(河南修武以西)与秦。	
秦攻韩,掳韩王韩安,收韩国故疆置颍川郡,韩亡,立国一百零四年。 卫元君卒,子卫角嗣位。	

年份	干支	国号王朝及纪年	
229	壬申	秦始皇	十八年
		楚幽王	九年
		齐田建	三十六年
		魏景湣王	十四年
		赵幽缪王	七年
		燕姬喜	二十六年
		卫卫角	元年
228	癸酉	秦始皇	十九年
		楚幽王	十年
		齐田建	三十七年
		魏景湣王	十五年
		赵幽缪王	八年
		燕姬喜	二十七年
		卫卫角	二年
227	甲戌	秦始皇	二十年
		楚负刍	元年
		齐田建	三十八年
		魏魏假	元年
		赵代王	元年
		燕姬喜	二十八年
		卫卫角	三年
226	乙亥	秦始皇	二十一年
		楚负刍	二年
		齐田建	三十九年
		魏魏假	二年
		赵代王	二年
		燕姬喜	二十九年
		卫卫角	四年

国内	国外
秦大将杨端和、王翦,合军攻赵,赵大将李牧迎战。秦甚患李牧,乃用巨金贿赵嬖臣郭开,郭开乃谮于赵幽缪王赵迁,诬李牧谋反,赵迁遂杀李牧。	
秦闻李牧死,大喜,即遣大将王翦攻赵,陷赵都邯郸,掳赵幽缪王赵迁。赵迁兄赵嘉奔代郡(河北蔚县),称代王,赵故臣稍集。魏景湣王魏增卒,子魏假嗣位。　楚幽王芈悍卒,弟哀王芈郝嗣位,其兄芈负刍杀之,自立。	雅典脱离马其顿控制,与罗马结盟。
燕太子姬丹怨秦,遣刺客荆轲刺秦王嬴政,不中,荆轲被杀。嬴政命大将王翦率军攻燕,燕、赵联军迎战于易水,大败。	
秦将军王翦陷燕都蓟城(北京),燕王姬喜奔辽东(辽宁辽阳),杀太子姬丹求和,秦不许。　秦大将王贲攻楚,陷十余城。秦王嬴政问灭楚用几何人方可,大将李信曰:“不过二十万。”王翦曰:“必六十万。”嬴政讥王翦年老胆怯。	

年份	干支	国号王朝及纪年	
225	丙子	秦始皇	二十二年
		楚负刍	三年
		齐田建	四十年
		魏魏假	三年
		赵代王	三年
		燕姬喜	三十年
		卫卫角	五年
224	丁丑	秦始皇	二十三年
		楚负刍	四年
		齐田建	四十一年
		赵代王	四年
		燕姬喜	三十一年
		卫卫角	六年
223	戊寅	秦始皇	二十四年
		楚负刍	五年
		齐田建	四十二年
		赵代王	五年
		燕姬喜	三十二年
		卫卫角	七年
222	己卯	秦始皇	二十五年
		齐田建	四十三年
		赵代王	六年
		燕姬喜	三十三年
		卫卫角	八年
221	庚辰	秦始皇	二十六年
		齐田建	四十四年
		卫卫角	九年

国内	国外
秦大将王贲攻魏,引水灌魏都大梁(河南开封),魏王魏假降,秦即杀之,魏亡,立国一百四十五年。　秦大将李信、蒙恬攻楚,秦军势如破竹,然楚军尾随之,三日三夜不得息,秦军大败。秦乃改遣王翦率兵六十万再攻楚。	罗马征服高卢(今法国)。
秦大将王翦大破楚军,斩楚元帅项燕。	
秦大将王翦掳楚王芈负刍,楚亡,立国五百一十九年。秦收楚国故疆置楚郡。	
秦大将王贲攻辽东,掳燕王姬喜,燕亡,立国一百一十一年。　王贲复攻代郡,掳代王赵嘉,赵亡,立国一百零五年。　秦大将王翦军续进,降服群蛮,置会稽郡(江苏苏州)。	
秦大将王贲自燕、代回军,闪电攻齐,齐王田建降,齐亡,立国一百三十九年。秦迁田建于共县(河南辉县),饿死。卫仅据一城,卫君如一县令,臣服于秦,秦政府统一中国。　战国时代终(前480——,共二百六十年)。秦王嬴政称始皇帝,除谥法,废封建,收兵器,分全国为三十六郡,并以秦历为国历(十月为岁首)。	迦太基任命汉尼拔为西班牙总督。

	年份	干支	国号王朝及纪年	
前三世纪 八〇年代	220	辛巳	秦始皇	二十七年
	219	壬午	秦始皇	二十八年
	218	癸未	秦始皇	二十九年
	217	甲申	秦始皇	三十年
	216	乙酉	秦始皇	三十一年
	215	丙戌	秦始皇	三十二年

国内	国外
(卫卫角十年) 全国遍筑驰道。	
(卫卫角十一年) 秦始皇帝嬴政出游河南境郡县。遣徐福及童男女数千人入海求不死药,徐福一去不返。	汉尼拔灭伊比利安半岛(今西班牙)萨贡图姆王国,罗马共和国与萨国同盟,乃命迦太基交出祸首,迦太基拒绝,罗马遂宣战。汉尼拔决意将战争带入罗马共和国本土,乃由伊比利安半岛东进,越阿尔卑斯山,所至皆捷,战争持续十九年(——前201)(第二次布匿战争)。
(卫卫角十二年) 嬴政出游,至阳武博浪沙(河南阳原境),故韩国遗民张良令力士操大铁锥狙击,误中副车。秦政府大索天下三日,不得凶手。	
(卫卫角十三年)	
(卫卫角十四年)	罗马大将费比乌斯迎击汉尼拔,会战坎尼,罗马军团大败,士卒七万人,生还者仅三千人,余皆战死。
(卫卫角十五年) 嬴政北巡至碣石(河北昌黎)。将军蒙恬率军三十万,北攻匈奴。	

前三世纪
九〇年代

年份	干支	国号王朝及纪年
214	丁亥	秦始皇 三十三年
213	戊子	秦始皇 三十四年
212	己丑	秦始皇 三十五年
211	庚寅	秦始皇 三十六年
210	辛卯	秦始皇 三十七年
209	壬辰	秦二世 元年

国内	国外
(卫卫角十六年) 略取陆梁地(广东、广西),置南海(广州)、桂林(广西凌云)、象郡(广西崇左)。大将蒙恬取匈奴黄河以南地(河套南)置四十四县,修长城。 任李斯为丞相。	
(卫卫角十七年) 嬴政下令烧诗书百家语,互语诗书者斩,借古非今者族诛。	
(卫卫角十八年) 在骊山(陕西临潼东南)之下筑阿房宫。　在咸阳坑杀儒生四百六十人。	罗马攻陷叙拉古城。杀物理学家阿基米得。
(卫卫角十九年)	
(卫卫角二十年) 秦始皇帝嬴政卒,少子二世皇帝嬴胡亥嗣位,杀其兄嬴扶苏及大将蒙恬。	
(张楚王陈胜元年)(赵王武臣元年)(齐王田儋元年)(燕王韩广元年)(魏王魏咎元年)(沛公刘邦元年)(卫卫角二十一年) 秦废卫君卫角为民,卫亡。秦二世帝嬴胡亥周游全国,既返咸阳,信任宦官赵高,更肆凶虐,杀王子十二人,车裂公主十人。　渔阳(北京密云)戍卒陈胜、吴广起兵反,入据陈县(河南淮阳),陈胜称张楚王,封吴广为假王,使监诸将,西攻荥阳。天下大乱,群雄纷起响应。张楚王大将武臣称赵王(河北邯郸),任张耳为右丞相。沛县人刘邦起兵于沛县,称沛公。　下相(安徽淮北)人项梁起兵于吴县(江苏苏州)。　狄县(山东高青)人田儋起兵于古齐境,称齐王。　赵将韩广称燕王(北京)。故魏王子魏咎称魏王(河南开封),任周市为相。	

年份	干支	国号王朝及纪年
208	癸巳	秦二世 二年
207	甲午	秦二世 三年

国内	国外
(张楚王陈胜二年·景驹元年·怀王芈心元年)(赵王武臣二年·赵歇元年)(齐王田儋二年·田假、田市元年)(燕王韩广二年)(魏王魏咎二年·魏豹元年)(韩王韩成元年)(沛公刘邦二年)秦二世帝嬴胡亥诬杀丞相李斯,任赵高为丞相。 赵将李良杀其君赵王武臣,赵相张耳立赵歇为赵王。 张楚王陈胜为车夫所杀,景驹称张楚王,项梁击杀景驹,立故楚怀王芈槐孙芈心为楚怀王,建都(江苏)盱眙。秦大将章邯攻楚,斩项梁。芈心迁都彭城,封项梁侄项羽为武安侯,任刘邦为砀郡(河南商丘)长,遣刘邦西攻秦本土关中(陕西中部)。 秦大将章邯攻齐,杀齐王田儋。攻魏,魏王魏咎自焚。继大举攻赵,围赵都巨鹿(河北平乡)。	
(楚怀王芈心二年)(赵王赵歇元年)(齐王田市二年)(燕王韩广三年)(魏王魏豹二年)(韩王韩成二年)(沛公刘邦三年) 楚怀王芈心遣卿子冠军宋义救赵,兵至安阳不进。武安侯项羽杀宋义,大破秦军,巨鹿围解,诸侯震惧,皆服项羽。项羽再攻秦军于污水(河北磁县西),秦军复败,章邯降楚。 沛公刘邦西攻,陷颍川(河南禹州),屠城。陷南阳,陷武关,再屠城。秦丞相赵高杀二世帝嬴胡亥,去帝号,改称秦王,立嬴婴为秦王。嬴婴寻杀赵高,灭其族。	

年份	干支	国号王朝及纪年	
206	乙未	秦嬴婴	元年
		西楚霸王	元年
		西汉高祖	元年
205	丙申	西楚霸王	二年
		西汉高祖	二年
204	丁酉	西楚霸王	三年
		西汉高祖	三年
203	戊戌	西楚霸王	四年
		西汉高祖	四年

国内	国外
(楚义帝芈心三年)(赵王赵歇三年)(齐王田市三年·田荣元年)(燕王韩广四年)(魏王魏豹三年)(韩王韩成三年·郑昌元年) 沛公刘邦军至灞上(陕西西安),秦王嬴婴降,秦亡,立国一百三十三年。项羽于新安坑秦降卒二十余万,入咸阳,烧阿房宫。称楚霸王,史称西楚。尊怀王芈心为义帝,命其迁都郴县(湖南郴州)。封刘邦为汉王,建都南郑(陕西汉中)。项羽建都彭城(江苏徐州)。杀韩王韩成。　齐相田荣杀齐王田福,自立。刘邦任韩信为大将,叛西楚。	汉尼拔之弟哈斯多路拔在北意大利溃败。
(楚义帝芈心四年)(赵王赵歇四年)(齐王田荣二年·田广元年)(魏王魏豹四年) 西楚霸王项羽命九江王英布于中途截杀义帝芈心。西楚攻齐,齐王田荣为民所杀,田广嗣位。汉王刘邦大举东攻,陷楚都彭城,项羽自齐回军反攻,汉军大败,死十余万人,至睢水,又死十余万人,刘邦奔荥阳。任韩信为左丞相,韩信破魏,掳魏王魏豹。	
(赵王赵歇五年)(齐王田广二年) 汉丞相韩信大破赵军,杀赵王赵歇。西楚亚父范增卒。　西楚攻汉,连陷荥阳、成皋(河南荥阳西北)。	
(齐王田广三年·田横元年) 韩信攻齐,西楚救齐,战于潍水,西楚军大败。韩信杀西楚大将龙且,掳齐王田广。汉封韩信为齐王。项羽与刘邦中分天下,以鸿沟(河南开封西)为界,项羽退军。	

年份	干支	国号王朝及纪年	
202	己亥	西楚霸王	五年
		西汉高祖	五年
201	庚子	西汉高祖	六年

国内	国外
(齐王田横二年) 刘邦叛鸿沟之盟,越界追击项羽,战于垓下(安徽灵璧),项羽自杀,西楚亡,立国五年。 刘邦称皇帝,是为高祖,建汉王朝,史称“西汉”,中国再归统一。 燕王臧荼叛,刘邦掳臧荼。封卢绾为燕王。西汉建都洛阳,纳娄敬议,迁都长安(陕西西安)。	汉尼拔转战罗马共和国境内十八年,战无不胜,然补给断绝,乃退回迦太基。罗马大将西庇阿渡地中海,深入迦太基追击,汉尼拔组新军迎战,会战扎马,汉尼拔首次大败。
刘邦伪游云梦(湖北安陆南),诱捕楚王韩信,执归长安,贬为淮阴侯。匈奴太子冒顿射杀其父头曼单于,自立。灭东胡(内蒙西辽河上游)。韩王韩信叛,降匈奴。	第二次布匿战争终(前219——),迦太基乞和,赔偿战费黄金一万泰伦,交出全部军舰,割伊比利安半岛属地与罗马。

前二世纪

西汉王朝使中原复苏，而北方民族之一匈奴汗国崛起，为抵御匈奴的南下侵略，西汉发动不少次数防御性的攻击战争。

本世纪六〇年代，西汉政府定儒家思想为唯一正统思想。影响直到公元后二十世纪，凡两千一百年之久，而且继续在影响中。

前二世纪
○○年代

年份	干支	国号王朝及纪年
200	辛丑	西汉高祖 七年
199	壬寅	西汉高祖 八年
198	癸卯	西汉高祖 九年
197	甲辰	西汉高祖 十年
196	乙巳	西汉高祖 十一年
195	丙午	西汉高祖 十二年

国内	国外
刘邦攻韩王韩信,韩信兵败,逃入匈奴。刘邦乘胜追击,匈奴围之于白登(山西大同),用陈平密计,始解围生还。长乐宫成,儒生叔孙通制朝仪,威严繁琐,群臣震恐。刘邦大悦,赐叔孙通黄金五百斤。叔孙通悉散于其生徒,皆赞曰:“叔孙通真圣人也。”	罗马共和国颁布法律,禁参议员及其子女经商。
汉政府令商人不得衣锦,不得骑马。	
迁齐楚昭氏、屈氏、景氏、怀氏、田氏五大宗族,及豪族十余万于关中(陕西中部)。	
阳夏侯陈豨据代郡(河北蔚县)叛。	马其顿王腓力五世慕亚历山大之功业,图霸希腊,不断攻掠诸城邦,并远侵托勒密王国(埃及),诸邦国纷向罗马共和国求援,罗马军团遂攻马其顿,西诺塞法拉一役,马其顿军溃乞和。
刘邦攻陈豨,斩之。 皇后吕雉杀淮阴侯韩信,屠三族。 刘邦诬梁王彭城谋反,杀之,剁为肉酱。 封赵佗为南越王。 淮南王英布叛。	罗马共和国于希腊境依斯米举办竞技大会,宣布诸城邦完全脱离马其顿统治,皆为自由国家,宣布后即引军还。
刘邦攻英布,斩之。刘邦寻卒,子惠帝刘盈嗣位。燕王卢绾叛,逃入匈奴。皇太后吕雉囚戚夫人,尽剃其发,使戴刑具舂米。	

	年份	干支	国号王朝及纪年	
	194	丁未	西汉惠帝	元年
	193	戊申	西汉惠帝	二年
	192	己酉	西汉惠帝	三年
	191	庚戌	西汉惠帝	四年
前二世纪一〇年代	190	辛亥	西汉惠帝	五年
	189	壬子	西汉惠帝	六年
	188	癸丑	西汉惠帝	七年
	187	甲寅	西汉少帝	元年
	186	乙卯	西汉少帝	二年
	185	丙辰	西汉少帝	三年

国内	国外
吕雉杀戚夫人子赵王刘如意,并断戚夫人手足,剜眼,凿聋双耳,饮哑药,置厕中,名曰"人彘"。	中国人卫满,率部攻朝鲜,灭箕氏王朝,建卫氏王朝,都王险(朝鲜平壤)。时半岛南部,另有辰部落(后析为三国:辰韩、弁韩、马韩,时称"三韩")。
大旱。 相国萧何卒。	
匈奴冒顿单于致函汉政府,扬言娶吕雉为妻。吕雉无奈,以宗女嫁之。 汉政府发男女十四万人筑长安城。	
汉惠帝刘盈娶甥女张嫣为后。	塞琉西王安泰奥卡斯统军西攻,侵入希腊境,罗马共和国迎击,战于德磨比利(温泉关),塞军大败。
大旱。 汉政府发男女十四万五千人筑长安城。	罗马共和国大将西庇阿阿夫立揆斯统军追击,深入小亚细亚塞琉西王国,塞王大败,乞和,赔偿战费,割托罗斯山以北与罗马。
留侯张良卒。	
汉惠帝刘盈卒,子刘恭嗣位,是为前少帝。太皇太后吕雉临朝听政。	
废秦诛三族罪及诽谤妖言令。 吕雉封吕氏昆弟为王。	
发行八铢钱。	

	年份	干支	国号王朝及纪年	
	184	丁巳	西汉少帝	四年
	183	戊午	西汉少帝	五年
	182	己未	西汉少帝	六年
	181	庚申	西汉少帝	七年
前二世纪 二〇年代	180	辛酉	西汉少帝	八年
	179	壬戌	西汉文帝	前元元年
	178	癸亥	西汉文帝	前元二年
	177	甲子	西汉文帝	前元三年
	176	乙丑	西汉文帝	前元四年
	175	丙寅	西汉文帝	前元五年
	174	丁卯	西汉文帝	前元六年
	173	戊辰	西汉文帝	前元七年
	172	己巳	西汉文帝	前元八年
	171	庚午	西汉文帝	前元九年
前二世纪 三〇年代	170	辛未	西汉文帝	前元十年
	169	壬申	西汉文帝	前元十一年

国内	国外
太皇太后吕雉囚杀前少帝刘恭,立其弟恒山王刘弘,是为后少帝。	印度孔雀王朝亡(前321——),巽伽王朝兴(——前72)。
南越王赵佗叛,称帝,建都番禺(广东),攻长沙。	
太皇太后吕雉囚赵王刘友,刘友饿死。	
太皇太后吕雉卒。太尉周勃杀诸吕,迎立刘邦庶子代王刘恒为帝,是为文帝。诸太臣诬后少帝刘弘非惠帝刘盈之子,杀之。	
南越帝赵佗去帝号,复称王,臣属中国。	
废诽谤妖言令。	
匈奴右贤王入侵,复居河南地。　济北王刘兴居叛,兵败自杀。	
汉文帝刘恒诬绛侯周勃谋反,下狱,久始释放。	
汉政府更造四铢钱,废盗钱令。 月氏(甘肃敦煌)杀乌孙(甘肃张掖)王难兜靡,乌孙残众西迁。	
淮南王刘长死。匈奴冒顿单于卒,子老上单于稽粥嗣位。　贾谊上《治安策》。	
汉政府禁列侯太夫人、夫人、王子及吏二千石,对民不得擅自征税逮捕。	
封淮南厉王刘长四子刘安等侯爵。	
汉文帝刘恒舅父薄昭,杀汉政府使臣,刘恒命其自杀。	
梁王刘揖堕马死。　贾谊卒。　匈奴攻狄道(甘肃临洮),汉政府用太子家令晁错策,募民迁塞下实边。	

	年份	干支	国号王朝及纪年
	168	癸酉	西汉文帝 前元十二年
	167	甲戌	西汉文帝 前元十三年
	166	乙亥	西汉文帝 前元十四年
	165	丙子	西汉文帝 前元十五年
	164	丁丑	西汉文帝 前元十六年
	163	戊寅	西汉文帝 后元元年
	162	己卯	西汉文帝 后元二年
	161	庚辰	西汉文帝 后元三年
前二世纪四〇年代	160	辛巳	西汉文帝 后元四年
	159	壬午	西汉文帝 后元五年
	158	癸未	西汉文帝 后元六年

国内	国外
汉文帝刘恒命民及捐粮于边塞者,封爵免罪,是为汉王朝卖官之始。	希腊诸城邦,除斯巴达外,组一同盟,称亚该亚同盟,马其顿王柏尔修斯为盟主,攻斯巴达,迫其加入同盟,共抗罗马共和国。是岁,罗马军团击马其顿,马其顿降,罗马掳男女十五万人而去,悉贩卖为奴。
少女淳于缇萦为父冤上书,汉文帝刘恒命废肉刑,均改为鞭背,然徒有轻刑之名,实更惨酷。	
匈奴老上单于率十四万骑,陷朝那(宁夏彭阳)、萧关(宁夏固原),烧回中宫(陕西陇县西)。 刘恒遇冯唐,命魏尚为云中(内蒙托克托)守,御匈奴。	
匈奴灭月氏(甘肃张掖),月氏残众西迁。	
方士(法术师)新垣平以望气擢为上大夫。	
诛新垣平,屠其族。	
任御史大夫申屠嘉为丞相。 汉文帝刘恒嬖幸太中大夫邓通,赏赐累巨万。	
匈奴老上单于卒,子军臣单于嗣位。	
大旱蝗。 匈奴攻上郡(陕西榆林南)、云中。汉政府命中大夫令免(姓令名免)屯飞狐(河北涞源)、故楚相苏意屯句注山(山西代县东)、张军张武屯北地(甘肃庆阳)、河内太守周亚夫屯细柳(陕西咸阳)备之。刘恒分赴各地劳军,擢周亚夫为中尉。 刘恒再度卖官。	

	年份	干支	国号王朝及纪年	
	157	甲申	西汉文帝	后元七年
	156	乙酉	西汉景帝	前元元年
	155	丙戌	西汉景帝	前元二年
	154	丁亥	西汉景帝	前元三年
	153	戊子	西汉景帝	前元四年
	152	己丑	西汉景帝	前元五年
	151	庚寅	西汉景帝	前元六年
前二世纪 五〇年代	150	辛卯	西汉景帝	前元七年
	149	壬辰	西汉景帝	中元元年

国内	国外
汉文帝刘恒卒,子景帝刘启嗣位。	
减笞刑五百为三百,三百为二百。任晁错为左内史。	
任晁错为御史大夫,议削诸侯地。	
吴、楚、赵、菑川、济南、胶西、胶东,七国起兵叛,传书诸侯,求诛晁错。汉景帝刘启乃杀晁错,屠其族,以平七国之愤,并向七国求和。七国不许,西向进兵。　刘启命周亚夫为太尉进击,大破七国军,楚王刘戊自杀,吴王刘濞奔闽越国(福建福州),闽越杀之。余五国次第降。七国之乱平。	
汉景帝刘启遣公主嫁匈奴军臣单于。	
薄皇后废。	
汉景帝刘启废太子刘荣为临江王,其母栗姬恚恨死。立王夫人为皇后,其子刘彻为太子。　任周亚夫为丞相。　任酷吏郅都为中尉,绰号苍鹰。	
	罗马共和国深惧迦太基帝国复兴,阴命北非努米底亚王马西尼撒攻掠迦太基,迦太基忍无可忍,组军反击。罗马遂指其违约,大军登陆进攻,命交出全部军械,并送贵族子弟三百人为质。迦太基悉接受,而罗马忽悔条件太轻,再命拆除城墙,并不得再建房屋,亦不得滨海而居,迦太基人悲愤,婴城固守,战争持续四年(——前146)(第三次布匿战争)。

年份	干支	国号王朝及纪年	
148	癸巳	西汉景帝	中元二年
147	甲午	西汉景帝	中元三年
146	乙未	西汉景帝	中元四年
145	丙申	西汉景帝	中元五年
144	丁酉	西汉景帝	中元六年

国内	国外
临江王刘荣被诬侵占祖庙为宫室,下狱,欲得纸笔上书,中尉郅都不予,刘荣自杀。窦太后大怒,陷郅都以危法,杀郅都。梁孝王刘武遣人暗杀大臣袁盎等十余人。	马其顿王柏尔修斯二世,乘罗马与迦太基交战,无暇西顾,与亚该亚联盟诸城邦再叛。罗马共和国分兵西征。
丞相周亚夫免。	
	第三次布匿战争终(前149——),迦太基城陷,国亡(前850——,立国七百零五年)。罗马纵火焚城,复在其废墟上用犁耕锄,以使永远荒芜,迦太基人被杀殆绝,生者悉贩卖为奴。罗马西征军陷马其顿城,马其顿王国亡(前359——),罗马为警效尤,解散亚该亚联盟,焚科林斯城,土地充公,男女悉贩卖为奴。
汉景帝刘启命诸狱,虽依法律条文,已经定罪,而人心不服者,得重审。	
梁孝王刘武卒,封其五子均为王。刘启命更减笞法,三百为二百,二百为一百,自是被笞者始得全。　任酷吏宁成为中尉。匈奴骑兵入雁门(山西右玉),上郡(陕西榆林),汉吏卒死者二千人。	

	年份	干支	国号王朝及纪年	
	143	戊戌	西汉景帝	后元元年
	142	己亥	西汉景帝	后元二年
	141	庚子	西汉景帝	后元三年
前二世纪六〇年代	140	辛丑	西汉建元	元年
	139	壬寅	西汉建元	二年
	138	癸卯	西汉建元	三年
	137	甲辰	西汉建元	四年
	136	乙巳	西汉建元	五年
	135	丙午	西汉建元	六年
	134	丁未	西汉元光	元年

国内	国外
刘启诬前丞相周亚夫谋反,下狱,周亚夫绝食死。	
匈奴攻雁门,雁门太守冯敬战死。	
汉景帝刘启卒,子武帝刘彻嗣位。	
汉政府举贤良方正直言极谏之士,纳董仲舒议:“凡非五经之书,及孔丘之著,皆予禁绝,不准流传。”自是罢黜百家,独尊儒家。	
全国大饥,人相食。汉武帝刘彻始微服出游。尽驱阿城(秦阿房宫废墟,陕西西安西)南,周至(陕西周至)东,宜春(西安东南)西之民,以其地建上林苑。闽越攻东瓯国(浙江温州),汉政府尽迁东瓯国民于江淮间。　郎中张骞出使西域,为匈奴掳获。	
南越王赵佗卒,孙文王赵胡嗣位。	
废三铢钱,行半两钱。　置五经博士。	
闽越国攻南越国(广东广州),南越求援。汉武帝刘彻遣大行王恢出豫章(江西南昌)、大农令韩安国出会稽(江苏苏州),夹击闽越。闽越王弟骆余善杀其王骆郢投降。封骆丑为越繇王,继又封骆余善为东越王。　南越遣太子赵婴齐入汉朝,充任汉武帝刘彻宿卫。　任田蚡为丞相。	
汉政府命郡国各举孝廉一人,为举孝廉之始。又命举“贤良”“文学”,刘彻亲临策试。	

	年份	干支	国号王朝及纪年
	133	戊申	西汉元光 二年
	132	己酉	西汉元光 三年
	131	庚戌	西汉元光 四年
前二世纪 七〇年代	130	辛亥	西汉元光 五年
	129	壬子	西汉元光 六年
	128	癸丑	西汉元朔 元年

国内	国外
大行王恢计诱匈奴深入马邑(山西朔州),伏兵欲歼之,军臣单于发觉,急退。王恢下狱自杀。从此匈奴绝和亲,与汉廷决裂,岁岁入侵。	罗马共和国选出提比留格拉古为保民官,立法限制财产田庄,土地再行分配,及贷款平民。
黄河决顿丘(河南内黄),又决濮阳瓠子(河南濮阳),淹十六郡。从丞相田蚡言,不塞(——前109,泛滥二十四年)。故燕相灌夫,性刚直,于宴席上言语忤田蚡。汉武帝刘彻令捕灌夫,魏其侯窦婴上书论救,刘彻怒,族诛灌夫。	提比留格拉古竞选第二任保民官,为暴民所杀,改革悉废,恢复旧观。
再杀魏其侯窦婴。田蚡亦病卒。	
汉政府欲并南越国(广东广州),遣中郎将唐蒙通夜郎(贵州关岭),发巴蜀民修道路,民惊恐骚动。再遣中郎将司马相如前往安抚。皇后陈娇废,御史大夫张汤穷治其狱,杀三百余人。刘彻擢张汤为太中大夫,自此用法益酷。	
大司农郑当时兴水利,自长安南山至黄河,开渭渠三百里。　匈奴入上谷(河北怀来),杀掳吏民。汉政府遣车骑将军卫青出上谷、骑将军公孙敖出代郡、轻车将军公孙贺出云中、骁骑将军李广出雁门,四路反攻,互有胜负。　张骞自匈奴逃至大宛(乌兹别克斯坦卡散赛城)。	
刘彻立卫子夫为皇后。　匈奴二万骑入辽西(辽宁北票),掳二千人,再入渔阳(北京密云),杀掳二千人。　车骑将军卫青出雁门,将军李息出代郡攻匈奴,杀掳数千人。　东夷薉貊国(朝鲜半岛安边城)君主南闾,归附中国,置沧海郡。　张骞至月氏。	

年份	干支	国号王朝及纪年
127	甲寅	西汉元朔 二年
126	乙卯	西汉元朔 三年
125	丙辰	西汉元朔 四年
124	丁巳	西汉元朔 五年
123	戊午	西汉元朔 六年
122	己未	西汉元狩 元年

国内	国外
卫青攻匈奴,复取河南地,修筑秦长城,置朔方郡(内蒙杭锦旗北)。 许诸侯得分封其子弟。迁郡国豪杰三百万于茂陵(刘彻墓地,陕西兴平)。杀游侠郭解,又杀齐相主父偃,俱屠其族。张骞自月氏还,中途再被匈奴掳获。	
匈奴军臣单于卒,弟伊稚斜单于嗣位。酷吏张汤任廷尉,所治者即上级欲罪者,所释者即上级欲宽者。 张骞乘匈奴内乱,逃回内地。	
匈奴九万骑,分入代郡、定襄(内蒙和林格尔)、上郡,杀掳数千人。	
封丞相公孙宏为平津侯,丞相封侯自此开始。大旱。 车骑将军卫青率六将军十余万人,出朔方(内蒙杭锦旗北)攻匈奴,出塞七百里,大破之,掳右贤王所属小王等十余人,男女一万五千人。军既返,匈奴一万余骑反攻,再入代郡,杀代郡守将朱英,掳千余人。	
二月,大将军卫青出定襄攻匈奴,杀数千人而还。四月,再大举攻匈奴,卫青率六将军复出定襄。翕侯赵信兵败,降匈奴。右将军苏建,全军覆没。军士马匹死十余万,大司农国库空竭。 六月,汉政府再卖官,刘彻命民得买爵及赎禁锢,免赃罪。	罗马共和国选出盖约格拉古(提比留之弟)任保民官,再改革内政。
淮南王刘安谋反,事泄自杀,王后徐来,王太子刘爽皆斩,狱所牵连,杀数万人。	

前二世纪
八〇年代

年份	干支	国号王朝及纪年
121	庚申	西汉元狩 二年
120	辛酉	西汉元狩 三年
119	壬戌	西汉元狩 四年
118	癸亥	西汉元狩 五年
117	甲子	西汉元狩 六年
116	乙丑	西汉元鼎 元年

国内	国外
春,骠骑将军霍去病出陇西(甘肃临洮)攻匈奴,过焉支山千余里,斩折兰王、卢侯王,杀掳八千九百余人,收休屠王祭天金人。　夏,复与合骑侯公孙敖出陇西,过居延二千余里,杀掳三万三千人。　秋,匈奴内乱,浑邪王杀休屠王降汉朝。汉政府于边郡置五属国,以处降人。自此沿边一带,陇西、北地、上郡得安。	盖约格拉古为暴民所杀,罗马共和国内政改革又停,再复旧观。
匈奴数万骑攻右北平(内蒙宁城)、定襄,杀掠千余人。山东大水,民饥,迁贫民七十余万人于朔方等地。　汉政府在长安西南作昆明池,教习水战。	
刘彻造白鹿皮币,每张值四十万,强迫王侯皇族购买。　汉政府销毁半两钱,更铸三铢钱,私铸者死。　匈奴用降将赵信计,不近边塞,远居漠北,以为汉朝大军不得至。今年,汉政府大举攻匈奴,大将军卫青出定襄、骠骑将军霍去病出代郡。卫青军深入,匈奴军溃,郎中令李广迷途失期,自杀。霍去病深入,封狼居胥山(蒙古境内肯特山)。从此沙漠以南无匈奴王庭。酷吏义纵任右内史、王温舒任中二千石。　河南(洛阳)人卜式输财助边。	
汉政府废三铢钱,重铸五铢钱。　丞相李蔡下狱自杀。	
诛酷吏义纵。　酷吏张汤诬大农令颜异腹诽(即口虽不言,内心反对)政府,杀之,自此有腹诽法。　霍去病卒。	
齐东王刘彭离行劫杀人谋财,废为民。　遣张骞出使乌孙。	

年份	干支	国号王朝及纪年
115	丙寅	西汉元鼎 二年
114	丁卯	西汉元鼎 三年
113	戊辰	西汉元鼎 四年
112	己巳	西汉元鼎 五年
111	庚午	西汉元鼎 六年

国内	国外
酷吏张汤有罪,自杀。 丞相庄青翟下狱,自杀。大水,关东饿死者以千数。 西域通,汉政府于浑邪王故地,置酒泉、武威二郡。 张骞自乌孙返国。	
关东(函谷关以东,今河南、山东等地)十余郡国大饥,人相食。 迁函谷关于新安县。 匈奴伊稚单于卒,子乌维单于嗣位。 张骞卒。	
任方士(法术师)栾大为五利将军,为刘彻求不死药。 南越(广东广州)明王赵婴齐卒,子赵兴嗣位,樛太后求举国归附汉朝。 刘彻出巡郡国,河东(山西夏县)太守供应不备,自杀。	
刘彻出游崆峒山(甘肃平凉西),陇西太守供应不备,自杀。 丞相赵周下狱,自杀。南越相吕嘉不乐归汉朝,杀樛太后及国王赵兴,立赵建德为王,汉政府遣大将韩千秋进兵征讨,全军败没。	
伏波将军路博德攻南越,陷其京都番禺(广东广州),执吕嘉、赵建德,南越亡。汉政府于其故地置南海(广东广州)、苍梧(广西梧州)、交趾(越南河内)、合浦(广西合浦)、郁林(广西桂平)、九真(越南清化)、日南(越南广治)、珠厓(海南琼山)、儋耳(海南儋州)、象郡(广西崇左)十郡。东越王骆余善叛汉朝,称武帝。 西南少数民族叛汉朝,汉中郎将郭昌击平之,置牂柯(贵州福泉)、越嶲(四川西昌)、汶山(四川茂县)、武都(甘肃成县)、沈黎(四川汉源)五郡。 汉政府分武威、酒泉地,增置张掖、敦煌二郡。	罗马进攻北非努米底亚,国王朱估他迎战,罗马军失利。

前二世纪
九〇年代

年份	干支	国号王朝及纪年
110	辛未	西汉元封 元年
109	壬申	西汉元封 二年
108	癸酉	西汉元封 三年
107	甲戌	西汉元封 四年
106	乙亥	西汉元封 五年
105	丙子	西汉元封 六年

国内	国外
楼船将军杨仆攻东越,骆余善为其下所杀,尽迁其民于江淮间,其地遂空。刘彻登泰山封禅,追命即位以来年号,并定今年为元封元年,中国使用年号自此始。	
塞黄河瓠子决口(前132——,泛滥二十四年)。 中郎将郭昌攻滇国,滇王降,置益州郡(云南晋宁)。 酷吏杜周任中尉,一岁中系诏狱者十万余人。	
将军赵破奴攻车师国(新疆吐鲁番),掳楼兰(新疆若羌)国王。楼船将军杨仆、左将军荀彘,进兵攻朝鲜,朝鲜降,置乐浪(朝鲜平壤)、临屯(朝鲜江陵)、玄菟(朝鲜咸兴)、真番(朝鲜信川)等四郡。军归,荀彘坐争功,被杀;杨仆废为民。	
匈奴遣其贵族入汉欲和亲,病死长安,匈奴怒,留汉使路充国不遣(——前101)。	
各州置刺史,为一州的监察长。是为中国有刺史始。	
滇王叛中国,汉政府遣赴大夏(阿富汗东部)使臣,皆被阻昆明。拔胡将军郭昌进击,斩首数十万,然军还其叛如故。 江都公主刘细君,嫁乌孙王昆莫。今年,昆莫卒,岑娶嗣位,刘细君依其俗再嫁岑娶。 匈奴乌维单于卒,子儿单于嗣位。 大旱蝗。	朱估他被擒,押赴罗马,游街示众,饿死监狱。

年份	干支	国号王朝及纪年
104	丁丑	西汉太初 元年
103	戊寅	西汉太初 二年
102	己卯	西汉太初 三年
101	庚辰	西汉太初 四年

国内	国外
颁《太初历》,以正月为岁首(秦及汉初,均以十月为岁首)。 匈奴左大都尉密谋杀儿单于,汉政府遣因杅将军公孙敖于塞外筑受降城(内蒙古五原西北一百公里)以待其来归。 贰师将军李广利率数万人攻大宛(乌兹别克斯坦卡散赛城),求善马。酷吏王温舒坐奸利,自杀,灭其族。 中原大蝗,西飞至敦煌。	
李广利军至郁成国,郁成王大破汉军,李广利还屯敦煌。 浞野侯赵破奴率二万骑出受降城,北迎匈奴左大都尉。左大都尉事泄被杀,匈奴出击,汉军全军覆没,赵破奴降匈奴。	
匈奴儿单于卒,季父呴犁湖单于嗣位。刘彻大发兵援李广利攻大宛,大宛杀其王降。李广利取善马数十还,归途灭郁成国,杀郁成王。	
匈奴呴犁湖单于卒,弟且鞮侯单于嗣位。尽将前所羁留汉朝使臣遣返内地。	

前一世纪

汉朝与匈奴继续作战，匈奴终于衰弱分裂。南匈奴向汉朝廷投降，北匈奴单于逃到康居王国（约今巴尔喀什湖和咸海之间），汉朝军队击败之。

前一世纪
○○年代

年份	干支	国号王朝及纪年
100	辛巳	西汉天汉　元年
99	壬午	西汉天汉　二年
98	癸未	西汉天汉　三年
97	甲申	西汉天汉　四年
96	乙酉	西汉太始　元年
95	丙戌	西汉太始　二年
94	丁亥	西汉太始　三年
93	戊子	汉太始　四年
92	己丑	西汉征和　元年

国内	国外
汉政府亦尽遣前留匈奴使臣,使中郎将苏武送归。抵匈奴,副使张胜欲杀丁零王卫律,并劫且鞮侯单于之母归汉,事泄,张胜降匈奴。苏武拒降,匈奴囚之于北海(贝加尔湖,——前81)。大旱。	
贰师将军李广利出(甘肃)酒泉攻匈奴右贤王于(新疆)天山,陷重围,赖司马赵充国血战,始得出,汉军死二万余人。骑都尉李陵出居延(内蒙额济纳旗),至浚稽山(蒙古阿尔博格多山),兵败,降匈奴。　郡国官吏多残酷,关东盗贼蠭起,刘彻颁"沉命法"(盗起不发觉,发觉而逮捕不满限额者,大小官吏均处死)。法益酷,而盗贼益多。刘彻诬司马迁有罪,下腐刑。	
大旱。　匈奴入雁门(山西右玉),雁门太守坐畏惧,斩。	
汉政府发兵三道击匈奴,李广利出朔方(内蒙杭锦旗北),韩说出五原(内蒙包头),公孙敖出雁门(山西右玉),均无功而还。　刘彻命屠李陵家。司马迁所著《史记》,终于今年。	日本崇神天皇即位,奉神器于大和,遂自称"大和民族"。
因杅将军公孙敖,坐妻从事巫蛊,腰斩。　匈奴且鞮侯单于卒,子狐鹿姑单于嗣位。	
筑白渠。	
任命江充为直指绣衣使者。	
大旱。一男子带剑入皇宫龙华门,捕之不获,大搜上林苑,闭长安城门十一日,"巫蛊狱"由是起。	

	年份	干支	国号王朝及纪年
	91	庚寅	西汉征和 二年
前一世纪 一〇年代	90	辛卯	西汉征和 三年
	89	壬辰	西汉征和 四年
	88	癸巳	西汉武帝 后元元年

国内	国外
丞相公孙贺坐巫蛊,父子死狱中,屠灭其家。诸邑公主、阳石公主及长平侯卫伉,皆坐巫蛊死。 江充诬太子刘据从事巫蛊,刘据斩江充,起兵,兵败自缢死,其母皇后卫子夫自杀。	罗马共和国保民官德鲁苏素主意大利境内之人皆为罗马共和国公民。今年,德鲁苏遇刺身死,意大利半岛诸城部落纷起兵叛,另组联邦共和国,建都意大利。罗马政府遣大将苏拉及马略讨伐,终不能平,内战持续三年(——前88)。
丞相刘屈牦坐妻诅咒,腰斩,妻枭首。贰师将军李广利妻下狱,李广利方与匈奴战于夫羊句山,大胜,闻讯遂降匈奴。 刘彻命屠其家。刘彻寻悟江充之奸,屠江充家,筑思子宫。大蝗。	
刘彻下诏悔既往之失。匈奴杀李广利。	黑海南岸本都王国崛起,国王密特里达提乘罗马共和国内乱,联合小亚细亚诸城邦,屠杀罗马人八万余,并图渡海进攻希腊。
侍中仆射马何罗刺刘彻,不中,被处死。 刘彻杀刘弗陵母钩弋夫人。	罗马元老院给予意大利境内之人皆为罗马共和国公民,内战平息,自是意大利人即罗马人,罗马人即意大利人。

	年份	干支	国号王朝及纪年	
	87	甲午	西汉武帝	后元二年
	86	乙未	西汉始元	元年
	85	丙申	西汉始元	二年
	84	丁酉	西汉始元	三年
	83	戊戌	西汉始元	四年
	82	己亥	西汉始元	五年
	81	庚子	西汉始元	六年
前一世纪 二〇年代	80	辛丑	西汉元凤	元年
	79	壬寅	西汉元凤	二年
	78	癸卯	西汉元凤	三年

国内	国外
汉武帝刘彻立刘弗陵为太子,刘彻卒,刘弗陵嗣位。年方八岁,是谓昭帝,大将军霍光辅政。	罗马共和国大将苏拉进军小亚细亚。执政官马略改革内政,取消穷人四分之三债款,剥夺苏拉公民权,屠杀其同僚。
益州(云南晋宁)二十四邑夷叛,水衡都尉吕辟胡击平之。　秺侯金日磾卒。	
匈奴狐鹿姑单于卒,子壶衍提单于嗣位。	
西南夷姑缯族及叶榆族叛,杀益州太守,政府军死四千余人。　汉昭帝刘弗陵娶左将军上官桀孙女为皇后,年六岁。	苏拉闻国内有变,向本都王密特里达提乞和,统军西返,陷罗马城。每月在公共会场上张贴其政敌名单,宣布不受法律保护,任何人皆可加以杀害,屠戮五千余人。
大鸿胪田广明击西南夷,平之,斩掳三万人。　撤销儋耳(海南儋州)、真番(朝鲜信川)郡。	
苏武自匈奴归汉朝(前100——,凡二十年)。	
鄂邑公主、上官桀、燕王刘旦谋反,事泄,屠上官族,鄂邑公主及刘旦自杀。	
	罗马共和国维苏威火山爆发,庞贝城陷没。
匈奴入张掖,汉军大破之,射杀犁污王。　匈奴攻乌桓,汉政府遣度辽将军范明友击匈奴,匈奴闻警远遁。范明友遂击乌桓,斩六千人,掳三王。	

	年份	干支	国号王朝及纪年
	77	甲辰	西汉元凤 四年
	76	乙巳	西汉元凤 五年
	75	丙午	西汉元凤 六年
	74	丁未	西汉元平 元年
	73	戊申	西汉本始 元年
	72	己酉	西汉本始 二年
	71	庚戌	西汉本始 三年
前一世纪 三〇年代	70	辛亥	西汉本始 四年
	69	壬子	西汉地节 元年

国内	国外
楼兰(新疆若羌)屡遮杀汉朝使臣,中郎将傅介子斩楼兰王,改国号为鄯善。	
筑辽东(辽宁辽阳)、玄菟(辽宁新宾)城。 乌桓侵边,范明友击退。	
汉昭帝刘弗陵卒,侄刘贺嗣位,立二十七日,大将军霍光废之,立故太子刘据孙刘病已,是为宣帝。	
	罗马共和国奴隶角斗士斯巴达克等七十余人自加普亚角斗场逃出,各地奴隶纷逃奔响应,组军起兵,欲渡地中海脱离罗马,罗马政府遣大将克拉苏击之,内战持续三年(——前 71)(奴隶战争)。
汉政府议刘彻庙乐,长信少府夏侯胜言刘彻无德于民,乃逮夏侯胜下诏狱。 匈奴击乌孙(今伊犁河和伊塞克湖一带),祁连将军田广明等五道攻匈奴。	
五道攻匈奴俱无功,军返,田广明及虎牙将军田顺,下狱死。霍光妻霍显毒死许皇后。	罗马共和国奴隶战争终(前 73——),奴隶军溃败,斯巴达克及其部属,六千余人皆钉死十字架,自罗马城阿匹安道上,悬尸数十里。
汉宣帝刘病已立霍光女为皇后。 四十九郡国同日地震,死六千人。 广川王刘去杀其姬妾十余人,或铅汁灌口,或肢解,事发,自杀。	罗马共和国元老院选克拉苏及另一大将庞培为执政官。
任于定国为廷尉。	

年份	干支	国号王朝及纪年
68	癸丑	西汉地节　二年
67	甲寅	西汉地节　三年
66	乙卯	西汉地节　四年
65	丙辰	西汉元康　元年
64	丁巳	西汉元康　二年
63	戊午	西汉元康　三年
62	己未	西汉元康　四年
61	庚申	西汉神爵　元年

国内	国外
大将军霍光卒。 匈奴壶衍提单于卒,弟虚闾权渠单于嗣位。	
廷尉史路温舒上宽刑书。 车师(新疆吐鲁番)乌贵王与匈奴结亲,汉政府侍郎郑吉发西域诸国兵攻车师,乌贵王奔匈奴。匈奴另立兜莫为车师王,收余众东迁,汉因屯垦其田。	罗马共和国遣庞培进军小亚细亚。
故大将军霍光妻霍显,及子大司马霍禹谋反,事泄,尽杀霍氏及其党,全族屠灭者数十家。	
京兆尹赵广汉腰斩。 莎车(新疆莎车)故王弟呼屠征,杀其王万年及汉朝使臣,自立为王,汉朝使臣冯奉世发诸国兵攻陷其都城,呼屠征自杀。	庞培罗马军团陷叙利亚,塞琉西王国亡(前312——,立国二百四十八年)。
匈奴攻车师境汉军屯田,汉政府弃屯田,另立车师故太子军宿为车师王。	
河西(甘肃中部)诸羌族部落,互相解仇,交质盟誓。汉政府遣光禄大夫义渠安国前往视察。	庞培返国,遣散军队,元老院拒绝承认其在亚洲诸种设施。庞培乃与克拉苏及妻兄恺撒结盟,图轮流任执政官。(史称"前三雄",——前49,凡十四年)。
义渠安国杀诸羌酋长,纵兵击其族,斩千余人,诸羌纷叛。汉政府再遣后将军赵充国率兵讨伐,赵充国至金城(甘肃兰州),不急于进击,屯田湟中(青海东北部)。	

前一世纪
四〇年代

年份	干支	国号王朝及纪年
60	辛酉	西汉神爵 二年
59	壬戌	西汉神爵 三年
58	癸亥	西汉神爵 四年
57	甲子	西汉五凤 元年
56	乙丑	西汉五凤 二年
55	丙寅	西汉五凤 三年

国内	国外
河西诸羌降,赵充国振旅还。 汉宣帝刘病已诬司棣校尉盖宽饶求皇帝让位,盖宽饶自杀。 匈奴虚闾权单于卒,握衍朐提单于嗣位,日逐王先贤掸素与握衍朐提单于有隙,乃率所部降汉。匈奴势力日弱。 郑吉任西域都护,是为置都护(总督)之始。苏武卒。	
任丙吉为丞相。	罗马共和国选恺撒为执政官。
诛酷吏河南太守严延年。 匈奴握衍朐提单于暴虐好杀,部落人另立呼韩邪单于,握衍朐提单于兵败自杀。右贤王另立屠耆单于。匈奴分裂为二,有二单于。内部大乱。	罗马共和国选庞培为执政官,任命恺撒为高卢(法国)总督。
匈奴呼揭王自立为呼揭单于,右奥鞬王自立为东犁单于,乌藉都尉自立为乌藉单于,匈奴分裂为五,有五单于,互相攻杀。 呼揭单于、乌藉单干,寻去单于号。	日本倭奴国遣使朝贡中国,中国赐以印绶,文曰"汉委奴国"。朝鲜半岛东南部落酋长朴赫居世,据辰韩故地,建新罗王国(——后935)。
匈奴呼韩邪单于复建都单于庭,屠耆单于自杀,东犁单于降汉。左贤王自立为郅支单于,居东境。匈奴连年内战,益衰,对汉甚为恭顺。	高卢北境诸部落结盟,称"比利时",起兵攻罗马共和国边境,恺撒一一击溃,悉并入版图。
	恺撒统军渡海峡入英格兰,发出著名三言:"我来,我见,我征服。"

	年份	干支	国号王朝及纪年
	54	丁卯	西汉五凤　四年
	53	戊辰	西汉甘露　元年
	52	己巳	西汉甘露　二年
	51	庚午	西汉甘露　三年
前一世纪五〇年代	50	辛未	西汉甘露　四年
	49	壬申	西汉黄龙　元年
	48	癸酉	西汉初元　元年

国内	国外
汉宣帝刘病已诬故平通侯杨恽大逆,杨恽腰斩。 匈奴郅支单于攻呼韩邪单于,呼韩邪单于南遁,郅支单于入单于庭。从此匈奴分为南北二部。	
南匈奴呼韩邪单于、北匈奴郅支单于,俱向汉臣服,遣子入为人质。 乌孙内乱,狂王被杀,乌就屠自立为小昆弥,汉政府所遣冯夫人立元贵靡为大昆弥。	罗马共和国大将克拉苏远征安息王国,会战于卡尔莱,罗马军团大败,死二万人,被俘为奴者一万人,克拉苏被擒,安息人熔金为汁,灌入其口而死。
南匈奴呼韩邪单于入汉,汉政府遣高昌侯董忠率骑兵送返,留屯匈奴。楚公主刘解忧年老,自乌孙归汉。	
南匈奴呼韩邪单于、北匈奴郅支单于,分别遣使臣来汉朝觐并进贡方物。	
南匈奴呼韩邪单于再入朝,北匈奴郅支单于惧,乃弃单于庭(蒙古哈尔和林),西走,败乌孙,灭乌揭、坚昆、丁零三部,因都坚昆(西伯利亚叶尼塞河上游),距故单于庭七千里。汉宣帝刘病已卒,子元帝刘奭嗣位。	庞培忌恺撒之功,转与元老院合,下令免恺撒高卢总督,恺撒遂统军渡卢比康河(罗马与高卢边界),陷罗马城,庞培兵败东奔,元老院屈服,选恺撒为执政官。
关东十一郡国大饥,人相食。 汉政府于西域置戊己校尉,屯田车师故地(新疆吐鲁番)。	恺撒追击庞培,庞培屡败,逃往托勒密王国(埃及),被刺身死。元老院选恺撒为终身执政官(罗马共和国执政官任期一年,原则上不得连任)。

	年份	干支	国号王朝及纪年	
	47	甲戌	西汉初元	二年
	46	乙亥	西汉初元	三年
	45	丙子	西汉初元	四年
	44	丁丑	西汉初元	五年
	43	戊寅	西汉永光	元年
	42	己卯	西汉永光	二年
	41	庚辰	西汉永光	三年
前一世纪 六〇年代	40	辛巳	西汉永光	四年
	39	壬午	西汉永光	五年

国内	国外
关东仍大饥,人相食。	
南越故地民苦汉政府官吏贪暴,二十年间凡六反,汉政府遂弃珠郡(海南琼山),迁民于内地。 大旱。	
北匈奴郅支单于杀汉使臣谷吉,与康居结盟,因率众西入康居,数攻乌孙。	恺撒挚友布鲁图、卡西乌,于元老院刺死恺撒。恺撒部将安东尼煽起民变,逐布、卡二人,迎恺撒养子屋大维至罗马城。
南匈奴呼韩邪单于渐盛,不再畏郅支单于,迁归单于庭(蒙古哈尔和林)。	屋大维、安东尼及恺撒另一骑兵部将雷比达,俱被选为执政官,史称"后三雄"(——前31,凡十三年)。追击布、卡二人,大败之于希腊北境腓力比,布、卡二人自杀。
河西先姐羌叛,汉政府右将军冯奉世击平之,杀数千人,留兵屯田。	
宦官石显诬太中大夫张猛有罪,张猛自杀。	
黄河决于(河北)清河鸣犊口。	安东尼进军埃及,为托勒密王国女王克丽奥佩特拉(一译姑娄巴)所迷(今年,克二十八岁),流连不返。

年份	干支	国号王朝及纪年
38	癸未	西汉建昭 元年
37	甲申	西汉建昭 二年
36	乙酉	西汉建昭 三年
35	丙戌	西汉建昭 四年
34	丁亥	西汉建昭 五年
33	戊子	西汉竟宁 元年
32	己丑	西汉建始 元年
31	庚寅	西汉建始 二年

国内	国外
宦官石显诬魏郡(河北临漳)太守京房有罪,杀之。	鸭绿江藏貊部落酋长朱蒙,据纥升骨城(辽宁桓仁)起兵,建高句丽王国(——后668)。
西域副校尉陈汤,发诸属国兵,闪电攻康居,斩北匈奴郅支单于,传首长安。	
陈汤上书汉政府,论击北匈奴之故。	
南匈奴呼韩邪单于闻郅支之死,且喜且惧,上书请准其朝觐。	
呼韩邪单于入朝,汉元帝刘奭将宫女王嫱(昭君)嫁之。　刘奭寻卒,子成帝刘骜嗣位,荒于酒色,汉王朝始衰。	
大旱。　南匈奴呼韩邪单于卒,子复株累若鞮单于嗣位。	安东尼向屋大维请增兵攻安息王国,屋大维拒绝,安东尼遂进军罗马城,屋大维迎击,会战于希腊西海面,安东尼舰队覆没,自杀。克丽奥佩特拉又欲以美色迷惑屋大维,屋大维佯与周旋,实欲执之返罗马城游街示众,克觉之,以毒蛇噬己自杀,托勒密王国亡(前306——,立国二百七十六年)。

	年份	干支	国号王朝及纪年	
前一世纪七〇年代	30	辛卯	西汉建始	三年
	29	壬辰	西汉建始	四年
	28	癸巳	西汉河平	元年
	27	甲午	西汉河平	二年
	26	乙未	西汉河平	三年
	25	丙申	西汉河平	四年
	24	丁酉	西汉阳朔	元年
	23	戊戌	西汉阳朔	二年
	22	己亥	西汉阳朔	三年
	21	庚子	西汉阳朔	四年
前一世纪八〇年代	20	辛丑	西汉鸿嘉	元年
	19	壬寅	西汉鸿嘉	二年
	18	癸卯	西汉鸿嘉	三年

国内	国外
关中大雨四十余日,长安大乱。	罗马共和国元老院上执政官屋大维尊号:“奥古斯都”(伟大之意),虽名非皇帝,然为终身元首,又世袭传递,实即皇帝。自今年起,史改称“罗马帝国”。
任王商为丞相。黄河决东郡(河南濮阳)金堤,灌四郡三十二县,深三丈。	
汉政府遣河堤使者王延世塞黄河决口。	
汉成帝刘骜封舅父五人为侯,王谭平阿侯、王商成都侯、王立红阳侯、王根曲阳侯、王逢时高平侯,世谓之五侯。	
黄河决平原(山东平原),流入济南。	
南匈奴复株累若鞮单于入朝。	
汉成帝刘骜诬京兆尹王章詈皇帝为夷狄,下狱死。	
任王音为御史大夫,王氏益盛,郡守、国相、州刺史,皆出王氏门下。	
颍川(河南禹州)铁官徒申屠圣等一百八十人起兵反,攻掠九郡,兵败被杀。	
南匈奴复株累若鞮单于卒,弟搜谐若鞮单于嗣位。　刘骜开始游狎微行。	
大旱。　汉成帝刘骜爱宠倢伃赵飞燕姊妹,废许皇后,杀许皇后姊许谒。	朝鲜半岛西南慰礼部落酋长扶余温祚,据马韩故地,建百济王国(——后663),与新罗、高句丽,三国鼎立。

	年份	干支	国号王朝及纪年	
	17	甲辰	西汉鸿嘉	四年
	16	乙巳	西汉永始	元年
	15	丙午	西汉永始	二年
	14	丁未	西汉永始	三年
	13	戊申	西汉永始	四年
	12	己酉	西汉元延	元年
	11	庚戌	西汉元延	二年
前一世纪 九〇年代	10	辛亥	西汉元延	三年
	9	壬子	西汉元延	四年
	8	癸丑	西汉绥和	元年
	7	甲寅	西汉绥和	二年
	6	乙卯	西汉建平	元年
	5	丙辰	西汉太初 建平	元年 二年
	4	丁巳	西汉建平	三年
	3	戊午	西汉建平	四年

国内	国外
勃海(河北沧州)、清河(河北清河)、信都(河北冀州),诸郡河水泛滥,灌三十一县邑,淹没官亭民舍四万余所。刘骜欲观九河故迹,不塞。	
封王太后侄王莽为新都侯。　刘骜立赵飞燕为皇后。刘向著《列女传》《新序》《说苑》三书成。	
尉氏(河南尉氏)县民樊并,山阳(山东巨野)铁官徒苏令,分别起兵反,兵败,俱被杀。	
匈奴搜谐若鞮单于卒,弟车牙若鞮单于嗣位。	
乌孙内乱,大小昆弥被杀。	
任王莽为大司马。　废州刺史,改置州牧。匈奴车牙若鞮单于卒,弟乌珠留若鞮单于嗣位。	
刘骜命丞相翟方进自杀。　汉成帝刘骜卒,侄哀帝刘欣嗣位。免王莽大司马。	
汉哀帝刘欣祖母傅太后诬中山冯太后诅咒,冯太后自杀,死者十七人。	
废州牧,更置州刺史。	
	耶稣生(——后30)。
关东民无故惊走,以麻杆传递,云行西王母筹,经二十六郡国至长安,至秋始还。　刘欣嬖宠驸马都尉董贤,权势日盛。	

年份	干支	国号王朝及纪年
2	己未	西汉元寿　元年
1	庚申	西汉元寿　二年

国内	国外
杀丞相王嘉。 任董贤为大司马,年仅二十二。	
南匈奴乌珠留若鞮单于、乌孙大昆弥伊秩靡,分别来汉廷朝觐。 汉哀帝刘欣卒,堂弟平帝刘箕子嗣位。董贤自杀,全家流合浦(广西合浦)。 王太后临朝听政,起用王莽任大司马。 汉成帝刘骜后赵飞燕及刘欣后傅氏均自杀。	

【下篇·公元后年表】

一世纪

西汉王朝衰败，宰相王莽篡夺政权，建立新王朝，但他的迂腐改革，使全国混乱，又引起匈奴复与新王朝为敌。新王朝仅十五年即亡。

西汉王朝皇族后裔刘秀，建立东汉王朝，统一全国。西疆虽然有羌民族的构兵，但汉朝强大如昔。

一世纪
○○年代

年份	干支	国号王朝及纪年
1	辛酉	西汉元始 元年
2	壬戌	西汉元始 二年
3	癸亥	西汉元始 三年
4	甲子	西汉元始 四年
5	乙丑	西汉元始 五年
6	丙寅	西汉居摄 元年
7	丁卯	西汉居摄 二年
8	戊辰	西汉初始 元年
9	己巳	西汉初始 二年 新始建国 元年

国内	国外
擢王莽为太傅,封安汉公,群臣歌颂功德。	
各郡国大蝗旱,青州(山东省北部)尤甚。　车师(新疆吉木萨尔)后王姑句,去胡来(新疆若羌)王唐兜,先后降匈奴。匈奴乌珠留若鞮单于执送汉朝,斩之。	
王莽杀其子王宇,又尽屠汉平帝刘箕子生母卫太后之族,唯留卫太后一人。司隶鲍宣、前将军何武等数百人不附王莽,王莽皆诬以有罪,杀之。	
王莽加称号"宰衡"。　置西海郡(青海海晏)。	
王莽毒死汉平帝刘箕子。　王太后命王莽当摄皇帝,祭神时称假皇帝。	
王莽立宣帝刘病已玄孙刘婴为皇太子,称"孺子",年二岁。	
东郡(河南濮阳)太守翟义起兵讨王莽,立刘信为帝,兵败,翟义尸磔,刘信失踪。　槐里(陕西兴平)赵朋起兵,欲攻长安。	
赵朋兵败被杀。王莽正式称真皇帝,建新王朝。	
新帝王莽废汉孺子刘婴为定安公,西汉亡,立国二百一十五年。　新政府下令禁买卖田宅奴仆。发行一铢钱。百官宫室郡县多改名称。首都长安改称常安。新政府遣五威将王奇等十二人,分别赴各郡县颁符命四十二篇。	罗马帝国大将瓦鲁斯统三个旅团共二万人,渡莱茵河北击日耳曼蛮族,日耳曼一部落酋长阿尔米纽迎击,决战于条托堡森林,瓦鲁斯大败,生还者仅二百人。自是罗马帝国北境以莱茵河为界,不能再进。

一世纪
一〇年代

年份	干支	国号王朝及纪年
10	庚午	新始建国 二年
11	辛未	新始建国 三年
12	壬申	新始建国 四年
13	癸酉	新始建国 五年
14	甲戌	新天凤 元年
15	乙亥	新天凤 二年
16	丙子	新天凤 三年

国内	国外
故汉政府戊己校尉陈良、终带,杀新政府戊己校尉刁护,奔降匈奴。　王莽改匈奴为降奴,遣立国将军孙建,率十二将分道击匈奴。　新政府立五均、司市、钱府官、禁五铢钱。酒专卖。	
匈奴分道攻新莽。自前五三年西汉王朝宣帝刘病已以来,六十年间,北边不见战火,人畜炽盛,自是与匈奴构难,边民或死或逃,野有白骨。	
西南夷句町国(云南广南)叛。　新政府恢复人民买卖田地。	
故汉王太后卒。　焉耆(新疆焉耆)叛新莽,杀新政府所派都护但钦。　匈奴乌珠留若鞮单于卒,乌累若鞮单于嗣位。	
新政府与匈奴和亲,匈奴执故汉政府降将陈良等二十七人付新,王莽创焚如之刑,悉烧杀之。沿边大饥,人相食。	罗马帝国奥古斯都大帝屋大维卒(前30——,在位四丨四年),提比留嗣位(——37)。
五原(内蒙包头)、代郡(河北蔚县),民变起。邯郸北大雨,流杀数千家。	
长平馆西岸崩,堵泾水不流,群臣上寿祝贺,以为匈奴灭亡之兆。新帝王莽乃令并州(山西太原)牧宋弘击匈奴,既至边塞,不敢再进。　平蛮将军冯茂击西南夷句町,兵败下狱死。更遣更始将军廉丹往击,不克。　五威将王骏攻焉耆,战死,西域都护李崇还保龟兹(及新亡,李崇亦卒,西域遂与内地绝)。	

	年份	干支	国号王朝及纪年
	17	丁丑	新天凤 四年
	18	戊寅	新天凤 五年
	19	己卯	新天凤 六年
一世纪 二〇年代	20	庚辰	新地皇 元年
	21	辛巳	新地皇 二年
	22	壬午	新地皇 三年
	23	癸未	新地皇 四年 玄汉更始 元年

国内	国外
琅邪郡(山东诸城)吕母起兵海曲(山东日照)。　新市(湖北京山)人王匡、王凤起兵绿林山,号绿林兵。	
新帝王莽,下令鼓励吏告其将,奴告其主。　琅邪人樊崇起兵(山东)莒县,号赤眉。东海人刁子都起兵东海(山东郯城)。　扬雄卒(前53——)。匈奴乌累若鞮单于卒,弟呼都而尸道皋若鞮单于嗣位。	
新政府大募兵欲击匈奴。　关东连年饥旱,盗贼益多。	
巨鹿郡(河北平乡)人马适求谋起兵叛,事泄,杀数千人。	
犯私铸钱者十万余人,男子槛车,女子徒步,至戍所则乱配其夫妇,愁苦死者六七万人。　南郡(湖北江陵)人秦丰、平原(山东平原)女子迟昭,先后起兵反。	
关东饥,人相食。　绿林兵遇疾疫,溃散。其帅王常窜入南郡,称下江兵。王凤、王匡窜入南阳,称新市兵。　平林(湖北随州)人陈牧起兵,称平林兵。南阳人刘演、刘秀起兵,称柱天都部。新政府更始将军廉丹击赤眉,战于成昌(山东东平),军溃,廉丹自杀。	
(汉帝刘望元年)(汉帝王郎元年)(淮南王李宪元年)(上将军隗嚣汉复元年) 正月,下江、新市、平林诸将及刘演,共立刘玄为帝,国号汉,史称“玄汉”。　三月,新大司马王邑率军四十三万击玄汉,围昆阳(河南叶县)。　六月,玄汉偏将军刘秀大破新军,王邑奔还洛阳。刘玄诬刘秀兄刘演谋反,杀之。　七月,上邽(甘肃天水)人杨广、成纪(甘肃静宁)人隗嚣起兵,尽定河西(甘肃)。故西汉钟义侯刘望起兵汝南(河南平舆),称汉帝,刘玄攻杀之。　八月,玄汉兵攻入常安,杀王莽,传首南阳,新亡,立国十五年。　十月,刘玄建都洛阳,遣大司马刘秀招抚河北。　十二月,河北卜者王郎据邯郸,称汉帝,发兵击刘秀。	

年份	干支	国号王朝及纪年	
24	甲申	玄汉更始	二年
25	乙酉	玄汉更始	三年
		成家龙兴	元年
		东汉建武	元年
26	丙戌	成家龙兴	二年
		东汉建武	二年

国内	国外
(汉帝王郎二年)(淮南王李宪二年)(上将军隗嚣汉复二年)(蜀王公孙述元年)(楚黎王秦丰元年)(周成王田戎元年) 玄汉帝刘玄迁都长安。　大司马刘秀击斩王郎,平铜马贼。茂陵(陕西兴平)人公孙述据(四川)成都,称蜀王。邔县(湖北宜城)人秦丰起兵,称楚黎王。汝南人田戎起兵,称周成王,陷夷陵(湖北宜昌)。	
(淮南王李宪三年)(楚黎王秦丰二年)(周成王田戎二年)(汉帝刘婴元年)(赤眉汉帝刘盆子建始元年)(汉帝刘永元年) 公孙述在成都称帝,国号成家。　玄汉萧王刘秀据鄗县(河北柏乡)叛,称帝,是为光武帝,国号亦曰汉,史称"东汉"。　赤眉大军西攻,立刘盆子为汉帝,陷长安,杀刘玄,玄汉亡,立国三年。故玄汉梁王刘永于睢阳(河南商丘)称汉帝。　匈奴迎安定(宁夏固原)人卢芳入匈奴,封为汉帝。	
(淮南王李宪四年)(楚黎王秦丰三年)(周成王田戎三年)(赤眉汉帝刘盆子建始二年)(汉帝刘永二年)(帝孙登元年)(武安王延岑元年)(燕王彭宠元年)东汉渔阳(北京密云) 太守彭宠据郡叛,称燕王。　赤眉弃长安,西攻陇县(甘肃张家川),兵败,复返长安。三辅大饥,人相食,城郭皆空。赤眉再弃长安,引兵东归。东汉大司马吴汉,略地南阳诸县,所至残暴。破虏将军邓奉适请假返故乡(河南)新野,愤乡里被蹂躏,遂叛,大破吴汉军。	

	年份	干支	国号王朝及纪年	
	27	丁亥	成家龙兴 东汉建武	三年 三年
	28	戊子	成家龙兴 东汉建武	四年 四年
	29	己丑	成家龙兴 东汉建武	五年 五年
一世纪 三〇年代	30	庚寅	成家龙兴 东汉建武	六年 六年
	31	辛卯	成家龙兴 东汉建武	七年 七年
	32	壬辰	成家龙兴 东汉建武	八年 八年

国内	国外
(帝李宪元年)(楚黎王秦丰四年)(周成王田戎四年)(赤眉汉帝刘盆子建始三年)(汉帝刘永三年)(武安王延岑二年)(燕王彭宠二年)(海西王董宪元年)(齐王张步元年)(梁王刘纡元年)东汉征西大将军冯异击赤眉于峭底,赤眉大溃,君臣降汉。 人民饥饿,黄金一斤,换豆五升。 刘永为东汉所败,其将庆吾斩之。诸将立其子刘纡为梁王。	
(帝李宪二年)(楚黎王秦丰五年)(周成王田戎五年)(武安王延岑三年)(燕王彭宠三年)(海西王董宪二年)(齐王张步二年)(梁王刘纡二年)隗嚣遣绥德将军马援,分别见成家帝公孙述及东汉帝刘秀。	
(帝李宪三年)(楚黎王秦丰六年)(周成王田戎六年)(燕王彭宠四年)(海西王董宪三年)(齐王张步三年)(梁王刘纡三年)(东平王庞萌元年)(汉帝卢芳元年) 彭宠为奴所杀。 东汉建义大将军朱祐击斩秦丰。 东汉初立太学。 五原(内蒙包头)人李兴、随昱起兵,自匈奴迎卢芳入五原,据有五郡,称汉帝。	
(帝李宪四年)(海西王董宪四年)(东平王庞萌二年)(汉帝卢芳二年)(朔宁王隗嚣元年) 成家封隗嚣为朔宁王。	耶稣钉死十字架(前4——)。
(汉帝卢芳三年)(朔宁王隗嚣二年)	
(汉帝卢芳四年)(朔宁王隗嚣三年) 东汉光武帝刘秀亲击隗嚣,而大后方颍川(河南禹州)盗起,刘秀还军洛阳。	

	年份	干支	国号王朝及纪年
	33	癸巳	成家龙兴　九年 东汉建武　九年
	34	甲午	成家龙兴　十年 东汉建武　十年
	35	乙未	成家龙兴　十一年 东汉建武　十一年
	36	丙申	成家龙兴　十二年 东汉建武　十二年
	37	丁酉	东汉建武　十三年
	38	戊戌	东汉建武　十四年
	39	己亥	东汉建武　十五年
一世纪 四〇年代	40	庚子	东汉建武　十六年
	41	辛丑	东汉建武　十七年
	42	壬寅	东汉建武　十八年

国内	国外
(汉帝卢芳五年)(朔宁王隗嚣四年) 隗嚣卒,少子隗纯嗣位。 成家翼江王田戎攻东汉,陷荆门、虎牙(二山均在湖北枝城,夹长江对峙)。东汉大司马吴汉击卢芳,匈奴救至,吴汉军败。	
(汉帝卢芳六年)(朔宁王隗纯元年) 隗纯降东汉。	
(汉帝卢芳七年) 东汉大举攻成家,任中郎将来歙为元帅,陷下辨(甘肃成县)。 成家帝公孙述遣刺客刺杀来歙。汉政府命征南大将军岑彭代之,公孙述复遣刺客刺杀岑彭。	
(汉帝卢芳八年) 东汉大司马吴汉陷成都,公孙述战死,成家亡,立国十二年。吴汉尽屠公孙氏,纵兵焚掠。	
(汉帝卢芳九年) 卢芳将随昱据五原内叛,卢芳奔匈奴。	罗马帝国皇帝提比留卒(14——),卡里古拉嗣位(——41)。
会稽(江苏苏州)大疫。 莎车王、鄯善王,均遣使入汉,请设西域都护(总督),刘秀以没有力量,无力西顾,不许。	
大司徒韩歆好直言,刘秀怒,免其官,复宣诏责骂,韩歆自杀。	
交趾郡(越南北宁)女子征侧起兵叛。卢芳降,东汉政府封为代王(山西阳高)。	
刘秀废郭皇后,改立阴丽华为皇后。	罗马帝国皇帝卡里古拉于宫中被刺身死(37——)。叔父克劳狄嗣位(——54)。
蜀郡(四川成都)守将史歆据成都叛,大司马吴汉击斩之。 伏波将军马援深入交趾击征侧。 卢芳再叛,降匈奴。	

	年份	干支	国号王朝及纪年
	43	癸卯	东汉建武 十九年
	44	甲辰	东汉建武 二十年
	45	乙巳	东汉建武 二十一年
	46	丙午	东汉建武 二十二年
	47	丁未	东汉建武 二十三年
	48	戊申	东汉建武 二十四年
	49	己酉	东汉建武 二十五年
一世纪 五〇年代	50	庚戌	东汉建武 二十六年
	51	辛亥	东汉建武 二十七年

国内	国外
马援斩征侧,交趾平。　太子刘强废为东海王,立其弟刘庄为太子。　原武(河南原阳)人单臣据城叛,兵败被杀。	
匈奴侵上党(山西长子)、天水(甘肃甘谷)、扶风(陕西兴平)。马援出屯襄国(河北邢台)以御之。	
匈奴、乌桓、鲜卑,屡连兵攻汉边,代郡(山西阳高)以东,尤受乌桓之害,边陲萧条,无复人迹。	
匈奴呼都而尸道皋若鞮单于卒,子乌达鞮侯单于嗣位,又卒,弟蒲奴单于嗣位。连年荒旱,赤地千里,乌桓又攻之,乃北迁数千里,国势渐衰。　西域诸国因汉廷不置都护,乃附匈奴。	
武陵郡(湖南常德)蛮叛,武威将军刘尚击之,一军尽没。　匈奴日逐王叛,蒲奴单于发兵击之,见日逐王兵盛,不敢战而退。	
匈奴南边八部,共立日逐王为呼韩邪单于,降东汉。从此匈奴再度分裂为南北二部。　东汉政府遣伏波将军马援击武陵蛮。	
马援卒于军,虎贲中郎将梁松诬陷之,东汉光武帝刘秀怒,追夺新息侯印,马家不敢归葬。　乌桓大人郝旦降东汉,东汉政府置乌桓校尉于上谷宁城(河北万全)抚卫。	
南匈奴内乱,东汉政府迁呼韩邪单于居西河郡(内蒙准格尔旗西南)、美稷(内蒙准格尔)。置匈奴中郎将抚卫。	
改大司马为太尉,大司徒为司徒,大司空为司空。	

	年份	干支	国号王朝及纪年	
	52	壬子	东汉建武	二十八年
	53	癸丑	东汉建武	二十九年
	54	甲寅	东汉建武	三十年
	55	乙卯	东汉建武	三十一年
	56	丙辰	东汉建武 中元	三十二年 元年
	57	丁巳	东汉中元	二年
	58	戊午	东汉永平	元年
	59	己未	东汉永平	二年
一世纪 六〇年代	60	庚申	东汉永平	三年
	61	辛酉	东汉永平	四年
	62	壬戌	东汉永平	五年
	63	癸亥	东汉永平	六年
	64	甲子	东汉永平	七年
	65	乙丑	东汉永平	八年

国内	国外
寿光侯刘鲤结客杀故式侯刘恭,刘秀命捕诸王宾客,死者以千数。	
	罗马帝国皇帝克劳狄为其皇后阿格立宾娜毒死,养子尼禄嗣位(——68)。
刘秀封禅泰山。　宣布图谶于天下。　南匈奴呼韩邪单于卒,弟丘浮尤鞮单于嗣位。	
东汉光武帝刘秀卒,子明帝刘庄嗣位。南匈奴丘浮尤鞮单于卒,弟伊伐于虑鞮单于嗣位。　烧当羌叛,攻掠陇西(甘肃临洮)。	日本遣使中国,日本与中国交通自此开始。
捕虏将军马武击烧当羌,大破之,烧当羌降。辽东(辽宁辽阳)太守祭肜攻乌桓,大破之,塞外震服,边无战警,东汉政府悉行撤回沿边屯兵。	
南匈奴伊伐于虑鞮单于卒,酸僮尸逐侯鞮单于嗣位。	尼禄毒死生母阿格立宾娜。
东汉明帝刘庄,图中兴功臣三十二人像于南宫云台。	
北匈奴攻五原,南匈奴击却之。	
南匈奴酸僮尸逐侯鞮单于卒,丘除车林鞮单于嗣位。数日又卒,湖邪尸逐侯鞮单于嗣位。	
北匈奴遣使请合市通商,东汉政府同意。	罗马大火。
东汉政府置度辽营及度辽将军,屯五原,以防南北匈奴交通。　北匈奴屡入侵,边城昼闭。　东汉明帝刘庄梦见金人,遣郎中蔡愔出使西域,求佛书。	

	年份	干支	国号王朝及纪年
	66	丙寅	东汉永平 九年
	67	丁卯	东汉永平 十年
	68	戊辰	东汉永平 十一年
	69	己巳	东汉永平 十二年
一世纪 七〇年代	70	庚午	东汉永平 十三年
	71	辛未	东汉永平 十四年
	72	壬申	东汉永平 十五年
	73	癸酉	东汉永平 十六年

国内	国外
南匈奴遣子弟入太学。	
蔡愔偕西域僧归,佛法从此传入中国。	
	罗马帝国驻西班牙军团司令贾尔柏统军返国,陷罗马城,尼禄皇帝自杀(54——,在位十五年)。贾尔柏寻被刺死,大将奥托继称帝,寻亦被刺死。大将维特里乌斯称帝。
哀牢(云南西南部)夷内附。	罗马帝国驻巴勒斯坦埃及军团司令惠斯巴西安统军返国,陷罗马城,维特里乌斯皇帝自杀,韦斯巴芗迫元老院选己为皇帝(——79)。
楚王刘英坐刻文字表祥瑞,废迁丹阳(安徽宣州)。	
楚王刘英自杀。刘庄穷治其狱,处死与放逐者千数,系狱者数千。	
东汉政府遣军三路,大举击北匈奴;显亲侯窦固出酒泉至天山,取伊吾卢(新疆哈密),留兵屯田,置宜禾都尉。谒者仆射耿秉出张掖,至三木楼山。太仆祭肜出高阙塞(内蒙临河),无功,下狱,出狱后死。 窦固遣假司马班超等二十六人使西域,于鄯善斩北匈奴使臣,进驻于寘(新疆和田)。 西域与内地绝四十一年(23——),至是复通。	

	年份	干支	国号王朝及纪年
	74	甲戌	东汉永平 十七年
	75	乙亥	东汉永平 十八年
	76	丙子	东汉建初 元年
	77	丁丑	东汉建初 二年
	78	戊寅	东汉建初 三年
	79	己卯	东汉建初 四年
一世纪 八〇年代	80	庚辰	东汉建初 五年
	81	辛巳	东汉建初 六年

国内	国外
军司马班超擒疏勒王兜题,另立榆勒为王,并进驻疏勒。　奉车都尉窦固出敦煌击北匈奴,败匈奴军于蒲类海(新疆东北巴里坤湖),车师国(新疆吐鲁番)降,东汉政府乃置西域都护及戊己校尉。	
北匈奴攻车师,杀车师后王,复攻戊校尉耿恭驻地金蒲城(新疆吉木萨尔西北),不克而退。　东汉明帝刘庄卒,子章帝刘炟嗣位。　西域焉耆、龟兹等国,起兵杀都护陈睦,围己校尉关宠驻地柳中城(新疆吐鲁番东南)。并与车师联军复攻金蒲城。	
酒泉太守段彭救西域,北匈奴败走,车师再降中国。关宠卒,军吏范羌以二千人救耿恭出。刘炟下令撤销西域都护及戊己校尉。军司马班超返至于寘,王侯以下号泣挽留,乃更还屯疏勒。　哀牢夷叛。	
东汉政府弃西域伊吾卢(新疆哈密)屯田,北匈奴复据其地。　永昌(云南保山)等三郡兵,击斩哀牢王。　安夷(青海平安)县吏夺民妻,于是烧当羌再叛。	
车骑将军马防、长水校尉耿恭,击平烧当羌。耿恭因忤马防,军还,下狱免。	
明德马太后卒。　诸儒会白虎观,议五经异同。	罗马帝国皇帝韦斯巴芗卒(69——)。子狄度嗣位(——81)。
班超上《平西域书》,东汉政府遣假司马徐干率千余人增援。	
	罗马帝国皇帝狄度卒(79——)。弟图密善嗣位(——96)。

年份	干支	国号王朝及纪年	
82	壬午	东汉建初	七年
83	癸未	东汉建初	八年
84	甲申	东汉建初 元和	九年 元年
85	乙酉	东汉元和	二年
86	丙戌	东汉元和	三年
87	丁亥	东汉元和 章和	四年 元年
88	戊子	东汉章和	二年
89	己丑	东汉永元	元年

国内	国外
太子刘庆废为清河王,其母宋贵人自杀。立刘肇为太子。	
窦皇后诬太子刘肇生母梁贵人父梁竦恶逆,梁竦死狱中,梁贵人忧卒。 东汉政府擢班超为西域将兵长史。	
疏勒王榆勒叛,班超另立成大为王。	
南匈奴湖邪尸逐侯鞮单于卒,伊屠于闾鞮单于嗣位。 南匈奴大败北匈奴于涿邪山(蒙古南境巴彦温都尔山),北匈奴日衰。	
迷当羌叛,陇西(甘肃临洮)太守张纡击平之。 班超诱斩疏勒前王榆勒。	
鲜卑攻北匈奴,斩优留单于。北匈奴大乱,五十八部,约二十八万人降汉。班超发于寘诸国兵攻莎车。龟兹来救,大败龟兹兵。莎车降,西域震服。 护羌校尉傅育贪功,欲击迷当羌,先击迷吾羌,中伏被杀。继任校尉张纡诱迷吾羌降,宴中施毒,斩迷吾等八百人,复击其众,迷吾子迷唐再叛,张纡不能制。	
东汉章帝刘炟卒,子和帝刘肇嗣位。窦太后临朝,其兄窦宪专政,使刺客杀谒者韩纡,及都乡侯刘畅,事发,窦宪请击北匈奴赎死。 邓训代张纡为护羌校尉。 南匈奴伊屠于闾鞮单于卒,弟休兰尸逐侯鞮单于嗣位。	
大将军窦宪出朔方,大破北匈奴军于稽落山(蒙古古尔班察汗山),逾塞三千里,登燕然山(蒙古中部杭爱山),中护军班固刻石纪功。 邓训击迷唐羌,屠杀甚惨,一种殆绝,迷唐收残众西奔千余里。	

一世纪
九〇年代

年份	干支	国号王朝及纪年
90	庚寅	东汉永元 二年
91	辛卯	东汉永元 三年
92	壬辰	东汉永元 四年
93	癸巳	东汉永元 五年
94	甲午	东汉永元 六年

国内	国外
窦宪遣副校尉阎砻,复取西域伊吾卢(新疆哈密)屯田地。	
窦宪遣左校尉耿夔出居延塞,击北匈奴于金微山(蒙古西部阿尔泰山),北单于率众西奔(374年,辗转侵入黑海北岸,引起欧洲民族大迁移)。窦宪逾塞五千里而还,自朝廷出兵,未尝至此。班超任西域都护。	
东汉立北匈奴右谷蠡王于除鞬当北单于。 东汉和帝刘肇恶窦宪专权,大杀其党,逼窦宪自杀。论功行赏,任钩盾令(宫廷官)郑众为大长秋,中国宦官用事自此始。 洛阳令种竞以私憾逮班固,囚死于狱(33——)。护羌校尉聂尚招降迷唐,迷唐杀护送官而复叛,攻金城塞(甘肃兰州)。	
北匈奴叛,东汉政府将兵长史王辅追击,斩于除鞬单于,破灭其众。鲜卑乘虚入居其地,国势日强。 南匈奴休兰尸逐侯鞮单于卒,安国单于嗣位,与其左贤王师子,及东汉政府度辽将军皇甫棱、匈奴中郎将杜崇等,均不睦。	
南匈奴安国单于上书汉政府控告杜崇,杜崇断其道,不得上闻,反上章言安国单于密结北匈奴降胡,欲杀左贤王师子。 东汉政府遣新任度辽将军朱徽安抚,朱徽率大军径进,安国单于惊走,攻师子,不克,汉兵又至,其国人恐,乃杀安国单于,立师子为亭独尸逐侯鞮单于。降胡不服,立日逐王逢侯为单于,渡沙漠北去。 西域都护班超发龟兹等八国兵攻焉耆,斩其王,立元孟为新王。西域五十余国,悉纳贡归附汉朝。	

年份	干支	国号王朝及纪年
95	乙未	东汉永元 七年
96	丙申	东汉永元 八年
97	丁酉	东汉永元 九年
98	戊戌	东汉永元 十年
99	己亥	东汉永元 十一年

国内	国外
护羌校尉史充击迷唐羌,兵败,死数百人。	罗马帝国皇帝图密善卒(81——)。元老院选元老尼瓦为帝(——98)。
迷唐羌攻陇西,败守军。征西将军刘尚击之,迷唐引去。东汉政府兵死伤多,不能追。 班超遣甘英出使罗马,至地中海,不敢渡而还。	
迷唐羌降,入居金城(甘肃永靖)。 南匈奴亭独尸逐侯鞮单于卒,子万氏尸逐侯鞮单于嗣位。	罗马帝国皇帝尼瓦卒(96——),养子图拉真嗣位(——117)。

二世纪

东汉王朝宦官专权，造成中国第一次宦官时代，激起广大民变。等到民变敉平，宦官与士大夫火并，军阀之一的董卓尽屠宦官，惨苛暴虐，不久，董卓被杀，中国又乱，群雄并起。

本世纪末，群雄之一的曹操迎东汉最后一任皇帝至许县（河南许昌），定都，从事扫荡军阀和再统一的工作。

二世纪

○○年代

年份	干支	国号王朝及纪年
100	庚子	东汉永元 十二年
101	辛丑	东汉永元 十三年
102	壬寅	东汉永元 十四年
103	癸卯	东汉永元 十五年
104	甲辰	东汉永元 十六年
105	乙巳	东汉永元 十七年 延兴 元年
106	丙午	东汉延平 元年
107	丁未	东汉永初 元年

国内	国外
迷唐羌饥窘,东汉政府命返故居大小榆谷(青海尖扎西),迷唐羌惊惧,遂复叛。	
金城太守侯霸击迷唐羌,大破之于允川,迷唐羌瓦解。鲜卑攻右北平(河北丰润)。　巫蛮许圣,以郡县收税不均,起兵叛,攻南郡(湖北江陵)。	
安定(宁夏固原)烧何羌叛,郡兵击灭之,复置西海郡(青海海晏),屯田龙耆(青海民和)。　荆州兵击巫蛮,许圣降,迁其众于江夏(湖北新洲)。　班超还洛阳,寻卒,计出使西域三十年(73——)。任尚继任为西域都护。	
北匈奴逢侯单于遣使向汉廷称臣,请和亲,东汉政府以其旧礼不备,不许。	
东汉和帝刘肇卒,子殇帝刘隆嗣位,生仅百余日,邓太后临朝。	
东汉殇帝刘隆卒,侄安帝刘祜嗣位。鲜卑攻渔阳(北京密云),杀太守张显。　西域都护任尚失诸国和,诸国纷叛,攻任尚驻地疏勒城。东汉政府征任尚,任段禧为都护,连兵数月,仅定龟兹。	
西域都护虽保龟兹,而道路隔绝,东汉安帝刘祜命撤销西域都护,弃伊吾卢及柳中屯田。　烧当诸降羌(勒姐、当煎、滇零、先零、钟羌)分布诸郡县,为贪官污吏所虐,愁怨积久,会发兵迎西域都护,征羌男入营,遂纷叛,揭竿以攻政府兵。中国半壁河山,又陷大乱。	日本倭奴国王师升,遣使中国,献生口一六〇人。

	年份	干支	国号王朝及纪年
	108	戊申	东汉永初 二年
	109	己酉	东汉永初 三年
二世纪 一〇年代	110	庚戌	东汉永初 四年
	111	辛亥	东汉永初 五年
	112	壬子	东汉永初 六年
	113	癸丑	东汉永初 七年

国内	国外
车骑将军邓骘击滇零羌,战于平襄(甘肃通渭),政府军大败,死八千人。湟中(青海东部湟水流域)诸县,粟每石万钱,人民死亡累累。　滇零遂据北地(宁夏吴忠)称帝,东攻三辅(长安、扶风、冯翊),南攻益州(四川)。	
洛阳及四十一郡国雨,洛阳、并州、凉州大饥,民相食。南匈奴万氏尸逐侯鞮单于入朝中国,见民生凋疲,遂叛。与乌桓、鲜卑,合兵攻五原,汉军大败。　匈奴复围匈奴中郎将耿种驻地美稷(内蒙准格尔旗)。海寇张伯路攻掠沿海九郡。	
南匈奴围美稷数月,不能克。大司农何熙、中郎将庞雄援军至,万氏尸逐侯鞮单于见汉朝军盛,大怖,归降,东汉政府待之如昔。　大将军邓骘以羌乱日炽,欲弃凉州(甘肃张家川),郎中虞诩力争不可。　滇零、先零羌先后攻褒中(陕西汉中西北),政府军败,死三千余人。	
先零羌将攻河东(山西夏县),兵至河内(河南武陟),人民渡黄河南奔,首都洛阳震动。　青州(山东淄博)刺史法雄,击斩海寇张伯路。汉阳(甘肃甘谷)人杜琦据上邽(甘肃天水)起兵反。今年,九州岛有蝗灾,八郡国大水,加以兵灾,人民流离分散,随道死亡。	
十州蝗灾。　旱。　滇零病卒,子零昌嗣位,据丁奚城(宁夏吴忠南)。	
护羌校尉侯霸击先零羌别部牢羌于安定(宁夏固原)。	

年份	干支	国号王朝及纪年
114	甲寅	东汉永初 八年 元初 元年
115	乙卯	东汉元初 二年
116	丙辰	东汉元初 三年
117	丁巳	东汉元初 四年
118	戊午	东汉元初 五年
119	己未	东汉元初 六年

国内	国外
凉州(甘肃张家川)刺史皮扬,击羌于狄道(甘肃岷县),兵败,死八百余人。	
河南(洛阳)等十九郡国蝗,洛阳旱。辽东鲜卑攻无虑(辽宁北镇)。 屯骑校尉班雄、征西将军马钧、护羌校尉庞参,合击羌帝零昌,大败,死三千余人。	
苍梧蛮、武陵蛮,先后叛,兵败俱降。中郎将任尚击零昌,克北地(宁夏吴忠),杀零昌妻子。	
任尚募羌酋号封,刺杀零昌。复击先零羌,战于富平(甘肃吴忠)黄河岸,大破之。 越嶲(四川西昌)蛮夷以郡县赋税烦数,酋长封离率众叛。	罗马皇帝图拉真卒(98——),侄哈德良嗣位(——138)。
永昌(云南保山)、益州(云南晋宁)、蜀郡(四川成都)夷,俱叛应封离,众三十万,焚掠二十余县,骸骨委积,千里无人。 度辽将军邓遵募羌酋雕何,刺杀零昌羌同种酋长狼莫,诸羌瓦解。自烧当诸降羌叛,十二年间(107——),至此始平。然凉(甘肃地区)并(山西地区)二州,一片荒芜,民不聊生。任尚与邓遵争功,邓遵为邓太后堂弟,汉安帝刘祜遂斩任尚。	
鲜卑攻马城(河北怀安)要塞,邓遵及南匈奴击破之。 益州刺史张乔击诸叛夷,大破之,斩首三万,封离恐,请降。 (甘肃)敦煌太守曹宗遣长史索班复屯伊吾卢(新疆哈密),车师国前王(新疆吐鲁番),及鄯善国(新疆若羌)内属中国。	

二世纪
二〇年代

年份	干支	国号王朝及纪年	
120	庚申	东汉元初 永宁	七年 元年
121	辛酉	东汉永宁 建光	二年 元年
122	壬戌	东汉建光 延光	二年 元年
123	癸亥	东汉延光	二年
124	甲子	东汉延光	三年

国内	国外
北匈奴与车师后王(新疆吉木萨尔)军就,攻杀索班。鄯善求救于汉,东汉政府用军司马班勇议,于敦煌置西域副校尉,然不能出兵。　沈氏羌叛,攻张掖,护羌校尉马贤破之,归降。当煎羌攻金城,马贤出塞击之,烧当羌烧何种乘虚复攻张掖。　洛阳及三十三郡国大水。	
邓太后卒,刘祜诬其曾谋废立,西平侯邓广宗、西华侯邓忠、河南尹邓豹、度辽将军邓遵、将作大匠邓畅、上蔡侯邓骘,先后皆自杀。　阎皇后弟阎显,刘祜乳母王圣,王圣女王伯荣,俱用事。刘祜又封宦官李闰、江京为侯。内外勾结,并为奢虐。　烧当羌以护羌校尉马贤抚恤不至,起兵叛,攻金城、武威。鲜卑攻居庸关(北京昌平),云中(内蒙托克托)太守成严战死。　高句丽攻玄菟(辽宁沈阳)。	
鲜卑数万攻雁门、定襄、太原。　烧当诸叛羌饥困,向汉阳太守耿种降。	
北匈奴与车师频攻河西(甘肃)地,议者欲复闭玉门、阳关,弃绝西域。终于纳敦煌太守张珰议:欲保河西,必先保西域。乃遣班勇任西域长史,率兵五百人,进屯柳中(新疆吐鲁番东南)。	
班勇击走北匈奴,西域复通。　宦官樊丰诬太尉杨震怨望,杨震自杀。　王圣、樊丰、江京,与阎皇后共构陷太子刘保,废为济阴王。　洛阳等三十六郡国大水、雨雹。　南匈奴万氏尸逐侯鞮单于卒,弟乌稽侯尸逐鞮单于嗣位。	

年份	干支	国号王朝及纪年
125	乙丑	东汉延光 四年
126	丙寅	东汉永建 元年
127	丁卯	东汉永建 二年
128	戊辰	东汉永建 三年
129	己巳	东汉永建 四年

国内	国外
东汉安帝刘祜南巡,至(河南)叶县病卒,阎皇后与阎显兄弟,及江京、樊丰谋,迎立北乡侯刘懿嗣位。　车骑将军阎显忌大将军耿宝,及樊丰、王圣。使有司奏其阿党不道,耿宝自杀,樊丰下狱死,王圣母女徙雁门(山西朔州东南)。　刘懿寻卒,宦官孙程等起兵,斩江京,迎立济阴王刘保,是为顺帝。寻杀阎显,囚阎太后离宫,封孙程等十九人为侯。　西域长史班勇发鄯善、疏勒、车师前后诸国兵,击车师后部,擒其王军就及北匈奴持节使臣,至索班死处斩之,传首洛阳。	
陇西(甘肃临洮)钟羌叛,护羌校尉马贤击之于临洮,斩首千余,钟羌降。鲜卑数攻南匈奴,又攻代郡,杀太守李超,汉政府于沿边复置屯兵。　西域长史班勇立故王子加特奴为车师后王,发诸国兵击北匈奴呼衍王,大败之,自是车师境内无敌迹。　司隶校尉虞诩弹劾中常侍张妨等,张妨泣诉东汉顺帝刘保,乃逮虞诩,发配左校(囚徒营)为徒。张妨必欲杀之,二日之中,拷掠四次。浮阳侯孙程力救,始得出。然宦官之势自此日炽。	
班勇与敦煌太守张朗,分道攻焉耆。张朗争功,先期而至,焉耆降。班勇以后期下狱。	
鲜卑攻渔阳(北京密云)。　南匈奴乌稽侯尸逐鞮单于卒,弟去持若尸逐就单于嗣位。	

二世纪
三〇年代

年份	干支	国号王朝及纪年
130	庚午	东汉永建 五年
131	辛未	东汉永建 六年
132	壬申	东汉永建 七年 阳嘉 元年
133	癸酉	东汉阳嘉 二年
134	甲戌	东汉阳嘉 三年
135	乙亥	东汉阳嘉 四年
136	丙子	东汉阳嘉 五年 永和 元年
137	丁丑	东汉永和 二年
138	戊寅	东汉永和 三年
139	己卯	东汉永和 四年

国内	国外
都城洛阳及十二郡国蝗灾。　定远侯班超孙班始,娶东汉顺帝刘保姑阴城公主,公主骄淫无道,班始积忿杀公主。班始腰斩,同母兄弟皆斩首。	
东汉政府于伊吾卢(新疆哈密)置伊吾司马,再开屯田。	
郡国举荐孝廉,令限四十岁以上。　扬州(安徽和县)人章河起兵,攻掠四十九县,杀害官吏。	
东汉顺帝刘保命宦官封侯者,得以养子袭爵。任梁皇后父梁商为大将军。	
梁商子梁冀任河南尹,纵暴。洛阳令吕放言于梁商,梁商责梁冀,梁冀遣人刺杀吕放,宣称系其仇家加害。而命吕放弟吕禹继任洛阳令,屠火可疑仇家宗亲宾客百余人。　武陵(湖南常德)太守奏准增征蛮夷租赋,诸蛮夷不堪负担,杀官吏叛。	
武陵蛮二万人围充县(湖南桑植),武陵太守李进击平之。　岭南象林蛮(越南维川)叛。	
东汉政府任祝良为九真(越南清化)太守,张乔为交趾(越南北宁)太守,招降象林蛮。　烧当羌那离攻金城(甘肃陇西),护羌校尉马贤击破之。	罗马帝国皇帝哈德良卒(117——),养子安敦尼嗣位(——161)。
中常侍张逵,欲杀大将军梁商及中常侍曹腾,诬其阴谋废立,矫诏捕曹腾。东汉顺帝刘保怒,诛张逵及其党。	

二世纪
四〇年代

年份	干支	国号王朝及纪年	
140	庚辰	东汉永和	五年
141	辛巳	东汉永和	六年
142	壬午	东汉永和 汉安	七年 元年
143	癸未	东汉汉安	二年
144	甲申	东汉汉安 建康	三年 元年

国内	国外
南匈奴句龙王及右贤王叛,合兵攻没城邑。匈奴中郎将陈龟责去持若尸逐就单于不能制下,逼令与左贤王自杀。于是余众悉叛。东汉政府逮陈龟下狱,免官。　句龙王吾斯立车纽为单于,攻破京兆(陕西西安)虎牙营,掠并、幽、凉、冀四州。东汉政府遣匈奴中郎将张耽击之,车纽单于降,吾斯逃走,仍寇边不已。　凉州(甘肃张家川)刺史刘秉、并州(山西太原)刺史来机,俱天性惨虐;且冻、傅离诸羌纷叛。	
征西将军马贤击且冻羌,战于射姑山(甘肃庆阳北),兵败被杀,于是东西羌大合。巩唐羌兵入三辅,烧皇帝陵墓及园林。车骑将军张乔屯兵卫三辅。　大将军梁商卒,子梁冀继任大将军,梁冀弟梁不疑继任河南尹。	
东汉政府遣八使臣,分巡郡县。光禄大夫张纲埋车轮于洛阳都亭,弹劾梁冀专权贪恣,刘保知其直而不能用。	
南匈奴单于虚位三年(140——),今年,东汉朝廷立其守义王为呼兰若尸逐就单于。　匈奴中郎将马实,遣人刺杀龙句王吾斯。	
护羌校尉赵冲击叛羌,中伏,战死,而羌势亦衰。　匈奴中郎将马实击匈奴左部,破之,左部及乌桓悉降。　东汉顺帝刘保卒,子冲帝刘炳嗣位,年二岁。　九江(安徽定远)范容据历阳(安徽和县)叛,扬州刺史尹耀击之,兵败被杀。九江人马勉据当涂山(安徽怀远)称帝。	

	年份	干支	国号王朝及纪年	
	145	乙酉	东汉永嘉	元年
	146	丙戌	东汉本初	元年
	147	丁亥	东汉建和	元年
	148	戊子	东汉建和	二年
	149	己丑	东汉建和	三年
二世纪 五〇年代	150	庚寅	东汉和平	元年
	151	辛卯	东汉和平 元嘉	二年 元年
	152	壬辰	东汉元嘉	二年
	153	癸巳	东汉元嘉 永兴	三年 元年
	154	甲午	东汉永兴	二年
	155	乙未	东汉永兴 永寿	三年 元年

国内	国外
东汉冲帝刘炳卒,梁太后及弟梁冀贪立幼主,力排清河王刘蒜,立勃海孝王子刘缵嗣位,年方八岁,是为质帝。　西羌叛乱经年,诸将多盗军需,以珍宝行贿,不恤军事,士卒不得其死,白骨相望于野。左冯翊(陕西高陵)梁并,以恩信招诱,诸羌纷降,陇右(甘肃)复平。　九江都尉滕抚击斩范容、马勉。	
东汉质帝刘缵聪慧,大将军梁冀恶之,使左右毒死。迎蠡吾侯刘志嗣位,是为桓帝,年十五岁,梁太后仍临朝。	
梁冀诬清河王刘蒜谋反,刘蒜自杀。又诬前太尉李固、杜乔,与刘蒜通谋,俱囚死狱中。　南匈奴呼兰若尸逐就单于卒,伊陵尸逐就单于车儿嗣位。	
梁太后卒。　东汉桓帝刘志受制于大将军梁冀,仍不能亲政。	
梁冀任其子梁胤为河南尹,年十六。	
西域长史王敬杀于寘(新疆和田)王,于寘国人杀王敬,立故王子安国为王。	
三十二郡国蝗,河水溢,人民饥穷,流亡数十万户。	
东汉桓帝刘志封乳母子马初为列侯。泰山琅邪(山东临沂)人公孙举起兵叛,杀官吏。	
司隶(河南洛阳)及冀州(河北高邑)饥,人相食。(河南)南阳大水。　南匈奴左薁鞬台耆等叛,汉政府安定属国都尉张奂击平之。	

	年份	干支	国号王朝及纪年
	156	丙申	东汉永寿 二年
	157	丁酉	东汉永寿 三年
	158	戊戌	东汉永寿 四年 延熹 元年
	159	己亥	东汉延熹 二年
二世纪 六〇年代	160	庚子	东汉延熹 三年

国内	国外
中郎将段颎击公孙举,斩之。	
居风(越南清化北)令贪暴无度,县民朱达与边民同叛,攻九真(越南清化),太守儿式战死。　长沙蛮叛,攻(湖南)益阳。	
南匈奴诸部并叛,与乌桓、鲜卑连兵攻沿边九郡。北中郎将张奂潜与乌桓和解,击斩诸部渠帅,其众悉降。	
东汉桓帝刘志已二十八岁,仍不能亲政,愤大将军梁冀专横。与宦官唐衡、左悺、徐璜、具瑗、单超等五人共谋,遣兵围梁冀宅,梁冀及妻孙寿自杀,梁、孙二族无少长悉斩。封五宦官为侯。中常侍侯览献绸缎五千匹,亦封侯。又封小黄门刘普、赵忠等八人为侯。从此宦官用事,政更腐乱。	大月氏王国贵霜王朝迦腻色迦王,邀佛教高僧五百余人,集会于罽宾城(印度北部克什米尔首府斯利那加),统一教义,审定经文(佛教徒第四次大结集)。唯印度南部僧侣拒奉此教义,佛教遂分南北。北派即罽宾城议定者,主雕刻佛像,普渡众生,世称“大乘”。南派即印度南部所行者,不雕佛像,仅求自渡,世称“小乘”。
宦官单超卒,尚余四侯,时语云:“左回天,具独坐,徐卧虎,唐两堕。”更为横暴,兄弟姻戚均任地方官,刻虐人民,与盗匪无异,民不堪命,海内民变蜂起。　西羌(烧当、烧何、当煎、勒姐等)复叛,攻张掖。护羌校尉段颎击之,战至积石山(青海阿尼玛卿山),出塞二千余里,羌众悉降。	

年份	干支	国号王朝及纪年
161	辛丑	东汉延熹 四年
162	壬寅	东汉延熹 五年
163	癸卯	东汉延熹 六年
164	甲辰	东汉延熹 七年
165	乙巳	东汉延熹 八年

国内	国外
刘志命减王侯半租及百官俸禄,卖关内侯以下官。西羌又叛,凉州刺史郭同归罪护羌校尉段颎,下狱免官。遣中郎将皇甫规出击,西羌降。	罗马帝国皇帝安敦尼卒(138——),婿马可奥勒留嗣位(——180)。
武陵少数民族又叛,车骑将军冯绲击之,斩首四千,受降十余万,悉平。沈氏羌叛,攻张掖、酒泉,皇甫规击降之,凉州道复通。皇甫规不与宦官交往,宦官共诬其贿赂群羌,故令其假降。下狱,发配左校为徒,会赦得出。	
武陵少数民族复叛,太守陈举击平之。宦官素恶冯绲,因而诬以军还盗贼复发,免官。　西羌滇那种势炽,凉州危急,东汉政府命张奂任度辽将军,皇甫规任匈奴中郎将,段颎任护羌校尉。	
东汉桓帝刘志南巡,至汉水而还,车骑以万计,民怨沸腾。　刘志诬杀前侍中寇荣。	
北海(山东昌乐)太守羊元赃污狼藉,河南(洛阳)尹李膺提出弹劾,羊元行贿宦官,李膺反坐,发配左校为徒。赖大臣力救,改任司隶校尉。 荆州(湖南汉寿)兵朱盖叛,陷桂阳(湖南郴州),攻零陵(湖南永州),太守陈球固守,中郎将度尚救至,斩朱盖。　段颎击西羌,进兵穷追,自春至秋,无日不战,斩首二万三千,降者万余部落。邓皇后废死,立窦贵人为皇后。	

年份	干支	国号王朝及纪年
166	丙午	东汉延熹　九年
167	丁未	东汉延熹　十年 永康　元年
168	戊申	东汉永康　二年 建宁　元年
169	己酉	东汉建宁　二年
170	庚戌	东汉建宁　三年
171	辛亥	东汉建宁　四年

二世纪
七〇年代

国内	国外
河南(洛阳)人张成,善占卜,知将有大赦,乃使其子杀人。司隶校尉李膺捕至,果有赦令,于法应免,李膺愤极,竟杀之。张成素与宦官交结,乃使其弟子牢修上书,告李膺养太学游士,勾结诸郡生徒,共为部党,诽谤政府。东汉桓帝刘志素信张成占卜,于是大怒,捕李膺等二百余人下狱。党人狱起,宦官威振天下。　鲜卑大人檀石槐日强,刘志遣使封其为王,欲与和亲,檀石槐拒绝。	
城门校尉窦武等上书救李膺,李膺狱词又多引宦官子弟,宦官惧,适有日蚀,乃以天变为言,悉赦出狱,唯书名政府,禁锢终身。　东汉桓帝刘志卒。	
窦太后立解渎亭侯刘宏为帝,是为灵帝。　大将军窦武、太傅陈蕃等,谋诛宦官,事败,被杀,宗亲宾客姻戚悉死。刘宏迁窦太后于南宫。封宦官曹节、王甫等六人为列侯,另十一人为关内侯。宦官益横。　乌桓大人楼难、丘力居等均称王,国势日盛。	
护羌校尉段颎击余羌,追至穷山深谷,斩渠帅以下一万九千人,东羌悉平。　宦官曹节诬"钩党"谋反,复捕党人,杀李膺、范滂等百余人。	
扶风(陕西兴平)人孟佗,倾产与宦官张让家奴朋结,遂被任为凉州(甘肃张家川)刺史。	
大赦,唯党人不赦。	

年份	干支	国号王朝及纪年	
172	壬子	东汉建宁	五年
		熹平	元年
173	癸丑	东汉熹平	二年
174	甲寅	东汉熹平	三年
175	乙卯	东汉熹平	四年
176	丙辰	东汉熹平	五年
177	丁巳	东汉熹平	六年

国内	国外
窦太后忧卒。有人书朱雀阙,言:“天下大乱,曹节、王甫幽杀太后。”司隶校尉段颎四出逐捕,太学生下狱者千余人。段颎与前太常张奂有隙,欲害之,张奂哀请得免。　宦官王甫向勃海王刘悝索贿不遂,诬以谋反,刘悝自杀,妃妾子女一百余人皆死于狱。会稽(浙江绍兴)人许生起兵句章(浙江宁波西北),称帝。　南匈奴车儿单于卒,子屠特若尸逐就单于嗣位。	
鲜卑攻幽州(北京)。	
扬州刺史臧旻,击斩许生。　鲜卑攻北地(陕西耀县)、并州(山西太原)。	
诸儒正五经文字,议郎蔡邕用古文、篆、隶三体书写,刻碑立于洛阳太学门外,是为“石经”。鲜卑攻幽州(北京)。	
永昌(云南保山)太守曹鸾,上书请赦党人,东汉灵帝刘宏大怒,槛车逮曹鸾,下狱掠死。因严查党人门生、故吏、父子兄弟在位者,悉撤职禁锢。	
东汉大举攻鲜卑,乌桓校尉夏育出高柳(山西阳高)、鲜卑中郎将田晏出云中(内蒙托克托)、匈奴中郎将臧旻出雁门(山西朔州东南)。鲜卑大人檀石隗三道迎战,东汉军大败,死二万余人,三将槛车下狱,免官。	

	年份	干支	国号王朝及纪年
	178	戊午	东汉熹平 七年 光和 元年
	179	己未	东汉光和 二年
二世纪 八〇年代	180	庚申	东汉光和 三年
	181	辛酉	东汉光和 四年
	182	壬戌	东汉光和 五年
	183	癸亥	东汉光和 六年

国内	国外
刘宏前为解渎亭侯时,常苦贫困,及为帝,每叹前任桓帝刘志不知作家居,于是下令卖官,于西邸置官府,二千石二千万,四百石四百万。又私令左右卖公卿,公千万、卿五百万。 南匈奴屠特若尸逐就单于卒,子呼征单于嗣位。	
匈奴中郎将张修,与南匈奴呼征单于不睦,竟斩呼征单于,更立右贤王羌渠为单于。张修槛车征还,处死。 司隶校尉阳球奏宦官王甫与太尉段颎罪恶,王甫死杖下,段颎自杀。阳球复欲诛曹节,事泄,曹节恐,言于刘宏,迁阳球为卫尉。 司徒刘合、少府陈球,复欲诛曹节,事又泄,曹节诬以谋反,刘合、陈球、阳球,均下狱死。	
东汉灵帝刘宏立何贵人为皇后,任其兄何进为侍中。	罗马帝国马可奥勒留卒(161——),子康茂德嗣位(——192)。
鲜卑大人檀石槐卒,子和连嗣位,才不及父,势转衰。	
东汉政府命公卿纠举刺史二千石为民害者,宦官子弟客虽贪残狼藉皆不敢问,而有政绩者,反奏免二十六人。吏民纷赴洛阳陈诉,东汉灵帝刘宏无奈,悉用二十六人为议郎。	
旱。	

年份	干支	国号王朝及纪年
184	甲子	东汉光和 七年 中平 元年
185	乙丑	东汉中平 二年
186	丙寅	东汉中平 三年
187	丁卯	东汉中平 四年

国内	国外
巨鹿(河北宁晋)人张角起兵叛,称天公将军,置三十六方,以黄巾为标帜,旬月之间,天下响应,洛阳震动。北中郎将卢植连破之,围张角于广宗(河北威县)。宦官左丰视军,不得贿赂,诬称卢植拥兵不战,槛车征卢植还。遣东中郎将董卓代之,不能克。再遣左中郎将皇甫嵩代之,斩人公将军张梁。张角已卒,斩首传洛阳。复攻下曲阳(河北晋州),斩地公将军张宝。黄巾破散。豫州(安徽亳州)刺史王允破黄巾,得宦官张让宾客通书奏之,张让诬王允有罪,槛车征还下狱。东汉灵帝刘宏惧党人与黄巾合,大赦。“党锢之祸”前后二十年(166——),至此始解,而国事已不可为。巴郡(四川重庆)人张修叛,称五斗米教。北地(宁夏吴忠)先零羌叛,立北宫伯玉为将军,杀护羌校尉冷征。	
论讨平黄巾功,封宦官张让、赵忠等十二人为列侯。东汉灵帝刘宏常言:“张常侍是我父,赵常侍是我母。”宦官益凶。　黄巾虽平,所在盗贼并起,张让向皇甫嵩索贿五千万,不得,诬其连战无功,免官。	
江夏(湖北新洲)兵赵慈反,杀(河南)南阳太守秦颉。荆州(湖南汉寿)刺史王敏击斩之。	
金城人韩遂杀北宫伯玉,攻陇西。凉州刺史耿鄙击之,中途兵变被杀。　泰山(山东泰安)太守张举称帝,与乌桓联盟,众十万,屯肥如(河北迁安)。　今年,东汉灵帝刘宏仅卖关内侯钱,即达五百万。	

	年份	干支	国号王朝及纪年	
	188	戊辰	东汉中平	五年
	189	己巳	东汉中平	六年
			光熹	元年
			昭宁	元年
			永汉	元年
二世纪九〇年代	190	庚午	东汉初平	元年

国内	国外
东汉政府置西园八校尉,宦官蹇硕为上军校尉。袁绍、曹操等七校尉,均隶蹇硕。 黄巾马相起兵竹(四川德阳),称帝。 南匈奴内乱,攻杀羌渠单于,子持至尸逐侯单于嗣位。	
四月,东汉灵帝刘宏卒,子少帝刘辩嗣位。 五月,大将军何进放逐刘宏生母董太后于河间(河北献县),骠骑将军董重自杀。 六月,董太后忧怖而死。 七月,何进欲诛宦官,何太后不允,何进召破虏将军董卓入洛阳胁何太后,事泄。 八月,宦官张让乘何进入宫,杀之。虎贲中郎将袁术遂攻皇宫,中军校尉袁绍大捕宦官,无少长悉斩之,杀二千余人。张让胁刘辩奔小平津(洛阳北),追兵至,张让自杀。董卓军亦至,迎刘辩还宫。 九月,董卓废刘辩为弘农王,立其弟刘协为帝,是为献帝。杀何太后。任董卓为太尉。十一月,任董卓为相国,权倾朝野。南匈奴又乱,众立须卜骨都侯为单于。持至尸逐侯单于欲讼于汉廷,会刘宏卒,汉廷亦大乱,乃率兵掠边,无所获,欲返故地,但遭不纳,遂止河东平阳(山西临汾)。	
正月,关东(函谷关以东河南山东等地)州郡纷起兵讨董卓,推勃海(河北南皮)太守袁绍为盟主。董卓杀少帝刘辩。 二月,董卓迁东汉献帝刘协都长安,悉驱民数百万人自洛阳西行,沿途兵马踏践,饥饿疾病,积尸盈路,洛阳二百里内,无复人烟。 三月,骁骑校尉曹操起兵陈留,西攻董卓,败于荥阳汴水。 六月,董卓废五铢钱,更铸小钱,自是钱贱物贵,谷每石至钱数万。	

年份	干支	国号王朝及纪年
191	辛未	东汉初平　二年
192	壬申	东汉初平　三年
193	癸酉	东汉初平　四年

国内	国外
擢董卓为太师。破虏将军孙坚起兵攻董卓,入洛阳,得传国玉玺。回军攻荆州(湖北襄樊)牧刘表,为其将黄祖射死。 冀州(河北高邑)牧韩馥让位于袁绍。袁绍奏荐曹操为东郡(河南濮阳)太守。 奋武将军公孙瓒攻袁绍,任刘备为(山东)平原相。 河南尹朱儁起兵讨董卓。	
袁绍大破公孙瓒于界桥(河北威县北)。 司徒王允使中郎将吕布刺杀董卓。董卓部将李傕、郭汜、樊稠等求赦,王允不许。遂叛,攻陷长安,杀王允。	罗马帝国皇帝康茂德暴虐,为元老院施毒绞死(180——)。罗马城禁卫军,及驻不列颠、叙利亚、多瑙河诸地罗马军团,各拥立一帝,互相攻战。自奥古斯都大帝屋大维以来和平时期凡二百二十二年(前30——)告终。
徐州牧陶谦所部杀曹操父曹嵩,曹操攻陶谦,坑杀男女数十万人于泗水(山东济宁),所过郡县皆屠之,陶谦退屯郯县(山东郯城),曹操围之。幽州(北京)牧刘虞攻公孙瓒,兵败被杀。	多瑙河军团所拥立之皇帝塞维鲁削平群雄,入主罗马城(——212),大规模屠杀富民,以其财产分赐部下,自是继任诸帝效之,杀掠遂成为罗马皇帝谋财方法。

年份	干支	国号王朝及纪年
194	甲戌	东汉兴平 元年
195	乙亥	东汉兴平 二年

国内	国外
二月,(山东)平原相刘备救陶谦,曹操适食尽退军,陶谦奏荐刘备为豫州(安徽亳州)刺史。　四月,曹操还军复攻陶谦,陈留太守张邈叛曹操,潜引奋威将军吕布任兖州(山东金乡)牧,曹操反攻,不胜,退屯(山东)鄄城。　五月,车骑将军李傕、后将军郭汜、右将军樊稠,共揽朝政,喜怒无常。　七月,大旱,长安城中人相食。　十二月,陶谦卒,刘备继任徐州刺史。左将军袁术屯寿春(安徽寿县),任孙坚子孙策为怀义校尉。	
曹操攻(山东)定陶,吕布兵败,东奔徐州降刘备。曹操进围雍丘(河南杞县),张邈为部下所杀。长安乱起,李傕忌樊稠勇而得众,杀之。郭汜疑李傕图己,于是勒兵相攻。李傕劫东汉献帝刘协,郭汜劫众大臣公卿,连战五月,死者万数。车骑将军张济从中和解,送刘协东归弘农(河南灵宝)。既行,张济、李傕、郭汜俱悔,合兵追击,欲劫刘协再返长安。刘协急奔,渡黄河而北,驻白波帅李乐营,进至安邑(山西夏县)。　孙策南渡长江,连陷曲阿(江苏丹阳)、吴郡(江苏苏州),始有江东(江苏南境,浙江北境)。　南匈奴持至尸逐侯单于卒,弟呼厨泉单于嗣位。　袁绍攻公孙瓒,大破之,斩首二万,公孙瓒退保易京(河北雄县),袁绍军围之。	

年份	干支	国号王朝及纪年
196	丙子	东汉兴平 三年 建安 元年
197	丁丑	东汉建安 二年
198	戊寅	东汉建安 三年
199	己卯	东汉建安 四年

国内	国外
兴义将军杨奉送东汉献帝刘协由安邑回洛阳。宫室烧尽,百官饥乏,自出采樵,或饿死墙壁间,或为士兵所杀。 曹操率兵入朝,迁刘协都(河南)许昌,曹操任司空。自此政归曹氏。 袁术攻刘备,刘备出战,吕布叛刘备,乘虚袭据徐州,刘备还击,兵溃,遂降吕布。吕布称徐州牧。使刘备屯(江苏)沛县。张济由长安南下攻穰城(河南邓州),中流矢死,侄张绣代领其众,降荆州牧刘表,屯宛城(河南南阳)。 江夏(湖北新洲)太守黄祖,杀祢衡。	
曹操击张绣,张绣降。曹操纳张济妻,张绣怒叛,杀曹操长子曹昂。 左将军袁术据寿春(安徽寿县)称帝,国号仲家。	
吕布与袁术相结,遣军攻刘备,刘备军溃,只身奔曹操,曹操亲击吕布。吕布降,仍斩之。 孙策遣使贡方物,东汉献帝刘协授孙策为讨逆将军,封吴侯。 袁绍攻公孙瓒,三年不能克,书信请求,欲释憾和解,又不答。袁绍围之益急。	
公孙瓒窘困,自焚死。 袁术穷奢不能自立,归帝号于兄袁绍,欲经下邳(江苏睢宁)北上冀州(河北临漳),刘备迎击之,不得过,复返寿春,于道呕血死。 张绣降曹操,曹操执张绣手欢宴,授扬武将军。 袁绍既灭公孙瓒,志骄,欲攻曹操,曹操大军屯官渡(河南中牟东北)。	

三世纪

东汉宰相曹操死后，他的儿子曹丕篡夺帝位，建曹魏政府。东汉皇族苗裔刘备在四川建蜀汉政府，另一军阀孙权在长江下游建东吴政府，三国时代出现。

三国时代仅六十一年，最后均被司马家族的晋王朝消灭，统一中国。可是也为时不久，到本世纪末，又发生骨肉相残的"八王之乱"。

三世纪

○○年代

年份	干支	国号王朝及纪年
200	庚辰	东汉建安 五年
201	辛巳	东汉建安 六年
202	壬午	东汉建安 七年
203	癸未	东汉建安 八年
204	甲申	东汉建安 九年
205	乙酉	东汉建安 十年
206	丙戌	东汉建安 十一年

国内	国外
车骑将军董承、左将军刘备,密谋杀曹操,事泄,曹操杀董承,发兵攻刘备,陷下邳(江苏睢宁),擒关羽,刘备只身奔袁绍。　袁绍大举攻曹操,战于官渡(河南中牟东北),袁绍军大败。　孙策卒,曹操授孙策弟孙权为讨虏将军,代领其军。	
曹操击袁绍,战于仓亭,袁绍军再溃。曹操还军击刘备于汝南(河南平舆),刘备奔荆州(湖北襄樊),投刘表,屯(河南)新野。	
袁绍命长子袁谭任青州(山东平原)刺史,次子袁熙任幽州(北京)刺史,甥高干任并州(山西太原)刺史。　袁绍以数兵败,惭愤,呕血死。幼子袁尚继任冀州(河北临漳)牧。	
袁氏兄弟内争,袁谭攻袁尚,兵败,退屯(河北)南皮。袁尚反攻,大破之,袁谭奔(山东)平原,遣使降曹操,求救。曹操进军黎阳(河南浚县),袁尚军乃返邺城(河北临漳)。	
袁尚复攻袁谭,曹操乘虚攻邺城,袁尚还战,大败,奔幽州投袁熙。曹操遂入邺城,兼任冀州牧。袁谭收袁尚残兵,叛曹操。　高干降曹操。　丹阳(安徽宣州)大都督妫览杀太守孙翊,孙翊妻徐氏诱杀妫览。	
曹操攻南皮,斩袁谭。　幽州(北京)将吏逐刺史袁熙,迎降曹操。袁熙、袁尚奔乌桓。并州(山西太原)刺史高干叛曹操。	
曹操攻并州,斩高干,幽(北京)、青(山东平原)、冀(河北临漳)、并(山西太原),四州悉定。	

三世纪
一〇年代

年份	干支	国号王朝及纪年
207	丁亥	东汉建安 十二年
208	戊子	东汉建安 十三年
209	己丑	东汉建安 十四年
210	庚寅	东汉建安 十五年
211	辛卯	东汉建安 十六年

国内	国外
曹操攻乌桓,战于白狼山(辽宁喀喇沁左翼县),大破之,斩乌桓王蹋顿。袁熙、袁尚投辽东(辽宁辽阳)太守公孙康,公孙康斩二人首,献曹操。　刘备于新野求贤,见诸葛亮于隆中(湖北襄樊西)。	
正月,孙权攻夏口(湖北武汉),斩太守黄祖。 六月,东汉政府罢三公之官,复设丞相、御史大夫。任曹操为丞相。　七月,曹操大举攻荆州牧刘表,会刘表卒,子刘琮继任。　八月,曹操军至新野,刘琮降。刘备南奔,曹操遣轻骑直追,及于当阳,刘备军溃,投夏口太守刘琦。　十月,曹操乘胜攻孙权,战于赤壁(湖北赤壁境长江西岸),大败。	
孙权攻(安徽)合肥,三月不下,还军。　孙权大将周瑜攻江陵。征南将军曹仁弃城走,孙权授周瑜南郡(湖北江陵)太守,屯江陵。会刘琦卒,孙权又奏荐刘备任荆州牧,屯(湖北)公安。并以妹妻刘备。	
曹操于邺城(河北临漳)建铜雀台,颁《自明本志令》。　周瑜卒,孙权任鲁肃为奋武将军代领其众。并纳鲁肃言,将荆州借刘备,共御曹操。	
曹操遣司隶校尉钟繇击(陕西)汉中太守张鲁,关中土著诸将疑惧,马超、韩遂等十部皆叛,众十余万,陷长安、潼关。曹操引军亲击之,马超、韩遂军溃,奔凉州(甘肃张家川)。　益州(四川成都)牧刘璋闻曹操西攻,内惧,遣使迎刘备,使北击张鲁以御曹操。刘备留关羽镇荆州(湖北江陵),自率军入蜀,北赴葭萌(四川广元西南)。	

年份	干支	国号王朝及纪年
212	壬辰	东汉建安　十七年
213	癸巳	东汉建安　十八年
214	甲午	东汉建安　十九年
215	乙未	东汉建安　二十年

国内	国外
孙权迁治于建业(江苏南京)。夹濡须口(安徽无为东南)立坞(安徽含山),曹操行将进击。刘备扬言救孙权,诱斩刘璋将杨怀、高沛,自葭萌关回军。	
曹操攻濡须口,月余不能克,军还。东汉献帝刘协封曹操为魏公、丞相、兼冀州牧如故。 刘璋诸将吴懿等拒刘备,或败或降,刘备遂攻雒县(四川广汉)。 马超率羌胡再起兵,陷凉州(甘肃张家川),凉州参军杨阜击之,马超军溃,奔(陕西)汉中投张鲁。	
诸葛亮由荆州与张飞、赵云,溯长江而上,连陷巴东(四川奉节)、江州(四川重庆)、犍为(四川彭山),与刘备会师成都城下,刘璋出降。 马超复由汉中奔益州(四川成都),投刘备。 伏皇后谋杀曹操,事泄,被捕,幽死。	
孙权向刘备索荆州诸郡,刘备不许,孙权径置诸郡官吏,关羽尽逐之,孙权怒,遣(安徽)庐江太守吕蒙率军接收,长沙、桂阳(湖南郴州)俱降,唯零陵(湖南永州)不下。刘备由益州急返(湖北)公安,命关羽击之,会闻曹操将攻汉中,恐益州有失,乃与孙权和解,以湘水为界,东归孙权,西归刘备。 曹操大举攻汉中,汉中太守张鲁降。孙权乘曹操用兵汉中,大举攻合肥。荡寇将军张辽迎击,战于逍遥津(安徽合肥东),孙权军大溃。	

年份	干支	国号王朝及纪年	
216	丙申	东汉建安	二十一年
217	丁酉	东汉建安	二十二年
218	戊戌	东汉建安	二十三年
219	己亥	东汉建安	二十四年

国内	国外
汉献帝刘协封曹操为魏王。　南匈奴呼厨泉单于自平阳(山西临汾)入邺城(河北临漳)朝见魏王,曹操留不遣。分其众为五部,各立部帅。匈奴久居塞内,与中原居民同,而不纳赋租,因之人口日繁。	
曹操再攻孙权,至濡须口(安徽无为东南),孙权遣使请降,曹操报使修好。孙权大将鲁肃卒,派震威将军吕蒙代镇陆口(湖北嘉鱼西南)。	罗马帝国皇帝卡拉卡拉被刺身死(212——),内乱再起,五十四年中(——270),称帝者三十人,仅一人善终,余二十九人皆死于非命,史称“三十暴君时期”。
代郡、上谷乌桓部落叛,骁骑将军曹彰击平之。刘备攻(陕西)汉中,荡寇将军张郃屯平阳关,刘备不能进。	
正月,刘备自平阳关绕道攻定军山(陕西勉县南),斩都护将军夏侯渊。　三月,曹操亲击刘备,自长安出斜谷(陕西太白),战不利。　五月,曹操退回长安。　七月,刘备称汉中王。　八月,前将军关羽留麋仁守江陵,自率大军攻樊城,斩立义将军庞德,擒左将军于禁,中原震动,曹操议迁都以避其锐。军司马司马懿请将江南地正式分封孙权,使从背后图关羽,曹操认可。孙权命定威校尉陆逊代吕蒙镇陆口(湖北嘉鱼)。陆逊作书颂关羽功德,表效忠自托之意,关羽喜,尽撤长江防军赴樊城。吕蒙遂袭江陵,麋仁开城降。　十一月,关羽军溃,退保麦城(湖北当阳东南)。　十二月,关羽潜突围出,为孙权部将潘璋所擒,被杀。于是孙权全有荆州之地,自建业(江苏南京)迁治(湖北)公安。孙权上书曹操,自称臣,请曹操称帝,曹操笑曰:“是儿欲置我于火炉之上。”	

三世纪
二〇年代

年份	干支	国号王朝及纪年	
220	庚子	东汉建安	二十五年
		延康	元年
		曹魏黄初	元年
221	辛丑	曹魏黄初	二年
		蜀汉章武	元年
222	壬寅	曹魏黄初	三年
		蜀汉章武	二年
		东吴黄武	元年
223	癸卯	曹魏黄初	四年
		蜀汉章武	三年
		律兴	元年
		东吴黄武	二年

国内	国外
正月,东汉魏王曹操卒,子曹丕继位。　七月,汉中将军孟达与上庸(湖北竹山)副军中郎将刘封有隙,孟达降东汉。　十月,东汉献帝刘协禅位于曹丕,东汉亡,立国一百九十六年。　曹丕自许县迁都洛阳,国号魏,史称"曹魏"。　三国时代始(——280,凡六十一年)。	
四月,益州传言东汉献帝刘协被杀,汉中王刘备乃称帝,国号汉,史称"蜀汉"。孙权自公安迁治武昌(湖北鄂州)。　六月,刘备耻关羽败殁,欲攻孙权。　车骑将军张飞临出军,为部下所杀。　七月,刘备进兵秭归,孙权遣镇西将军陆逊迎战。　八月,孙权内惧,上表降曹魏,称臣,曹魏封孙权为吴王。	
六月,刘备进兵至夷道(湖北枝城)猇亭,陆逊进攻,火烧四十余营,蜀汉军大溃,尸骸塞江而下。刘备退保白帝城(四川奉节)。　八月,曹魏政府征孙权遣子入质,孙权拒绝,曹丕大怒,命征东大将军曹休攻孙权。　十月,孙权独立,国号吴,史称"东吴"。　十一月,曹休军至洞口(安徽和县),战不利。	
曹休军大疫,撤退。　蜀汉昭烈帝刘备卒,子孝怀帝刘禅嗣位。丞相诸葛亮辅政,遣尚书邓芝赴东吴和解修好。　蜀汉建宁(云南曲靖)、永昌(云南保山)、牂柯(贵州福泉)、越巂(四川西昌)四郡叛,结蛮酋孟获,四出攻掠。诸葛亮以新遭大丧,闭关息民。	

年份	干支	国号王朝及纪年	
224	甲辰	曹魏黄初	五年
		蜀汉建兴	二年
		东吴黄武	三年
225	乙巳	曹魏黄初	六年
		蜀汉建兴	三年
		东吴黄武	四年
226	丙午	曹魏黄初	七年
		蜀汉建兴	四年
		东吴黄武	五年
227	丁未	曹魏太和	元年
		蜀汉建兴	五年
		东吴黄武	六年
228	戊申	曹魏太和	二年
		蜀汉建兴	六年
		东吴黄武	七年
229	己酉	曹魏太和	三年
		蜀汉建兴	七年
		东吴黄武	八年
		黄龙	元年

国内	国外
曹魏文帝曹丕率军攻东吴,会长江水涨,不得渡而还。	
蜀汉丞相诸葛亮南击四郡,生擒孟获,纵之复战,七纵七擒,犹欲再纵,孟获不去,曰:“南人不复反矣。”四郡悉平。　曹魏文帝曹丕再率军攻东吴,由淮水欲入长江,东吴军严防固守,舟不能进。曹丕叹曰:“天所以限南北也。”撤退。	
曹魏文帝曹丕卒,子明帝曹叡嗣位。	安息王国亡(前250——,立国四百七十六年),萨珊帝国代兴,仍统治波斯及美索不达米亚地区,史称“波斯王国萨珊王朝”(——651)。
曹魏明帝曹叡大建宫室。　蜀汉丞相诸葛亮上书(《前出师表》)请攻曹魏,遂出军,进屯汉中。　曹魏新城(湖北房县)太守孟达密谋降蜀汉。	
曹魏抚军大将军司马懿袭新城,斩孟达。　诸葛亮进至街亭(甘肃庄浪东),曹魏左将军张郃迎击,蜀汉军大败。　东吴鄱阳(江西波阳)太守周鲂向曹魏诈降,曹魏征东大将军曹休往迎,至石亭(安徽潜山),中伏军溃。曹休惭愤而死。　诸葛亮闻曹休败,再上书(《后出师表》)请攻曹魏。进围陈仓(陕西宝鸡),不能胜,粮尽引还。	
蜀汉诸葛亮攻曹魏,陷武都(甘肃成县)、阴平(甘肃文县)二郡,凯旋。　东吴王孙权称帝,是为大帝。自武昌(湖北鄂州)迁都建业(江苏南京)。	

三世纪
三〇年代

年份	干支	国号王朝及纪年	
230	庚戌	曹魏太和	四年
		蜀汉建兴	八年
		东吴黄龙	二年
231	辛亥	曹魏太和	五年
		蜀汉建兴	九年
		东吴黄龙	三年
232	壬子	曹魏太和	六年
		蜀汉建兴	十年
		东吴嘉禾	元年
233	癸丑	曹魏太和	七年
		青龙	元年
		蜀汉建兴	十一年
		东吴嘉禾	二年
234	甲寅	曹魏青龙	二年
		蜀汉建兴	十二年
		东吴嘉禾	三年

国内	国外
东吴大帝孙权遣将军卫温,率甲士万人,浮海寻觅传说中之夷洲、亶洲,欲俘其民。 曹魏大司马曹真攻蜀汉,诸葛亮出屯成固(陕西城固)以待,会大雨三十日,曹魏兵不能进,乃退。	
东吴将军卫温浮海还,不能至亶洲,仅自夷洲(琉球)俘数千人,士卒疾疫死者八九千人,孙权怒,杀卫温。 蜀汉诸葛亮再攻曹魏,军至祁山(甘肃礼县东北),制木牛流马运粮,与曹魏司马懿于上邽(甘肃天水)对垒,蜀汉军粮尽还。曹魏左将军张郃追击,中伏死。	
东吴攻曹魏庐江(安徽寿县西南),不克而还。曹魏陈王曹植卒。	
辽东(辽宁辽阳)太守公孙渊奉表东吴大帝孙权称臣,孙权大悦,为之大赦。遣太常张弥率军万人,泛海至辽东,封公孙渊为燕王。公孙渊以东吴道远不可恃,乃斩张弥,传首洛阳,东吴全军被掳。 曹魏封公孙渊为乐浪公。	
蜀汉诸葛亮再攻曹魏,军出斜谷(陕西太白),进至五丈原(陕西眉县西南),分兵屯田,为久远计。曹魏司马懿背渭水相拒,闭垒不出战。诸葛亮送以巾帼妇人服,司马懿仍不出战。 诸葛亮寻病卒,蜀汉军徐退。蜀汉前将军魏延,与长史杨仪互攻,杨仪诬魏延谋反,斩魏延。东吴大帝孙权攻曹魏合肥不能克,引还。	

三世纪
四〇年代

年份	干支	国号王朝及纪年	
235	乙卯	曹魏青龙	三年
		蜀汉建兴	十三年
		东吴嘉禾	四年
236	丙辰	曹魏青龙	四年
		蜀汉建兴	十四年
		东吴嘉禾	五年
237	丁巳	曹魏青龙	五年
		景初	元年
		蜀汉建兴	十五年
		东吴嘉禾	六年
238	戊午	曹魏景初	二年
		蜀汉延熙	元年
		东吴嘉禾	七年
		赤乌	元年
239	己未	曹魏景初	三年
		蜀汉延熙	二年
		东吴赤乌	二年
240	庚申	曹魏正始	元年
		蜀汉延熙	三年
		东吴赤乌	三年
241	辛酉	曹魏正始	二年
		蜀汉延熙	四年
		东吴赤乌	四年
242	壬戌	曹魏正始	三年
		蜀汉延熙	五年
		东吴赤乌	五年
243	癸亥	曹魏正始	四年
		蜀汉延熙	六年
		东吴赤乌	六年

国内	国外
蜀汉任蒋琬为大将军,费祎为尚书令。	罗马皇帝亚历山大被部下所杀。
东吴元老张昭卒。　东吴发行大钱,一文当五百文。	
曹魏明帝曹叡自定死后庙号为烈祖,万世不毁。　辽东太守公孙渊叛曹魏,称燕王。	
曹魏太尉司马懿攻辽东(辽宁辽阳),斩公孙渊。东吴诛酷吏中书郎吕壹。	
曹魏明帝曹叡卒,侄曹芳嗣位,司马懿与大将军曹爽共辅政。	
东吴车骑将军朱然攻曹魏樊城(湖北襄樊),不克,撤退。	波斯王萨浦尔一世即位。
蜀汉凉州刺史姜维屯涪县(四川绵阳)。	

	年份	干支	国号王朝及纪年	
	244	甲子	曹魏正始	五年
			蜀汉延熙	七年
			东吴赤乌	七年
	245	乙丑	曹魏正始	六年
			蜀汉延熙	八年
			东吴赤乌	八年
	246	丙寅	曹魏正始	七年
			蜀汉延熙	九年
			东吴赤乌	九年
	247	丁卯	曹魏正始	八年
			蜀汉延熙	十年
			东吴赤乌	十年
	248	戊辰	曹魏正始	九年
			蜀汉延熙	十一年
			东吴赤乌	十一年
	249	己巳	曹魏正始	十年
			嘉平	元年
			蜀汉延熙	十二年
			东吴赤乌	十二年
三世纪 五〇年代	250	庚午	曹魏嘉平	二年
			蜀汉延熙	十三年
			东吴赤乌	十三年
	251	辛未	曹魏嘉平	三年
			蜀汉延熙	十四年
			东吴赤乌	十四年
			太元	元年

国内	国外
曹魏大将军曹爽攻蜀汉,兵至(陕西)汉中,蜀汉大将军费祎率军趋救,曹爽不得进。	罗马皇帝戈尔狄亚努斯三世被毒死。腓力普继任。
蜀汉孝怀帝刘禅信任宦官黄皓,任为中常侍。	
曹魏幽州(北京)刺史毌丘俭,攻高句丽(吉林集安)。 东吴任诸葛恪为大将军。	
曹魏大将军曹爽专擅朝政,太傅司马懿不能平,遂有隙,司马懿称疾不朝。	
	罗马立国一千年大祭。
曹魏帝曹芳谒明帝曹叡墓,曹爽侍从。司马懿矫称奉郭太后诏,闭洛阳城门,勒兵据武库,遣使奏曹爽罪恶,请罢其兵权。并遣使告曹爽:仅免官而已,指洛水为誓。曹爽信之,奉曹芳还城,一身归宅。司马懿遂诬曹爽谋反,斩曹爽,屠三族。右将军夏侯霸惧,降蜀汉。从此曹魏政权归司马氏。	罗马皇帝腓力普战死。狄希亚斯继位。
东吴大帝孙权废太子孙和,杀鲁王孙霸,立孙亮太子。	
王凌兵变失败。曹魏太傅司马懿卒,子司马师任抚军大将军。	罗马皇帝狄希亚斯落水淹死。伽路斯继位。

年份	干支	国号王朝及纪年	
252	壬申	曹魏嘉平	四年
		蜀汉延熙	十五年
		东吴太元	二年
		神凤	元年
		建兴	元年
253	癸酉	曹魏嘉平	五年
		蜀汉延熙	十六年
		东吴建兴	二年
254	甲戌	曹魏嘉平	六年
		正元	元年
		蜀汉延熙	十七年
		东吴五凤	元年
255	乙亥	曹魏正元	二年
		蜀汉延熙	十八年
		东吴五凤	二年
256	丙子	曹魏正元	三年
		甘露	元年
		蜀汉延熙	十九年
		东吴五凤	三年
		太平	元年

国内	国外
东吴大帝孙权卒,子孙亮嗣位。　曹魏征南大将军王昶、征东将军胡遵、镇南将军毌丘俭,乘丧三道攻东吴。东吴太傅诸葛恪迎击,大破曹魏兵。	
蜀汉大将军费祎为曹魏降将刺杀。　卫将军姜维攻曹魏狄道(甘肃临洮),粮尽引还。　东吴诸葛恪大举攻曹魏,围新城(安徽合肥),久不能克,天大暑,死伤涂地,乃退,士卒伤病,沿道死亡,或被曹魏斩获,怨怒沸腾,而诸葛恪安然自若。武卫将军孙峻乘众愤,于宴上斩诸葛恪,屠三族。	罗马皇帝伽路斯战死;继任帝埃米里亚努斯被叛军杀死;瓦勒良继位。
曹魏大将军司马师,诬中书令李丰、太常夏侯玄、张皇后父张缉等谋反,悉斩之。并废张皇后。曹魏帝曹芳不自安,司马师复诬曹芳荒淫无度,矫郭太后诏,废之,立高贵乡公曹髦为帝。	
曹魏镇东将军毌丘俭、扬州(安徽寿县)刺史文钦,起兵寿春(安徽寿县)讨司马师,兵败,毌丘俭被杀,文钦奔东吴。　司马师卒,弟司马昭继任大将军。　蜀汉姜维攻曹魏,曹魏雍州(陕西西安)刺史王经拒之,战于洮西,曹魏军大败,死万计。姜维进围狄道(甘肃临洮),不克。	
蜀汉大将军姜维攻曹魏,出祁山,与曹魏安西将军邓艾战于段谷(甘肃天水南),大败,死伤甚众。　东吴丞相孙峻卒,族弟孙綝任武卫将军辅政。骠骑将军吕据、大司马滕胤,起兵讨孙綝,兵败,皆被杀。	

三世纪
六〇年代

年份	干支	国号王朝及纪年	
257	丁丑	曹魏甘露	二年
		蜀汉延熙	二十年
		东吴太平	二年
258	戊寅	曹魏甘露	三年
		蜀汉延熙	二十一年
		景耀	元年
		东吴太平	三年
		永安	元年
259	己卯	曹魏甘露	四年
		蜀汉景耀	二年
		东吴永安	二年
260	庚辰	曹魏甘露	五年
		景元	元年
		蜀汉景耀	三年
		东吴永安	三年
261	辛巳	曹魏景元	二年
		蜀汉景耀	四年
		东吴永安	四年
262	壬午	曹魏景元	三年
		蜀汉景耀	五年
		东吴永安	五年
263	癸未	曹魏景元	四年
		蜀汉景耀	六年
		炎兴	元年
		东吴永安	六年

国内	国外
曹魏征东大将军诸葛诞起兵扬州(安徽寿县),讨司马昭,司马昭奉曹魏帝曹髦,发兵围扬州。蜀汉姜维乘虚攻曹魏,军至沈岭(陕西周至西南),曹魏邓艾拒战,姜维不得进。	
曹魏军破寿春(安徽寿县),斩诸葛诞,屠三族。蜀汉姜维闻诸葛诞死,引兵还。 东吴帝孙亮谋诛大将军孙綝,事泄,孙綝勒兵废孙亮,立琅邪王孙休为帝。孙休寻诱诛孙綝。	
曹魏帝曹髦见威权日去,不胜懑忿,率殿中宿卫及官僮,亲讨司马昭。司马昭遣中护军贾充,迎战于南阙下,太子舍人成济刺曹髦死。司马昭立常道乡公曹奂为帝,是为元帝。屠成济三族。	波斯王国俘罗马皇帝瓦勒良,充当马奴。其子伽里恩努斯即位。
鲜卑索头部落酋长拓跋力微赴曹魏朝觐。	
蜀汉姜维攻洮阳(甘肃临潭),邓艾拒之,不得进。宦官黄皓谮姜维于蜀汉孝怀帝刘禅,姜维惧,屯田沓中(甘肃舟曲西北),不敢归成都。	
曹魏大举攻蜀汉,征西将军邓艾出狄道(甘肃临洮),击姜维。雍州刺史诸葛绪出武街(甘肃成县)桥头,断姜维归路。司隶校尉钟会任元帅,出斜谷(陕西太白)攻(陕西)汉中。姜维急回军,败诸葛绪,入剑阁拒钟会。 邓艾自阴平(甘肃文县)行无人地三百里。陷江油(四川平武),斩守将诸葛瞻。成都惊恐,蜀汉孝怀帝刘禅出降,蜀汉亡,立国四十三年。 姜维降于钟会,钟会厚待之。	

	年份	干支	国号王朝及纪年	
	264	甲申	曹魏景元 咸熙 东吴永安 元兴	五年 元年 七年 元年
	265	乙酉	曹魏咸熙 东吴元兴 甘露 西晋泰始	二年 二年 元年 元年
	266	丙戌	东吴甘露 宝鼎 西晋泰始	二年 元年 二年
	267	丁亥	东吴宝鼎 西晋泰始	二年 三年
	268	戊子	东吴宝鼎 西晋泰始	三年 四年
	269	己丑	东吴宝鼎 建衡 西晋泰始	四年 元年 五年
三世纪 七〇年代	270	庚寅	东吴建衡 西晋泰始	二年 六年
	271	辛卯	东吴建衡 西晋泰始	三年 七年

国内	国外
曹魏钟会有异志,姜维欲构成祸乱,复兴蜀汉。乃使钟会诬邓艾谋反,槛车征邓艾还洛阳。钟会入成都,矫称奉郭太后遗诏,起兵讨司马昭。监军卫瓘与诸将攻杀钟会、姜维,并遣人追及槛车,斩邓艾。 曹魏封司马昭为晋王。 东吴景帝孙休卒,将其子孙霙托丞相濮阳兴,濮阳兴与左将军张布议,因蜀汉新亡,宜立长君,乃迎乌程侯孙皓为帝。	
东吴帝孙皓杀景帝孙休妻朱皇后及其长次二子。迁都武昌(湖北鄂州)。曹魏晋王司马昭卒,子司马炎继位。曹魏元帝曹奂让帝位于司马炎,曹魏亡,立国四十六年。 司马炎国号晋,史称"西晋"。	伽里恩努斯被暗杀,克劳狄二世继位。
东吴帝孙皓恶人视己,群臣侍见,莫敢举目。散骑常侍王蕃因饮酒忤旨,杀之。东吴还都建业(江苏南京)。	
东吴帝孙皓在建业筑昭明宫,功役之费,以亿万计。	
西晋青(山东淄博)、徐(江苏徐州)、兖(山东郓城)、豫(河南淮阳)四州大水。	
西晋青、徐、兖三州大水。 东吴左丞相陆凯卒,东吴帝孙皓素恨其切直,命迁逐其家于建安(福建建瓯)。	
西晋所属鲜卑酋长秃发树机能,据万斛堆(甘肃靖远)叛,秦州(甘肃甘谷)刺史胡烈击之,兵败被杀。 南匈奴五部居并州(山西)日久,谓系汉王朝外孙,乃改姓刘。	罗马帝国"三十暴君时期"终(217——),大将奥利连称帝(——275)。
西晋北地(陕西耀县)胡叛,与秃发树机能联军攻杀凉州(甘肃武威)刺史牵弘。	

年份	干支	国号王朝及纪年	
272	壬辰	东吴凤凰	元年
		西晋泰始	八年
273	癸巳	东吴凤凰	二年
		西晋泰始	九年
274	甲午	东吴凤凰	三年
		西晋泰始	十年
275	乙未	东吴凤凰	四年
		天册	元年
		西晋咸宁	元年
276	丙申	东吴天册	二年
		天玺	元年
		西晋咸宁	二年
277	丁酉	东吴天纪	元年
		西晋咸宁	三年
278	戊戌	东吴天纪	二年
		西晋咸宁	四年
279	己亥	东吴天纪	三年
		西晋咸宁	五年

国内	国外
东吴昭武将军步阐据西陵(湖北宜昌)叛,镇军大将军陆抗击之,斩步阐。　东吴帝孙皓毒右丞相万彧,不死,万彧自杀。	
西晋武帝司马炎命选公卿以下女入宫,采择未毕,禁止婚嫁。东吴帝孙皓杀侍中韦昭。又逮中郎将陈声,烧锯其头,投其尸于四望矶下(江苏南京西北)。	
东吴帝孙皓暴虐益甚,杀临海(浙江台州)太守奚熙,车裂豫章(江西南昌)太守张俊,又杀其叔章安侯孙奋。　东吴大司马陆抗卒。	
东吴中书令贺邵,中风不能言,孙皓疑其诈,拷掠数千,终不能言,乃烧锯其头,迁其家于临海。鲜卑索头部落酋长拓跋沙漠汗入朝西晋。	罗马帝国皇帝奥利连被刺身死(270——)。元老院推选塔西陀继位,寻卒。夫罗力安继位。
东吴会稽(浙江绍兴)太守车浚公,因郡有大旱,上书请赈,孙皓认为收买民心,斩之。尚书熊睦,微有所谏,孙皓以刀环撞杀之,体无完肤。	夫罗力安自杀。普罗巴斯继位。
西晋豫(河南淮阳)、兖(山东郓城)、徐(江苏徐州)、青(山东淄博)、荆(湖北襄樊)、益(四川成都)、梁(陕西汉中)七州大水。	
东吴帝孙皓忌胜己者,杀中书令张尚。	
西晋汲郡人掘魏襄王魏嗣墓,得竹简小篆古书十余万言。史称《竹书纪年》。　西晋秃发树机能陷凉州(甘肃武威),武威太守马隆击斩之。西晋大举攻东吴,镇军将军司马伷出涂中(江苏六合)、安东将军王浑出横江(安徽和县)、建威将军王戎出武昌(湖北鄂州)、平南将军胡奋出夏口(湖北武汉)、镇南大将军杜预出江陵、龙骧将军王浚出巴蜀,六道并进。	

	年份	干支	国号王朝及纪年
三世纪 八〇年代	280	庚子	东吴天纪 四年 西晋咸宁 六年 太康 元年
	281	辛丑	西晋太康 二年
	282	壬寅	西晋太康 三年
	283	癸卯	西晋太康 四年
	284	甲辰	西晋太康 五年
	285	乙巳	西晋太康 六年
	286	丙午	西晋太康 七年

国内	国外
西晋王浚兵至石头(江苏南京西北),吴帝孙皓面缚出降,东吴亡,立国五十九年。三国时代终(220——,凡六十一年),西晋政府统一中国。 西晋政府撤销州郡兵。	
西晋武帝司马炎自灭东吴,日夜游宴,怠于政事,选东吴宫女五千人进宫,常乘羊车,凭其所之,止便宴寝。	
鲜卑慕容部落酋长慕容涉归攻昌黎(辽宁义县),安北将军严询击退之,斩获万计。	罗马帝普罗巴斯被杀。卡卢斯继位。
(河南)洛阳及荆(湖北江陵)、扬(江苏南京)等六州大水。　齐王司马攸卒。	卡卢斯被雷击死。
	百济国王遣阿直岐出使日本,日本应神天皇留为皇子之师。 罗马帝国军团拥立戴克里先为帝(——305)。
鲜卑慕容部落酋长慕容廆攻辽西(河北卢龙),幽州(北京)军迎击。	百济国王再遣博士王仁赴日本,赠《论语》十卷,《千字文》一卷,汉字自是传入日本,日本亦自是始有文字。
	罗马帝国皇帝戴克里先以国土广大,非一人所可治理,任命其部将马克西米安为奥古斯都,驻米兰,治理帝国西部,已则驻小亚细亚,治理帝国东部。罗马帝国二帝并立,及重心东移自此始。

三世纪
九〇年代

年份	干支	国号王朝及纪年	
287	丁未	西晋太康	八年
288	戊申	西晋太康	九年
289	己酉	西晋太康	十年
290	庚戌	西晋太熙 永熙	元年 元年
291	辛亥	西晋永平 元康	元年 元年
292	壬子	西晋元康	二年
293	癸丑	西晋元康	三年
294	甲寅	西晋元康	四年
295	乙卯	西晋元康	五年
296	丙辰	西晋元康	六年

国内	国外
慕容廆归降,西晋政府授为鲜卑大都督。	
三月,西晋武帝司马炎卒,子惠帝司马衷嗣位,太傅杨骏辅政。　西晋政府擢南匈奴左部帅刘渊为匈奴五部大都督。	
三月,贾皇后素衔杨太后,欲干政又为杨太后父杨骏所阻,乃召楚王司马玮入朝,使惠帝司马衷下诏,诬杨骏谋反,杀之。废杨太后,杀杨太后母庞氏。均屠三族,死数千人。由汝南王司马亮,太保卫瓘辅政。　六月,贾皇后仍不能恣意所为,乃再诬司马亮(“八王之乱”一)、卫瓘谋反,下诏楚王司马玮(“八王之乱”二)杀之。又恐司马玮居功难制,再诬其矫诏,斩之。自是贾皇后专政,委任亲党。	
杨太后囚于金墉城(洛阳东),贾皇后绝其饮食,饿死。	
荆、扬、兖、豫、青、徐,六州大水。关中(陕西中部)饥疫。洛阳武库大火,刘邦斩蛇剑、王莽首,以及累代珍宝俱焚。	
秦(甘肃甘谷)、雍(陕西西安)二州氐羌部落悉叛,立氐部落酋长齐万年为帝。略阳(甘肃天水)氐部落酋长杨茂搜避齐万年之乱,率民四千户保仇池(甘肃西和南),地方百顷,四面高山千仞,羊肠小道,三十六回始可上,号称氐王(——506)。	

年份	干支	国号王朝及纪年
297	丁巳	西晋元康 七年
298	戊午	西晋元康 八年
299	己未	西晋元康 九年

国内	国外
秦、雍二州大旱,米每斛万钱。建威将军周处击齐万年,战死。	
荆、豫、徐、扬、冀(河北冀州)五州大水。	
左积弩将军孟观大破氐众于中亭(陕西扶风东南),斩齐万年。太子洗马江统作《徙戎论》,上书请迁匈奴出塞还其故地,晋政府不能用。 贾皇后诬太子司马遹谋反,废为平民,杀其母谢淑媛。	

四世纪

“八王之乱”延续到本世纪初结束，而大局已不可收拾，大分裂时代开始。各族人民起来反抗因“八王之乱”引起的暴政。晋王朝两个皇帝被匈奴生擒之后，处斩。晋政府只好退守淮河之南，迁都建康（江苏南京）。全国混战，人民备受荼毒。

四世纪
○○年代

年份	干支	国号王朝及纪年
300	庚申	西晋永康 元年
301	辛酉	西晋永康 二年 建始 元年 永宁 元年
302	壬戌	西晋永宁 二年 太安 元年
303	癸亥	西晋太安 二年

国内	国外
贾皇后为绝后患,复杀司马遹。赵王司马伦("八王之乱"三)称为太子复仇,起兵,杀司空张华、尚书仆射裴頠、侍中贾谧。废贾皇后,囚于金墉城(洛阳东),逼饮金屑酒而死。　益州(四川成都)刺史赵廞据成都叛。	
赵王司马伦废西晋惠帝司马衷,嗣位。齐王司马冏("八王之乱"四),起兵讨司马伦,杀之,司马衷复位。　略阳(甘肃天水)流民氐部落酋长李特斩赵廞,据成都。	
齐王司马冏既得志,骄奢擅权,众不能忍,长沙王司马乂("八王之乱"五)起兵杀司马冏。	
二月,益州(四川成都)刺史罗尚击斩李特,其弟李流代领其众。李流卒,侄李雄代领其众。今年冬,驱罗尚,再据成都。　五月,义阳(河南新野)蛮张昌立刘尼为帝,攻樊城(湖北襄樊),杀新野王司马歆,所在响应,荆、江、徐、扬、豫五州地,半为所有。　八月,成都王司马颖("八王之乱"六),河间王司马颙("八王之乱"七),起兵讨司马乂。　十月,司马颖遣前将军陆机攻洛阳,诸将不用命,兵败,宦官孟玖诬陆机谋反,遂斩陆机,屠三族。　司马颙遣都督张方,进围洛阳。	

年份	干支	国号王朝及纪年	
304	甲子	西晋太安	三年
		永安	元年
		建武	元年
		永兴	元年
		成汉建兴	元年
		汉赵元熙	元年
305	乙丑	西晋永兴	二年
		成汉建兴	二年
		汉赵元熙	二年
306	丙寅	西晋永兴	三年
		光熙	元年
		成汉建兴	三年
		晏平	元年
		汉赵元熙	三年

国内	国外
正月,洛阳围久,东海王司马越("八王之乱"八)执司马乂送张方,张方烧杀之,掠洛阳男女万余人返长安。司马颖为皇太弟,嬖幸用事,大失众望。　七月,司马越攻司马颖,败于荡阴(河南汤阴)。侍中嵇绍被杀,司马衷被俘至邺城(河北临漳),司马越奔下邳(江苏睢宁)。　八月,安北将军王浚起兵攻邺城,势如破竹,司马颖弃邺城,奉司马衷还洛阳,未行而军惊溃,仅数十骑抵达。　荆州兵击斩张昌,屠三族。　十月,氐部落酋长李雄于成都称成都王,史称"成汉"(十九国之一)。大分裂时代开始(——五八九,凡三百八十六年)。　匈奴五部大都督刘渊于离石(山西离石)称汉王,史称"汉赵"(十九国之二)。　十一月,西晋司马颙遣右将军张方赴洛阳,挟司马衷迁都长安,废皇太弟司马颖,立司马炽为皇太弟。	
司马越传檄州郡,起兵讨司马颙。司马颖故将公师藩起兵河北,羯人石勒时被掠卖为奴,往投之。	罗马帝国皇帝戴克里先辞职(284——),退隐于故乡萨罗那,帝座战争又起。
正月,司马颙兵屡为司马越兵所败,大惧,斩张方,送首请和,不许。　四月,司马越大将祁弘攻入长安,所部鲜卑军大掠,杀二万余人,奉司马衷还都洛阳。司马颙奔太白山(陕西太白东),俟祁弘去,再据长安。　成都王李雄称帝,定国号为成。　八月,西晋兖州刺史荀晞击斩公师藩。十一月,西晋惠帝司马衷食饼中毒死,弟怀帝司马炽嗣位。　十二月,西晋政府征司马颙任司徒,司马颙就征,行至中途,为南阳王司马模所杀。西晋右将军陈敏于历阳(安徽和县)叛。	罗马帝国驻不列颠军团司令君士坦都卒,部将拥立其子君士坦丁为帝。罗马城拥立马克喜阿斯为帝。

	年份	干支	国号王朝及纪年	
	307	丁卯	西晋光熙	二年
			永嘉	元年
			成汉晏平	二年
			汉赵元熙	四年
	308	戊辰	西晋永嘉	二年
			成汉晏平	三年
			汉赵元熙	五年
			永凤	元年
	309	己巳	西晋永嘉	三年
			成汉晏平	四年
			汉赵河瑞	元年
四世纪 一〇年代	310	庚午	西晋永嘉	四年
			成汉晏平	五年
			汉赵河瑞	二年
			光兴	元年
	311	辛未	西晋永嘉	五年
			成汉晏平	六年
			玉衡	元年
			汉赵光兴	二年
			嘉平	元年

国内	国外
西晋陈敏被其部将甘卓所杀。西晋政府命琅邪王司马睿镇守建业(江苏南京)。石勒降汉赵,汉赵署为辅汉将军。	
西晋山东变民王弥攻洛阳,大败,奔降汉赵。汉赵王刘渊迁都蒲子(山西隰县),称帝,是为光文帝。	
汉赵自蒲子迁都平阳(山西临汾)。西晋东海王司马越诬中书监缪播等十余大臣谋反,悉杀之。汉赵安东大将军石勒、征东大将军王弥、楚王刘聪,合攻西晋壶关(山西长治北),壶关降。刘聪复攻洛阳,不克。	
幽、并、司、冀、秦、雍六州大蝗,食草木牛马毛皆尽。　汉赵光文帝刘渊卒,子刘和嗣位,猜忌无恩,不十八日,即杀诸王。楚王刘聪发动政变,杀刘和,即位,是为昭武帝。　洛阳饥困,西晋怀帝司马炽征诸道兵入城,迄无至者。司马越复出屯(河南)许昌,洛阳更空虚。	
正月,西晋醴陵(湖南醴陵)令杜弢叛。　三月,西晋东海王司马越卒于项城(河南沈丘)军中,众奉其柩还葬东海(山东郯城)。汉赵镇东大将军石勒追击。　四月,追至苦县(河南鹿邑)宁平城(河南鹿邑南),纵骑围射,西晋将士十余万人,相践如山,无一人得免,擒西晋太尉王衍等,推土墙悉行压杀。　六月,汉赵前军大将军呼延晏、始安王刘曜、征东大将军王弥,攻陷洛阳,掳西晋怀帝司马炽。　八月,刘曜攻长安,杀西晋南阳王司马模,关中饥馑,白骨蔽野,人民存者无一二。十月,汉赵石勒,宴王弥,席间斩之,并其众。	

年份	干支	国号王朝及纪年	
312	壬申	西晋永嘉	六年
		成汉玉衡	二年
		汉赵嘉平	二年
313	癸酉	西晋永嘉	七年
		建兴	元年
		成汉玉衡	三年
		汉赵嘉平	三年
314	甲戌	西晋建兴	二年
		成汉玉衡	四年
		汉赵嘉平	四年
315	乙亥	西晋建兴	三年
		成汉玉衡	五年
		汉赵嘉平	五年
		建元	元年

国内	国外
今年西晋无皇帝,无年号,史称“西晋永嘉六年”,以便纪事。 汉赵昭武帝刘聪封所俘西晋怀帝司马炽为会稽公。 西晋平西将军贾疋反攻长安,汉赵刘聪弃长安,驱掠人民八万余奔平阳。贾疋立秦王司马业为皇太子。 汉赵石勒陷西晋襄国(河北邢台),即据为基地。 汉赵刘曜攻西晋并州,陷晋阳(山西太原)。 西晋并州刺史刘琨收残兵,引代公拓跋猗卢击汉赵,汉赵军大败。遂收复晋阳,然已残破不可居,刘琨遂屯阳曲(山西阳曲)。	罗马帝国皇帝君士坦丁入意大利,围攻罗马城,与其士兵共见天空悬一十字架,上有“佩此者胜”,于是取消军旗上传统鹰徽,改为十字架,遂陷罗马城,杀马克喜阿斯。
正月,汉赵昭武帝刘聪宴群臣,使会稽公司马炽青衣行酒,西晋旧臣哭号,刘聪恶之,斩司马炽。 四月,西晋皇太子司马业于长安称帝,是为愍帝。长安城中,户不满百,公私仅有车四辆。汉赵镇东将军石勒遣侄石虎,陷西晋邺城(河北临漳),即命石虎镇之。 八月西晋愍帝司马业命琅邪王司马睿出兵攻汉赵,司马睿辞以兵力不足。西晋司马睿命祖逖任豫州刺史,祖逖击楫渡长江,屯淮阴(江苏淮阴)。十一月,汉赵中山王刘曜攻长安,西晋征东大将军索綝迎击,汉赵军败走。	君士坦丁颁《米兰诏书》,宣布信教自由。
汉赵镇东大将军石勒向西晋幽州大都督王浚诈降,并请亲赴幽州(北京)上尊号,王浚大悦,不复设备。石勒轻骑往袭,掳王浚至襄国(河北邢台)杀之。西晋所属华北八州,石勒灭其七,仅并州(山西太原)尚存。 汉赵中山王刘曜再攻长安,西晋骠骑大将军索綝再击退之。	
西晋封代公拓跋猗卢为代王。 西晋武昌太守陶侃击杜弢,杜弢兵溃,逃遁不知所终。 汉赵青州(山东青州)刺史曹嶷,陷西晋青州全境。	

	年份	干支	国号王朝及纪年	
	316	丙子	西晋建兴	四年
			成汉玉衡	六年
			汉赵建元	二年
			麟嘉	元年
	317	丁丑	东晋建兴	五年
			建武	元年
			成汉玉衡	七年
			汉赵麟嘉	二年
	318	戊寅	东晋建武	二年
			太兴	元年
			成汉玉衡	八年
			汉赵麟嘉	三年
			汉昌	元年
			光初	元年
	319	己卯	东晋太兴	二年
			成汉玉衡	九年
			汉赵光初	二年
			后赵赵王	元年
四世纪 二〇年代	320	庚辰	东晋太兴	三年
			成汉玉衡	十年
			汉赵光初	三年
			后赵赵王	二年
			前凉永元	元年

国内	国外
汉赵中山王刘曜攻长安，城中饥甚，米每斗金二两，人相食，西晋愍帝司马业出降。西晋亡。西晋并州(山西太原)长史李弘据并州降汉赵骠骑大将军石勒。 西晋并州刺史刘琨奔蓟县(北京)，投幽州刺史段匹磾。	
西晋琅邪王司马睿闻长安陷落，即在建康称晋王，史称东晋。 汉赵相国刘粲诬皇太弟刘乂谋反，杀之。 司、冀、并、青、雍等州大蝗，黄河泛滥，漂流数千家。 汉赵昭武帝刘聪出猎，命所俘西晋愍帝司马业执前导，故老有泣者。又使其行酒洗杯，入厕，又命其执盖，西晋旧臣痛哭，刘聪大怒，斩司马业。	
东晋晋王司马睿闻司马业死，遂称帝，是为元帝。东晋幽州(北京)刺史段匹磾疑刘琨图己，杀之。 汉赵昭武帝刘聪卒，子隐帝刘粲嗣位。大将军靳准杀刘粲，皇族刘氏男女，无少长皆斩之。中山王刘曜闻乱，自长安发兵讨靳准，捕靳氏男女，无少长亦皆斩之，刘曜即帝位。	
汉赵迁都长安，改国号为赵。 汉赵帝刘曜封大司马石勒为赵王，寻又疑其将图己，斩其来使。石勒大怒，遂叛，据襄国(河北邢台)，称赵王。史称“后赵”(十九国之三)。	
东晋凉州(甘肃武威)刺史张实为巫师所杀，弟张茂代领其众，称平西公凉州牧。史称“前凉”(十九国之四)。 汉赵境内羌羯尽叛，车骑大将军游子远击平之。	印度厮饶夷王建笈多王朝(——530)。

年份	干支	国号王朝及纪年	
321	辛巳	东晋太兴	四年
		成汉玉衡	十一年
		汉赵光初	四年
		后赵赵王	三年
		前凉永元	二年
322	壬午	东晋永昌	元年
		成汉玉衡	十二年
		汉赵光初	五年
		后赵赵王	四年
		前凉永元	三年
323	癸未	东晋永昌	二年
		太宁	元年
		成汉玉衡	十三年
		汉赵光初	六年
		后赵赵王	五年
		前凉永元	四年
324	甲申	东晋太宁	二年
		成汉玉衡	十四年
		汉赵光初	七年
		后赵赵王	六年
		前凉太元	元年
325	乙酉	东晋太宁	三年
		成汉玉衡	十五年
		汉赵光初	八年
		后赵赵王	七年
		前凉太元	二年

国内	国外
后赵中山公石虎陷幽州(北京),掳东晋幽州刺史段匹磾。东晋豫州(安徽亳州)刺史祖逖卒,弟祖约继任。	
东晋元帝司马睿忌大将军王敦,引用骠骑将军戴渊、镇北将军刘隗、尚书令刁协以抗之。王敦自武昌起兵声讨,抵建康(南京)城下。司马睿不得已,杀戴渊、刁协。刘隗奔后赵。王敦引军还武昌,袭杀梁州(湖北襄樊)刺史甘卓。　司马睿卒,子明帝司马绍嗣位。	
成汉太傅李骧陷东晋越巂(四川西昌)、汉嘉(四川名山)二郡。　东晋大将军王敦自武昌进屯姑孰(安徽当涂),兼扬州(江苏南京)牧。　后赵中山公石虎陷广固(山东青州),杀安东将军曹嶷以下三万人,青州(山东半岛)尽入后赵。　汉赵帝刘曜亲攻前凉,平西公张茂降,封张茂为凉王。	
正月,东晋丞相王敦诬从事中郎周嵩谋反,杀之,并杀会稽内史周札。后赵司州(河北邢台)刺史石生击汉赵新安(河南渑池),斩太守尹平。自是两国交兵,民不聊生。　五月,前凉成王张茂卒,子文王张骏嗣位。　六月,东晋王敦再起兵攻首都建康(江苏南京),寻病卒,侄王应代领其众,兵败被杀。	
汉赵中山王刘岳击后赵司州刺史石生,后赵中山公石虎来救,战于洛阳城北,汉赵军大败,刘岳被擒。汉赵帝刘曜援军无故夜惊,士卒奔溃,狼狈撤退。　东晋明帝司马绍卒,子成帝司马衍嗣位,年五岁,庾太后临朝,司徒王导、中书令庾亮辅政。	罗马帝国皇帝君士坦丁于小亚细亚尼西亚城,召集全国各地基督教主教三百余人会议,通过若干法规及"圣父、圣子、圣灵三位一体"教义。宣布阿里乌派为异教。

	年份	干支	国号王朝及纪年	
	326	丙戌	东晋太宁	四年
			咸和	元年
			成汉玉衡	十六年
			汉赵光初	九年
			后赵赵王	八年
			前凉太元	三年
	327	丁亥	东晋咸和	二年
			成汉玉衡	十七年
			汉赵光初	十年
			后赵赵王	九年
			前凉太元	四年
	328	戊子	东晋咸和	三年
			成汉玉衡	十八年
			汉赵光初	十一年
			后赵赵王	十年
			太和	元年
			前凉太元	五年
	329	己丑	东晋咸和	四年
			成汉玉衡	十九年
			汉赵光初	十二年
			后赵太和	二年
			前凉太元	六年
四世纪 三〇年代	330	庚寅	东晋咸和	五年
			成汉玉衡	二十年
			后赵太和	三年
			建平	元年
			前凉太元	七年

国内	国外
东晋中书令庾亮诬南顿王司马宗谋反,杀之。后赵大将军石聪攻东晋寿春,东晋豫州刺史祖约请救,东晋政府不为出兵,历阳(安徽和县)内史苏峻遣军赴援,击退石聪。	
东晋中书令庾亮忌历阳内史苏峻,征调为大司农,去其兵权。苏峻遂与祖约共叛,陷姑孰(安徽当涂),军至建康(江苏南京)城下。	
东晋苏峻陷建康,庾亮出奔,庾太后忧卒。勤王兵纷起,共推征西大将军陶侃为军主,进攻建康,苏峻堕马被杀。　后赵中山公石虎攻汉赵,汉赵帝刘曜迎击,大败之,围金墉城(洛阳东),襄国(河北邢台)大震。后赵王石勒,亲救金墉,战于洛阳城下,擒刘曜,汉赵军大溃。	
东晋豫州(安徽寿县)刺史祖约率宗族百余人奔后赵。　汉赵皇太子刘熙率百官弃首都长安,奔上邽(甘肃天水)。　南阳王刘胤反攻长安,后赵中山公石虎进击,陷上邽,尽杀汉赵皇太子刘熙王公以下三千人,汉赵亡,立国二十六年。　后赵尽有华北之地。	
后赵斩祖约,屠其亲属一百余人。后赵王石勒称帝,是为明帝。	罗马帝国皇帝君士坦丁自罗马城迁都拜占庭城,改名君士坦丁堡。

年份	干支	国号王朝及纪年	
331	辛卯	东晋咸和	六年
		成汉玉衡	二十一年
		后赵建平	二年
		前凉太元	八年
332	壬辰	东晋咸和	七年
		成汉玉衡	二十二年
		后赵建平	三年
		前凉太元	九年
333	癸巳	东晋咸和	八年
		成汉玉衡	二十三年
		后赵建平	四年
		前凉太元	十年
334	甲午	东晋咸和	九年
		成汉玉衡	二十四年
		后赵延熙	元年
		前凉太元	十一年
335	乙未	东晋咸康	元年
		成汉玉恒	元年
		后赵建武	元年
		前凉太元	十二年
336	丙申	东晋咸康	二年
		成汉玉恒	二年
		后赵建武	二年
		前凉太元	十三年

国内	国外
东晋南中郎将桓宣攻后赵,陷襄阳(湖北襄樊)。	
成汉大将军李寿攻东晋,陷朱提郡(云南昭通)。 后赵遣使赴东晋,请和解修好,东晋焚其国书。 东晋辽东公慕容廆卒,子慕容皝继位。 后赵明帝石勒卒,子石弘嗣位。中山王石虎杀刘太后、彭城王石堪、河东王石生,全国震怖。	
成汉武帝李雄卒,侄哀帝李班嗣位。车骑将军李越杀李班,立李雄子李期为帝。 后赵帝石弘自送玺绶与石虎,请让位,石虎不受。寻囚石弘与其生母程太后,皆杀之。自称摄天王。	
后赵自襄国(河北邢台)迁都邺城(河北临漳)。	
成汉帝李期忌尚书仆射李载有隽才,诬以谋反,杀之。 后赵摄天王石虎于襄国建太武殿,于邺城建西宫。	

	年份	干支	国号王朝及纪年
	337	丁酉	东晋咸康 三年 成汉玉恒 三年 后赵建武 三年 前凉太元 十四年 前燕文明王 四年
	338	戊戌	东晋咸康 四年 成汉玉恒 四年 汉兴 元年 后赵建武 四年 前凉太元 十五年 前燕文明王 五年
	339	己亥	东晋咸康 五年 成汉汉兴 二年 后赵建武 五年 前凉太元 十六年 前燕文明王 六年
四世纪 四〇年代	340	庚子	东晋咸康 六年 成汉汉兴 三年 后赵建武 六年 前凉太元 十七年 前燕文明王 七年
	341	辛丑	东晋咸康 七年 成汉汉兴 四年 后赵建武 七年 前凉太元 十八年 前燕文明王 八年

国内	国外
后赵摄天王石虎称天王。杀其子石邃,并其男女三十六人,同埋一棺。东晋辽东公慕容皝称燕王,是为文明王,建都棘城(辽宁义县),然即位已有四年。史称"前燕"(十九国之五)。	罗马帝国皇帝君士坦丁卒(306——),临终时,受洗为基督徒,子君士坦都嗣位。
后赵天王石虎与前燕王慕容皝,联军攻击段部落酋长段辽。段辽军败,奔密云山(北京密云北)。 石虎以慕容皝不待会师即退,大怒,进围棘城(辽宁义县),猛攻十余日,不克,引退中伏,后赵兵大溃,死三万余人,唯游击将军冉闵一军独全。 成汉帝李期日益骄虐,汉王李寿起兵废之,李期自杀。李寿称帝,是为昭文帝。改国号为汉。	
后赵大都督夔安攻东晋,陷邾城(湖北黄州),长江以北东晋军悉溃,死六千余人。 前燕文明王慕容皝遣长史刘翔,赴东晋请加封。	
前燕文明王慕容皝攻后赵,兵至蓟城(北京)。	
前燕长史刘翔抵东晋首都建康(江苏南京),东晋政府册封慕容皝为燕王。东晋士大夫骄奢纵酒,已无恢复中原之志,临行,刘翔赠言以勉。	

年份	干支	国号王朝及纪年	
342	壬寅	东晋咸康	八年
		成汉汉兴	五年
		后赵建武	八年
		前凉太元	十九年
		前燕文明王	九年
343	癸卯	东晋建元	元年
		成汉汉兴	六年
		后赵建武	九年
		前凉太元	二十年
		前燕文明王	十年
344	甲辰	东晋建元	二年
		成汉太和	元年
		后赵建武	十年
		前凉太元	二十一年
		前燕文明王	十一年
345	乙巳	东晋永和	元年
		成汉太和	二年
		后赵建武	十一年
		前凉太元	二十二年
		前燕文明王	十二年

国内	国外
东晋成帝司马衍卒,弟康帝司马岳嗣位。前燕自棘城迁都龙城(辽宁朝阳)。　后赵天王石虎于邺城(河北临漳)筑台观四十所,于洛阳、长安筑宫室,发民工四十余万人。又欲攻东晋,造甲者五十余万人,船夫十七万人,为水淹死或为虎狼吞食者三分居二。士兵每五人出车一辆,牛二头,米十五斛。民卖子以供军需,犹不能给,自缢于道树者相望。	中国前燕王慕容皝攻高句丽,陷京师丸都(吉林集安),高句丽王高钊单骑逃免,慕容皝掳高钊母妻王太后、王后,并掘高钊父美川王高乙弗利墓,载其尸而还。
成汉昭文帝李寿卒,子李势嗣位。	
前燕攻宇文部落,大破之,其酋长宇文逸豆归兵败,走死沙漠,宇文部落自此散亡。　后赵天王石虎腰斩中书监王波及其四子,以应星变。　东晋康帝司马岳卒,子穆帝司马聃嗣位,年仅二岁,褚太后抱之临朝。	
后赵天王石虎建猎场,广袤千里,民有犯兽者斩。发二十六万民工修洛阳宫,并征民女三万,郡县多夺人妻杀其夫,死三千余人,民流叛略尽。又责守令不能绥抚,杀五十余人。	

年份	干支	国号王朝及纪年	
346	丙午	东晋永和	二年
		成汉太和	三年
		嘉宁	元年
		后赵建武	十二年
		前凉太元	二十三年
		永乐	元年
		前燕文明王	十三年
347	丁未	东晋永和	三年
		成汉嘉宁	二年
		后赵建武	十三年
		前凉永乐	二年
		前燕文明王	十四年
348	戊申	东晋永和	四年
		后赵建武	十四年
		前凉永乐	三年
		前燕文明王	十五年
349	己酉	东晋永和	五年
		后赵太宁	元年
		前凉永乐	四年
		前燕燕王	元年

国内	国外
前凉文王张骏卒,子桓王张重华嗣位。成汉太保李奕叛,攻成都,中流矢死,众溃。 后赵凉州(甘肃天水)刺史麻秋攻前凉,陷金城(甘肃兰州)。	
东晋安西将军桓温攻成汉,掳成汉帝李势,成汉亡,立国四十四年。 后赵军进围前凉枹罕(甘肃临夏),前凉军师将军谢艾大破之。后赵凉州刺史麻秋寻再率军十二万,分道并进。姑臧(甘肃武威)大震,谢艾复大破之。然金城终不能复。 后赵佛教和尚言:“胡运当灭,中国当兴。”后赵天王石虎遂发近郡华人男女十六万人筑华林苑以厌之。	
后赵太子石宣杀其弟秦公石韬,石虎大怒,缚石宣,使人拔其发,抽其舌,牵使登梯,绳贯其双颊,断其手足,斫眼剜肠,纵火烧死。又杀其妻子、官属、宦官,皆车裂投漳水。东宫卫士十万人,悉放逐凉州。前燕文明王慕容皝卒,子慕容儁嗣位。	
后赵天王石虎称帝,是为太祖,寻卒,子石世嗣位。彭城王石遵杀石世,即位。辅国大将军冉闵复杀石遵,立义阳王石鉴为帝。石鉴忌冉闵,遣兵攻之,冉闵反攻,因胡羯不附己,乃颁令中外,尽屠胡羯,无贵贱男女少长,悉斩,杀二十余万。 东晋征北大将军褚裒闻后赵乱,发兵北讨,后赵南讨大都督李农迎击,褚裒大败而还。	

四世纪
五〇年代

年份	干支	国号王朝及纪年	
350	庚戌	东晋永和	六年
		后赵青龙	元年
		永宁	元年
		前凉永乐	五年
		前燕燕王	二年
		冉魏永兴	元年
351	辛亥	东晋永和	七年
		后赵永宁	二年
		前凉永乐	六年
		前燕燕王	三年
		冉魏永兴	二年
		前秦皇始	元年
352	壬子	东晋永和	八年
		前凉永乐	七年
		前燕燕王	四年
		元玺	元年
		冉魏永兴	三年
		前秦皇始	二年
353	癸丑	东晋永和	九年
		前凉永乐	八年
		前燕元玺	二年
		前秦皇始	三年
354	甲寅	东晋永和	十年
		前凉和平	元年
		前燕元玺	三年
		前秦皇始	四年

国内	国外
后赵帝石鉴欲诛冉闵,冉闵杀之,自称帝,国号魏,史称冉魏(十九国之六),建都邺城(河北临漳)。 后赵新兴王石祇奔襄国(河北邢台),称帝。前燕王慕容儁攻后赵,陷蓟城(北京),迁都之。 氐部落酋长苻洪称三秦王,为降将麻秋毒死,子苻健代领其众。段部落酋长段龛乘后赵内乱,引众南下,据广固(山东青州),称齐王。	罗马西帝君士坦斯被部下马格嫩提乌斯刺死。
后赵帝石祗去帝号,称赵王,寻为其下所杀,后赵亡,立国三十三年。 苻健陷长安,称天王,国号秦,史称“前秦”(十九国之七)。	马格嫩提乌斯称帝。
前秦天王苻健称帝,是为景明帝。前燕太原王慕容恪攻冉魏,战于廉台(河北无极),生擒冉闵,送蓟城(北京),鞭之三百,再送龙城(辽宁朝阳)斩之,冉魏亡,立国三年。 前燕王慕容儁称帝,是为景昭帝。东晋中军将军殷浩乘中原大乱,率军北伐,进屯寿春(安徽寿县)。	
东晋殷浩自寿春(安徽寿县)北进,直指洛阳,任平北将军姚襄为前锋。姚襄素衔殷浩,行至山桑(安徽蒙城),纵兵反击,殷浩大溃逃归。 前凉桓王张重华卒,子哀王张曜灵嗣位,其叔长宁侯张祚废之,嗣位,是为威王。	
东晋征西大将军桓温攻前秦,战于蓝田(陕西蓝田),前秦兵大败。桓温进至灞上(西安东),再战不利,死一万余人,军又乏食,引退。	罗马东帝君士坦都灭马格嫩提乌斯,统一帝国。

年份	干支	国号王朝及纪年	
355	乙卯	东晋永和	十一年
		前凉和平	二年
		建兴	四十三年
		太始	元年
		前燕元玺	四年
		前秦皇始	五年
		寿光	元年
356	丙辰	东晋永和	十二年
		前凉太始	二年
		建兴	四十四年
		前燕元玺	五年
		前秦寿光	二年
357	丁巳	东晋升平	元年
		前凉建兴	四十五年
		前燕元玺	六年
		光寿	元年
		前秦寿光	三年
		永兴	元年
358	戊午	东晋升平	二年
		前凉建兴	四十六年
		前燕光寿	二年
		前秦永兴	二年
359	己未	东晋升平	三年
		前凉建兴	四十七年
		前燕光寿	三年
		前秦永兴	三年
		甘露	元年

国内	国外
前秦大旱,百草无遗,牛羊相食毛。景明帝苻健卒,子苻生嗣位,暴虐凶残,杀丞相雷弱儿及其九子二十七孙。又杀梁皇后以下嫔妃大臣五百余人,截腿拉胸,锯头剖腹。　前凉威王张祚无道,众叛,为领军将军赵长所杀,侄冲王张玄靓嗣位。	天主教米兰会议,罢黜三位一体。
前燕太原王慕容恪攻广固(山东青州),齐王段龛降。　前秦帝苻生杀司空王堕以应星变。又以饮酒不醉杀尚书令辛牢。下诏曰:“朕受皇天之命,君临万邦,嗣统以来,有何不善,而诽谤之言,扇满天下。”　东晋征西大将军桓温攻姚襄,姚襄大败,桓温遂入洛阳。奏请还都,东晋政府惧不敢应。	
姚襄欲入关中,前秦广平王苻黄眉迎击,斩之,其弟姚苌率众降。　前秦帝苻生暴虐日甚,东海王苻坚杀之,继位,去帝号,称天王。　前燕迁都邺城(河北临漳)。	
东晋徐州刺史荀羡攻山茌(山东长清),前燕泰山太守贾坚死之。前燕军寻反攻,荀羡败还。	
东晋泰山太守诸葛攸攻前燕,入石门(山东长清),战于东阿(山东阳谷),大败。	

四世纪
六〇年代

年份	干支	国号王朝及纪年	
360	庚申	东晋升平	四年
		前凉建兴	四十八年
		前燕光寿	四年
		建熙	元年
		前秦甘露	二年
361	辛酉	东晋升平	五年
		前凉建兴	四十九年
		升平	五年
		前燕建熙	二年
		前秦甘露	三年
362	壬戌	东晋升平	六年
		隆和	元年
		前凉隆和	元年
		前燕建熙	三年
		前秦甘露	四年
363	癸亥	东晋隆和	二年
		兴宁	元年
		前凉隆和	二年
		太清	元年
		前燕建熙	四年
		前秦甘露	五年
364	甲子	东晋兴宁	二年
		前凉太清	二年
		前燕建熙	五年
		前秦甘露	六年
365	乙丑	东晋兴宁	三年
		前凉太清	三年
		前燕建熙	六年
		前秦甘露	七年
		建元	元年

国内	国外
前燕景昭帝慕容儁卒,子幽帝慕容暐嗣位。	
东晋穆帝司马聃卒,哀帝司马丕嗣位。前凉中领军张天锡杀中护军张邕。	
前燕宁南将军吕护攻洛阳,东晋北中郎将庾希入洛阳助守,吕护中流矢卒,前燕军退屯野王(河南沁阳)。	
前凉张天锡遣兵夜入宫,杀其侄冲王张玄靓,即位。	
前燕陷东晋许昌,复攻洛阳,东晋守将冠军将军陈佑,以救许昌为名,引军逃走,留冠军长史沈劲守孤城。	
东晋哀帝司马丕卒,弟废帝司马奕嗣位。 前燕陷洛阳,擒沈劲,斩之。 东晋梁州(陕西汉中)刺史司马勋叛,称成都王,率军入剑阁南下,攻成都。	

年份	干支	国号王朝及纪年	
366	丙寅	东晋太和	元年
		前凉太清	四年
		前燕建熙	七年
		前秦建元	二年
367	丁卯	东晋太和	二年
		前凉太清	五年
		前燕建熙	八年
		前秦建元	三年
368	戊辰	东晋太和	三年
		前凉太清	六年
		前燕建熙	九年
		前秦建元	四年
369	己巳	东晋太和	四年
		前凉太清	七年
		前燕建熙	十年
		前秦建元	五年
370	庚午	东晋太和	五年
		前凉太清	八年
		前燕建熙	十一年
		前秦建元	六年

四世纪
七〇年代

国内	国外
东晋鹰扬将军朱序击擒司马勋,斩之。	
前燕太原王慕容恪卒。　前秦并州刺史苻柳据蒲阪(山西永济)、秦州刺史苻双据上邽(甘肃天水)、洛州刺史苻瘦据陕城(河南三门峡)、雍州刺史苻武据安定(甘肃泾川),同起兵叛。	
前秦苻瘦据陕城降前燕,请兵接应。前秦政府大惧,而前燕太傅慕容评不为出兵,前秦遂击斩四叛。	
东晋大司马桓温大举攻前燕,势如破竹,抵枋头(河南淇县),前燕帝慕容暐、太傅慕容评震恐,遣使赴前秦讨救,许割虎牢以西地。前秦遣将军苟池赴援。前燕起用吴王慕容垂,断东晋军粮道,桓温战不利,且闻前秦兵将至,乃引退,行七百里,至襄邑(河南睢县),前燕伏兵起,桓温大败,死三万人。至谯郡(安徽亳州),前秦兵邀击,桓温又大败,死一万余人。　前燕太傅慕容评忌吴王慕容垂,与可足浑太后密谋杀之,事泄,慕容垂奔前秦,前秦任为冠军将军,封宾徒侯。　前秦向前燕索虎牢(河南荥阳西北)以西地,慕容评悔之,不与,前秦天王苻坚大怒,遣辅国将军王猛攻前燕。	
前燕太傅慕容评统大军拒前秦,屯潞州(山西长治西南),王猛大破之,俘杀五万余人,进围邺城(河北临漳),擒前燕帝慕容暐,前燕亡,立国三十四年。	

年份	干支	国号王朝及纪年	
371	辛未	东晋太和	六年
		咸安	元年
		前凉太清	九年
		前秦建元	七年
372	壬申	东晋咸安	二年
		前凉太清	十年
		前秦建元	八年
373	癸酉	东晋宁康	元年
		前凉太清	十一年
		前秦建元	九年
374	甲戌	东晋宁康	二年
		前凉太清	十二年
		前秦建元	十年

国内	国外
东晋大司马桓温大败之后,欲以杀立威,乃诬废帝司马奕不能生育,子皆他人子,废为海西公,立会稽王司马昱为帝,是为简文帝。 前凉向前秦称臣,前秦封张天锡为西平公。	
东晋简文帝司马昱卒,子孝武帝司马曜嗣位。 东晋大旱,人多饿死。	高句丽创设中国式“太学”,以中国经典教育子弟。
东晋大司马桓温卒,子桓玄嗣南郡公。前秦连陷东晋梁州(陕西汉中)、益州(四川成都)。	
	是年,欧洲民族大迁移,日耳曼蛮族诸部落开始大举侵入罗马帝国(欧洲北部日耳曼民族,部落繁多,其中东哥特部落居黑海北岸,西哥特部落居多瑙河北岸,汪达尔部落居多瑙河上游,法兰克部落居莱茵河下游,盎格鲁部落及撒克逊部落居北海沿岸,伦巴德部落居法国东北部。公元四世纪,匈奴终侵入黑海东哥特境。东哥特部落被逐,乃侵入西哥特境。西哥特部落被逐,乃侵入汪达尔境及罗马帝国巴尔干境。连锁发展,汪达尔部落侵入罗马帝国西班牙境,法兰克部落侵入罗马帝国不列颠境,流奔动乱,历百余年始定)。

年份	干支	国号王朝及纪年	
375	乙亥	东晋宁康 前凉太清 前秦建元	三年 十三年 十一年
376	丙子	东晋宁康 太元 前凉太清 前秦建元	四年 元年 十四年 十二年
377	丁丑	东晋太元 前秦建元	二年 十三年
378	戊寅	东晋太元 前秦建元	三年 十四年
379	己卯	东晋太元 前秦建元	四年 十五年
380	庚辰	东晋太元 前秦建元	五年 十六年

四世纪
八〇年代

国内	国外
前秦丞相王猛卒。	
前秦遣尚书郎阎负、梁殊,征前凉王张天锡入朝,张天锡缚二人于军门,命军士交射之,曰:“射而不中,即不与我同心。”前秦遂大举攻前凉,军至姑臧,张天锡战败,出降,前凉亡,立国五十七年。代王拓跋什翼犍为其子拓跋实君所杀,前秦乘势灭代(内蒙和林格尔)。	西哥特部落渡多瑙河侵入罗马帝国巴尔干境,罗马帝国许其定居,唯官吏贪暴凌虐,西哥特部落不能堪,起兵叛。
高句丽(吉林集安)、新罗(朝鲜庆州)、百济(朝鲜扶余)、西南夷,皆遣使向前秦朝贡。	
前秦长乐公苻丕攻东晋襄阳(湖北襄樊)。	罗马帝国皇帝瓦伦斯统军击西哥特部落,战于亚得里亚堡,罗马军团大败,瓦伦斯被杀。部将狄奥多西继任皇帝(——395),乞和,割下米西亚省与西哥特部落。
前秦陷襄阳,擒东晋守将梁州刺史朱序。	
前秦幽州刺史苻洛据和龙(辽宁朝阳)、镇北大将军苻重据蓟城(北京),同起兵叛。左将军窦冲进击,擒苻洛,斩苻重。	东罗马帝国皇帝狄奥多西受洗为基督徒,下诏关闭全国其他各种神庙,基督教始成国教。

年份	干支	国号王朝及纪年	
381	辛巳	东晋太元	六年
		前秦建元	十七年
382	壬午	东晋太元	七年
		前秦建元	十八年
383	癸未	东晋太元	八年
		前秦建元	十九年
384	甲申	东晋太元	九年
		前秦建元	二十年
		后燕燕王	元年
		西燕燕兴	元年
		后秦白雀	元年

国内	国外
东晋大饥。　前秦荆州(湖北襄樊)刺史都贵攻东晋竟陵(湖北钟祥),不克。	狄奥多西于君士坦丁堡召集基督教各地主教会议,重新坚定《尼西亚信经》(325),圣父、圣子、圣灵三位一体教义确立。
前秦政府遣骁骑将军吕光率军征西域。前秦天王苻坚大举攻东晋,东晋任尚书仆射谢石为大都督,徐兖二州刺史谢玄为前都督,相拒于淝水(安徽寿县东北东淝河)。苻坚麾兵退,欲乘东晋军半渡而击,不意退不可止,东晋兵乘乱进攻,前秦阳平公苻融马倒被杀,苻坚中流矢,大败,收残军奔还长安。	
前秦天王苻坚遣冠军将军慕容垂赴河北抚民,慕容垂至(河南)荥阳即叛,称燕王,史称“后燕”(十九国之八)。　前秦北地刺史慕容泓于(陕西)华阴起兵,称燕济北王,史称“西燕”(十九国之九)。　寻为其将所杀,立前燕皇太子慕容冲为帝,是为威帝。　前秦天王苻坚,遣巨鹿公苻叡、龙骧将军姚苌攻西燕,兵败,苻叡被杀。姚苌惧,奔渭北牧马地,称秦王,史称“后秦”(十九国之十)。	

年份	干支	国号王朝及纪年	
385	乙酉	东晋太元	十年
		前秦建元	二十一年
		太安	元年
		后燕燕王	二年
		西燕燕兴	二年
		更始	元年
		后秦白雀	二年
		西秦建义	元年
386	丙戌	东晋太元	十一年
		前秦太安	二年
		太初	元年
		后燕燕王	三年
		建兴	元年
		西燕更始	二年
		昌平	元年
		建明	元年
		建平	元年
		建武	元年
		中兴	元年
		后秦白雀	三年
		建初	元年
		西秦建义	二年
		北魏登国	元年
		后凉太安	元年

国内	国外
西燕威帝慕容冲围长安,城中饥困不能支,前秦天王苻坚亲往陇西收兵,至五将山(陕西岐山北),前秦王姚苌发兵邀击,俘苻坚,缢死于新平(陕西彬县)新佛寺。子长乐公苻丕闻讯,于晋阳(山西太原)即位,是为哀平帝。 西燕威帝慕容冲入据长安。后燕王慕容垂陷前秦中山(河北定州),定都。 前秦前将军乞伏国仁称单于,建都勇士堡(甘肃榆中东北),史称“西秦”(十九国之十一)。	罗马帝国基督教徒七人被教会指为“异端”,于特里尔城处死,基督教迫害自此始。
拓跋部落酋长拓跋珪,大会诸酋长于牛川(内蒙呼和浩特东),称代王,寻改称魏王,史称“北魏”。 后燕王慕容垂于中山(河北定州)称帝,是为武成帝。西燕威帝慕容冲既入据长安,惧后燕势盛,不敢东归,为久安计。鲜卑人咸怨,遂杀之。立将军段随为西燕王,弃长安东归。段随寻为部下所杀,立慕容觊为王,寻又被部下所杀。立慕容瑶为帝,寻又被部下所杀。立慕容忠为帝,寻复被部下所杀。再立慕容永为帝,东进至长子(山西长子),遂定都。 前秦哀平帝苻丕与西燕战于襄陵(山西襄汾),大败,苻丕奔东垣(河南新安),东晋扬威将军冯该自陕城邀击,杀之。 南安王苻登闻讯,于南安(甘肃陇西)即位,是为高帝。 后秦王姚苌入据长安,称帝,是为武昭帝。 西秦迁都苑川(甘肃兰州东),乞伏国仁称苑川王。 前秦骁骑将军吕光征西域还,道不能通,至姑臧(甘肃武威),为苻坚发丧,称酒泉公,史称“后凉”(十九国之十二)。	

年份	干支	国号王朝及纪年	
387	丁亥	东晋太元	十二年
		前秦太初	二年
		后燕建兴	二年
		西燕中兴	二年
		后秦建初	二年
		西秦建义	三年
		北魏登国	二年
		后凉太安	二年
388	戊子	东晋太元	十三年
		前秦太初	三年
		后燕建兴	三年
		西燕中兴	三年
		后秦建初	三年
		西秦建义	四年
		太初	元年
		北魏登国	三年
		后凉太安	三年
389	己丑	东晋太元	十四年
		前秦太初	四年
		后燕建兴	四年
		西燕中兴	四年
		后秦建初	四年
		西秦太初	二年
		北魏登国	四年
		后凉太安	四年
		麟嘉	元年

国内	国外
后凉大饥,人相食,死者大半。　后秦武昭帝姚苌陷徐嵩堡,掘前秦苻坚尸,鞭之无数,裸其体,裹以荆棘葬之。	
西秦苑川王乞伏国仁卒,弟乞伏干归嗣位,称河南王,迁都金城(甘肃兰州)。	
前秦屡胜后秦,后秦武昭帝姚苌惧,以为系苻坚神助,于军中雕苻坚木像祭祷之,曰:"臣兄姚襄,嘱臣报仇,新平(陕西彬县)之祸,臣行兄命,非臣罪也,今为陛下立像,乞勿追臣过。"久之战仍不利,军又每夜数惊,乃斩木像首。　后凉吕光称三河王。	

四世纪
九〇年代

年份	干支	国号王朝及纪年	
390	庚寅	东晋太元	十五年
		前秦太初	五年
		后燕建兴	五年
		西燕中兴	五年
		后秦建初	五年
		西秦太初	三年
		北魏登国	五年
		后凉麟嘉	二年
391	辛卯	东晋太元	十六年
		前秦太初	六年
		后燕建兴	六年
		西燕中兴	六年
		后秦建初	六年
		西秦太初	四年
		北魏登国	六年
		后凉麟嘉	三年
392	壬辰	东晋太元	十七年
		前秦太初	七年
		后燕建兴	七年
		西燕中兴	七年
		后秦建初	七年
		西秦太初	五年
		北魏登国	七年
		后凉麟嘉	四年
393	癸巳	东晋太元	十八年
		前秦太初	八年
		后燕建兴	八年
		西燕中兴	八年
		后秦建初	八年
		西秦太初	六年
		北魏登国	八年
		后凉麟嘉	五年

国内	国外
西燕与东晋,前秦与后秦,北魏与其北境邻国柔然,连年相互攻战,赤地千里。	
北魏王拓跋珪遣弟拓跋觚,赴后燕朝觐进贡,后燕武成帝慕容垂衰老,子弟用事,向拓跋觚索取良马。拓跋珪不与,拓跋觚遂不得归。北魏后燕绝交。　北魏击匈奴部落酋长刘卫辰,陷所居悦跋城(内蒙伊金霍洛旗),刘卫辰出奔,被部下所杀,少子刘勃勃逃奔后秦。	
前秦与后秦,后凉与西秦,相互攻战。	
后秦武昭帝姚苌卒。	

年份	干支	国号王朝及纪年	
394	甲午	东晋太元	十九年
		前秦太初	九年
		延初	元年
		后燕建兴	九年
		西燕中兴	九年
		后秦建初	九年
		皇初	元年
		西秦太初	七年
		北魏登国	九年
		后凉麟嘉	六年
395	乙未	东晋太元	二十年
		后燕建兴	十年
		后秦皇初	二年
		西秦太初	八年
		北魏登国	十年
		后凉麟嘉	七年
396	丙申	东晋太元	二十一年
		后燕建兴	十一年
		永康	元年
		后秦皇初	三年
		西秦太初	九年
		北魏登国	十一年
		皇始	元年
		后凉麟嘉	八年
		龙飞	元年

国内	国外
后秦皇太子姚兴即帝位,是为文桓帝。前秦高帝苻登闻姚苌卒,大举攻后秦,战于废桥(陕西武功境),大败,奔马毛山(宁夏固原南),后秦兵追至,被杀。子苻崇于湟中(青海湟中)即位,西秦遣兵逐之,苻崇反攻,战死。前秦亡,立国四十四年。 后燕武成帝慕容垂击西燕,陷长子(山西长子),擒西燕帝慕容永,斩之,西燕亡,立国十一年。 西秦乞伏干归称秦王。	
后燕皇太子慕容宝率军九万八千攻北魏,北魏王拓跋珪退军示弱,后燕军直抵黄河,不敢渡,烧船夜遁,北魏军尾蹑至参合陂(山西阳高),纵兵击之,后燕军大溃,死数万,降四五万,得逃归者仅数千人,慕容宝单骑奔免。北魏尽坑后燕降卒。	罗马帝国皇帝狄奥多西卒(378——),国土正式分裂,长子阿卡丢,十八岁,建都君士坦丁堡,治理希腊语地区,史称“东罗马帝国”。幼子霍诺留,十一岁,建都拉温那(意大利北部临亚得里亚海),治理拉丁语地区,史称“西罗马帝国”。
后燕武成帝慕容垂亲击北魏,军至参合陂,见积骸如山,军士皆恸哭,声震山谷,慕容垂惭卧疾,寻卒。子惠愍帝慕容宝嗣位。北魏王拓跋珪乘后燕丧,大举进攻,后燕南境除中山(河北定州)、邺城(河北临漳)、信都(河北冀州)三城外,悉入于北魏。 东晋张贵人宠冠后宫,年近三十,东晋孝武帝司马曜戏谓之曰:“汝以年当废矣,吾属意年轻女孩。”张贵人恚,夜用被闷杀司马曜。子安帝司马德宗嗣位。 后凉吕光称天王。	西哥特部落酋长阿拉力克向东罗马帝国要求扩充耕地及一高官,东罗马帝国不许,阿拉力克遂攻入希腊,陷雅典,所至烧杀。

年份	干支	国号王朝及纪年	
397	丁酉	东晋隆安	元年
		后燕永康	二年
		后秦皇初	四年
		西秦太初	十年
		北魏皇始	二年
		后凉龙飞	二年
		南凉太初	元年
		北凉神玺	元年
398	戊戌	东晋隆安	二年
		后燕永康	三年
		建平	元年
		后秦皇初	五年
		西秦太初	十一年
		北魏皇始	三年
		天兴	元年
		后凉龙飞	三年
		北凉神玺	二年
		南燕燕王	元年
		南凉太初	二年
399	己亥	东晋隆安	三年
		后燕建平	二年
		长乐	元年
		后秦皇初	六年
		弘始	元年
		西秦太初	十二年
		北魏天兴	二年
		后凉龙飞	四年
		咸宁	元年
		南凉太初	三年
		北凉神玺	三年
		天玺	元年
		南燕燕王	二年

国内	国外
北魏陷信都,围中山,后燕惠愍帝慕容宝弃中山奔蓟城(北京),再奔龙城(辽宁朝阳)。　东晋仆射王国宝、建威将军王绪,依附会稽王司马道子,穷凶贪污。兖徐二州刺史王恭起兵讨之,司马道子惧,杀王国宝、王绪;王恭始罢兵。　鲜卑部落酋长秃发乌孤,称西平王,史称"南凉"(十九国之十三)。　匈奴部落酋长沮渠男成叛后凉,陷建康(甘肃肃南),立建康太守段业为建康公,史称"北凉"(十九国之十四)。	
后燕范阳王慕容德弃邺城,南奔滑台(河南滑县),称燕王,史称"南燕"(十九国之十五)。　后燕惠愍帝慕容宝自龙城大举南下攻北魏,欲复旧疆,士卒不堪役征,哗变。慕容宝返龙城,军又内变。再奔慕容德,闻其已称王,惧而北返。尚书兰汗遣使来迎,慕容宝遂再还龙城,既至,兰汗杀之。子慕容盛袭斩兰汗,即帝位,是为昭武帝。北魏王拓跋珪称帝,是为道武帝。迁都平城(山西大同)。南凉秃发乌孤称武威王。东晋王恭再讨谯王司马休之,部将刘牢之内叛,擒王恭送建康(江苏南京)斩之。	西哥特部落酋长阿拉力克弃雅典,侵入伊庇鲁斯。
北凉西平王段业称凉王。　南凉武威王秃发乌孤卒,弟秃发利鹿孤嗣位,迁都西平(青海西宁)。　南燕王慕容德攻陷广固(山东青州),定都。后秦文桓帝姚兴以灾异屡见,改称天王。　东晋琅邪人孙恩起兵,旬日之中,众数十万,镇北将军刘牢之迎击,大破之,孙恩泛海遁。　后凉天王吕光卒,子隐王吕绍嗣位。太原公吕纂杀吕绍,继位。	中国高僧法显至印度求佛经。

五世纪

五胡乱华十九国时代共一百三十六年，混战到本世纪三〇年代才结束。北方被北魏帝国统一，南方被南宋帝国统治，中国进入南北朝时代。南北战争，转趋激烈，而且更加残酷。

本世纪七〇年代末，南宋帝国被南齐帝国篡夺。成为北魏与南齐对峙之局。

五世纪
○○年代

年份	干支	国号王朝及纪年	
400	庚子	东晋隆安	四年
		后燕长乐	二年
		后秦弘始	二年
		西秦太初	十三年
		北魏天兴	三年
		后凉咸宁	二年
		南凉太初	四年
		建和	元年
		北凉天玺	二年
		南燕燕王	三年
		建平	元年
		西凉庚子	元年
401	辛丑	东晋隆安	五年
		后燕长乐	三年
		光始	元年
		后秦弘始	三年
		北魏天兴	四年
		后凉咸宁	三年
		神鼎	元年
		南凉建和	二年
		北凉天玺	三年
		永安	元年
		南燕建平	二年
		西凉庚子	二年

国内	国外
后燕武帝慕容盛改称天王。 西秦迁都苑川(甘肃兰州东)。 西秦王乞伏干归攻后秦,大败,众皆降。乞伏干归奔南凉,以南凉势弱不可恃,乃再奔长安,降后秦。西秦亡。 北凉(甘肃)敦煌太守李暠叛北凉,据敦煌,称凉公。史称“西凉”(十九国之十六)。 南燕王慕容德改称帝,是为献武帝。	
南凉秃发利鹿孤称河西王。 后凉天王吕纂为番禾(甘肃永昌)太守吕超所杀,族弟中领军吕隆嗣位。 北凉王段业诬辅国将军沮渠男成谋反,杀之,其弟沮渠蒙逊叛,杀段业,继位,称张掖公。 后燕天土慕容盛严刑峻法,自矜聪明,叛将袭杀之,其叔河间公慕容熙嗣位。	

年份	干支	国号王朝及纪年	
402	壬寅	东晋元兴	元年
		隆安	六年
		大亨	元年
		后燕光始	二年
		后秦弘始	四年
		北魏天兴	五年
		后凉神鼎	二年
		南凉建和	三年
		弘昌	元年
		北凉永安	二年
		南燕建平	三年
		西凉庚子	三年
403	癸卯	东晋元兴	二年
		后燕光始	三年
		后秦弘始	五年
		北魏天兴	六年
		后凉神鼎	三年
		南凉弘昌	二年
		北凉永安	三年
		南燕建平	四年
		西凉庚子	四年
404	甲辰	东晋元兴	三年
		后燕光始	四年
		后秦弘始	六年
		北魏天兴	七年
		天赐	元年
		南凉弘昌	三年
		弘始	六年
		北凉永安	四年
		南燕建平	五年
		西凉庚子	五年

国内	国外
东晋会稽世子尚书令司马元显擅权,忌右将军七州都督桓玄,发兵讨伐,司马元显自任大都督,授权北将军刘牢之为前锋都督。桓玄起兵自江陵(湖北江陵)东下,刘牢之迎降。桓玄进至新亭(江苏南京西),擒司马元显,斩之,复毒杀其父会稽王司马道子。夺刘牢之兵权,刘牢之欲再叛,将士不从,自缢死。　后凉大饥,人相食,饿死十余万,姑臧(甘肃武威)城门昼闭,民请出城为胡人奴婢者,日有数百,后凉天王吕隆恶其动摇众心,尽杀之,积尸盈路。南凉河西王秃发利鹿孤卒,弟秃发傉檀嗣位,称凉王,迁都乐都(青海乐都)。　后秦攻北魏,北魏反攻,陷柴壁(山西襄汾西南),后秦军不能救,举军恸哭,声震山谷,乞和,北魏不许。	
(楚帝桓玄永始元年) 南凉、北凉迭出军攻后凉,后凉天王吕隆不能自存,举国降后秦。后凉亡,立国十八年。　东晋安帝司马德宗让位于大将军桓玄,桓玄即位,国号楚,封司马德宗为平固王。	
(楚帝桓玄永始二年) 东晋中兵参军刘裕起兵讨桓玄,桓玄军连败,挟东晋安帝司马德宗奔还江陵,为益州都护冯迁所杀。　南凉王秃发傉檀畏后秦之强,自去年号,遣参军关尚赴后秦朝觐。	

年份	干支	国号王朝及纪年	
405	乙巳	东晋元兴	四年
		义熙	元年
		后燕光始	五年
		后秦弘始	七年
		北魏天赐	二年
		南凉弘始	七年
		北凉永安	五年
		南燕建平	六年
		太上	元年
		西凉庚子	六年
		建初	元年
		西蜀蜀王	元年
406	丙午	东晋义熙	二年
		后燕光始	六年
		后秦弘始	八年
		北魏天赐	三年
		南凉弘始	八年
		北凉永安	六年
		南燕太上	二年
		西凉建初	二年
		西蜀蜀王	二年
407	丁未	东晋义熙	三年
		后燕建始	元年
		后秦弘始	九年
		北魏天赐	四年
		南凉弘始	九年
		北凉永安	七年
		南燕太上	三年
		西凉建初	三年
		西蜀蜀王	三年
		胡夏龙升	元年
		北燕正始	元年

国内	国外
东晋青州(山东青州)刺史刘毅陷江陵,杀桓玄余党,迎东晋安帝司马德宗还建康(江苏南京)复位。　东晋益州(四川成都)参军谯纵起兵叛,杀益州刺史毛璩,据成都,称成都王,史称“西蜀”(十九国之十七)。　西凉迁都酒泉(甘肃酒泉),以逼北凉。南燕献武帝慕容德卒,侄慕容超嗣位。　后秦天王姚兴尊西域僧鸠摩罗什为国师,译《佛经》三百余卷,郡县化之,事佛者十室而九。	
南凉迁都姑臧(甘肃武威)。	
后秦与北魏通和,后秦安北将军刘勃勃时镇朔方(内蒙杭锦旗北黄河南岸),因其父刘卫辰为北魏所杀,闻之惧怒,起兵叛,称大夏天王,史称“胡夏”(十九国之十八)。　后燕天王慕容熙葬其后苻氏,步行三十里,中卫将军冯跋因于龙城(辽宁朝阳)起兵,立夕阳公高云为帝,是为惠懿帝。擒慕容熙,斩之,后燕亡,立国二十四年。高云国号仍称燕,史称“北燕”(十九国之十九)。	

年份	干支	国号王朝及纪年	
408	戊申	东晋义熙	四年
		后秦弘始	十年
		北魏天赐	五年
		南凉弘始	十年
		嘉平	元年
		北凉永安	八年
		南燕太上	四年
		西凉建初	四年
		西蜀蜀王	四年
		胡夏龙升	二年
		北燕正始	二年
409	己酉	东晋义熙	五年
		后秦弘始	十一年
		西秦更始	元年
		北魏天赐	六年
		永兴	元年
		南凉嘉平	二年
		北凉永安	九年
		南燕太上	五年
		西凉建初	五年
		西蜀蜀王	五年
		弘始	十一年
		胡夏龙升	三年
		北燕正始	三年
		太平	元年

国内	国外
南凉王秃发傉檀见后秦渐衰,复建年号。 东晋冠军将军刘敬宣攻西蜀,至黄虎(四川三台),西蜀辅国将军谯道福拒之,相持六十余日,东晋军食尽引还。	西哥特部落酋长阿拉力克统本族人及东哥特部落族人西攻,围罗马城,西罗马帝国乞和,献赎金一百斤黄金,三千斤胡椒,阿拉力克始退。
后秦封西蜀成都王谯纵为蜀王,西蜀用后秦年号。 南燕帝慕容超朝会群臣,叹宫廷音乐不备,遣军陷东晋宿豫(江苏宿迁),大掠居民,选男女二千五百人,付太乐教之。东晋中军将军刘裕遂大举攻南燕,围广固(山东青州)。 西秦乞伏干归,见后秦势衰,自长安逃回,仍称秦王,西秦复国。 北魏惠懿帝高云为其宠臣离班刺杀,征北大将军冯跋诛离班,嗣位,是为文成帝。 北魏道武帝拓跋珪惨苛无恩,其子清河王拓跋绍有过,倒悬井中,垂死始牵出,囚其生母贺夫人,欲杀之,拓跋绍遂杀拓跋珪。其兄齐王拓跋嗣起兵斩拓跋绍及贺夫人,嗣位,是为明元帝。	汪达尔部落侵人西罗马帝国西班牙境。

	年份	干支	国号王朝及纪年	
五世纪一〇年代	410	庚戌	东晋义熙	六年
			后秦弘始	十二年
			西秦更始	二年
			北魏永兴	二年
			南凉嘉平	三年
			北凉永安	十年
			南燕太上	六年
			西凉建初	六年
			西蜀弘始	十二年
			胡夏龙升	四年
			北燕太平	二年
	411	辛亥	东晋义熙	七年
			后秦弘始	十三年
			西秦更始	三年
			北魏永兴	三年
			南凉嘉平	四年
			北凉永安	十一年
			西凉建初	七年
			西蜀弘始	十三年
			胡夏龙升	五年
			北燕太平	三年

国内	国外
东晋军陷广固,擒南燕帝慕容超,送建康斩之。南燕亡,立国十三年。　刘裕愤广固久不下,欲尽屠其民,以妻女赏军士,经谏而止,然仍杀南燕王公以下三千人。　东晋广州刺史卢循乘刘裕攻南燕,起兵北上,欲攻建康(江苏南京)。镇南将军何无忌于豫章(江西南昌)拒之,兵败,被杀。卢循长驱直入,中外震骇。刘裕急返建康,遣建威将军孙处由海道击广州,已则率兵迎击,战于大雷(安徽望江),卢循兵溃,收残兵退还广州。　南凉迁都乐都(青海乐都)。	中国高僧法显,自印度渡海至师子国(今斯里兰卡),再渡海至爪哇。 西哥特部落酋长阿拉力克再西攻,陷罗马城,屠杀焚烧,血流满街,除基督教教会财产外,劫掠一空。阿拉力克复欲攻西西里、北非,道卒。 西罗马帝国为救内难,撤出驻不列颠军团,盎格鲁部落及撒克逊部落乘虚侵入不列颠,建七小国。
卢循至广州,广州已为孙处所取。乃奔交州(越南北宁),交州刺史杜慧度击斩之。　北凉攻南凉,陷姑臧(甘肃武威)。　西秦王乞伏干归向后秦称臣,后秦封为河南王。	

年份	干支	国号王朝及纪年	
412	壬子	东晋义熙	八年
		后秦弘始	十四年
		西秦更始	四年
		永康	元年
		北魏永兴	四年
		南凉嘉平	五年
		北凉永安	十二年
		玄始	元年
		西凉建初	八年
		西蜀弘始	十四年
		胡夏龙升	六年
		北燕太平	四年
413	癸丑	东晋义熙	九年
		后秦弘始	十五年
		西秦永康	二年
		北魏永兴	五年
		南凉嘉平	六年
		北凉玄始	二年
		西凉建初	九年
		西蜀弘始	十五年
		胡夏龙升	七年
		凤翔	元年
		北燕太平	五年
414	甲寅	东晋义熙	十年
		后秦弘始	十六年
		西秦永康	三年
		北魏神瑞	元年
		南凉嘉平	七年
		北凉玄始	三年
		西凉建初	十年
		胡夏凤翔	二年
		北燕太平	六年

国内	国外
西秦迁都谭郊(甘肃临夏西北),乞伏干归为侄振威将军乞伏公府所杀。子乞伏炽盘嗣位,迁都枹罕(甘肃临夏),擒乞伏公府,车裂以殉。 东晋太尉刘裕攻荆州,杀刺史刘毅。 北凉迁都姑臧(甘肃武威),沮渠蒙逊称河西王。	西哥特部落由意大利北进,越阿尔卑斯山,抵高卢南部(今法国南部),建西哥特王国(——711)。
胡夏天王刘勃勃筑统万城(陕西靖边北白城子),蒸土为墙,锥入一寸,则斩筑者,既成,定都。并称:"帝王系天之子,其徽赫与天连。"改姓为赫连。东晋太尉刘裕遣益州刺史朱龄石攻西蜀,以老弱佯攻黄虎(四川三台),主力悉从外水(岷江)取成都。西蜀辅国大将军谯道福果仍备黄虎,朱龄石遂得深入。西蜀王谯纵弃成都,投奔谯道福,谯道福愤极,以剑投之,谯纵自缢死,西蜀亡,立国九年。	
南凉乙弗部落叛,南凉王秃发傉檀击之,西秦河南王乞伏炽盘乘虚袭乐都(青海乐都),一夕攻陷。秃发傉檀士卒闻根本已失,大溃。秃发傉檀进退失据,乃降西秦,寻被毒死。南凉亡,立国十八年。西秦乞伏干归称秦王。	中国高僧法显自爪哇泛海返国(399——,凡十六年)。

年份	干支	国号王朝及纪年	
415	乙卯	东晋义熙	十一年
		后秦弘始	十七年
		西秦永康	四年
		北魏神瑞	二年
		北凉玄始	四年
		西凉建初	十一年
		胡夏凤翔	三年
		北燕太平	七年
416	丙辰	东晋义熙	十二年
		后秦弘始	十八年
		永和	元年
		西秦永康	五年
		北魏神瑞	三年
		泰常	元年
		北凉玄始	五年
		西凉建初	十二年
		胡夏凤翔	四年
		北燕太平	八年
417	丁巳	东晋义熙	十三年
		后秦永和	二年
		西秦永康	六年
		北魏泰常	二年
		北凉玄始	六年
		西凉建初	十三年
		嘉兴	元年
		胡夏凤翔	五年
		北燕太平	九年

国内	国外
东晋太尉刘裕攻荆州刺史司马休之,司马休之兵败,奔后秦。	
后秦天王姚兴卒,子姚弘嗣位,称帝。　东晋太尉刘裕大举攻后秦,连陷许昌、荥阳、洛阳。胡夏复侵后秦北边诸城,而后秦诸子方争位,内战日烈,无暇对外。	
西凉武昭王李暠卒,子李歆嗣位。　东晋军陷后秦潼关,进至灞上(西安东),后秦帝姚泓出战,大败,遂降,执赴建康,斩于市。后秦亡,立国三十四年。　刘裕威名既就,急欲篡位,乃任次子刘义真为安西将军、太尉咨议参军王修为安西长史、征虏将军王镇恶为安西司马、龙骧将军沈田子为中兵参军,留镇长安,己还建康(江苏南京)。	

年份	干支	国号王朝及纪年	
418	戊午	东晋义熙	十四年
		西秦永康	七年
		北魏泰常	三年
		北凉玄始	七年
		西凉嘉兴	二年
		胡夏凤翔	六年
		昌武	元年
		北燕太平	十年
419	己未	东晋元熙	元年
		西秦永康	八年
		北魏泰常	四年
		北凉玄始	八年
		西凉嘉兴	三年
		胡夏昌武	二年
		真兴	元年
		北燕太平	十一年

国内	国外
东晋封刘裕为宋公。　东晋留镇长安诸将互相残杀:沈田子诬王镇恶谋反,斩之。王修责沈田子专戮,亦斩之。人情离骇,莫相统摄。刘义真年方十二,悉召各地驻军入长安。胡夏天王赫连勃勃进据咸阳,刘义真惧,弃长安,士卒大掠而还,满载所掠宝货妇女,方轨徐行,一日不过百里。胡夏军尾追,至青泥(陕西蓝田)追及,纵兵猛攻,东晋军溃,全军覆没。刘义真独逃,伏草中得免。关中后秦故地,悉入于胡夏。刘裕闻青泥之败,未知其子存亡,下令刻日北伐,会知刘义真生还,乃止。　胡夏王赫连勃勃入长安,称帝,是为武烈帝。东晋宋公刘裕以谶云:"昌明之后,尚有二帝。"(晋孝武帝司马曜,字昌明)乃毒死东晋安帝司马德宗,立其弟司马德文,是为恭帝。	
东晋封刘裕为宋王,篡位阶梯已备。	

	年份	干支	国号王朝及纪年	
五世纪二〇年代	420	庚申	东晋元熙	二年
			南宋永初	元年
			西秦永康	九年
			建弘	元年
			北魏泰常	五年
			北凉玄始	九年
			西凉嘉兴	四年
			永建	元年
			胡夏真兴	二年
			北燕太平	十二年
	421	辛酉	南宋永初	二年
			西秦建弘	二年
			北魏泰常	六年
			北凉玄始	十年
			西凉永建	二年
			胡夏真兴	三年
			北燕太平	十三年
	422	壬戌	南宋永初	三年
			西秦建弘	三年
			北魏泰常	七年
			北凉玄始	十一年
			胡夏真兴	四年
			北燕太平	十四年
	423	癸亥	南宋景平	元年
			西秦建弘	四年
			北魏泰常	八年
			北凉玄始	十二年
			胡夏真兴	五年
			北燕太平	十五年

国内	国外
东晋恭帝司马德文让位于宋王刘裕,晋亡,东西晋共计立国一百五十六年。刘裕即位,是为武帝,国号宋,史称“南宋”。北凉河西王沮渠蒙逊欲攻西凉,乃先出军,扬言攻西秦浩亹(甘肃永登西南),既至,潜师而还。西凉公李歆果乘虚攻北凉,蓦与北凉军遇,大败,李歆被杀,北凉军陷(甘肃)酒泉。李歆弟(甘肃)敦煌太守李恂在敦煌嗣位。	
北凉军围敦煌,用水灌城,西凉公李恂不能支,乞降,不许,李恂自杀,沮渠蒙逊屠城。西凉亡,立国二十二年。	
南宋武帝刘裕卒,子少帝刘义符嗣位。　北魏大举攻南宋,连陷滑台(河南滑县)、泰山(山东泰安)、高平(山东巨野),逼虎牢(河南荥阳西北)。	
北魏陷虎牢(河南荥阳西北),擒南宋守将司州刺史毛德祖。尽取豫州地。北魏明元帝拓跋嗣卒,子太武帝拓跋焘嗣位。	

年份	干支	国号王朝及纪年	
424	甲子	南宋景平	二年
		元嘉	元年
		西秦建弘	五年
		北魏始光	元年
		北凉玄始	十三年
		胡夏真兴	六年
		北燕太平	十六年
425	乙丑	南宋元嘉	二年
		西秦建弘	六年
		北魏始光	二年
		北凉玄始	十四年
		胡夏真兴	七年
		承光	元年
		北燕太平	十七年
426	丙寅	南宋元嘉	三年
		西秦建弘	七年
		北魏始光	三年
		北凉玄始	十五年
		胡夏承光	二年
		北燕太平	十八年
427	丁卯	南宋元嘉	四年
		西秦建弘	八年
		北魏始光	四年
		北凉玄始	十六年
		胡夏承光	三年
		北燕太平	十九年

国内	国外
南宋少帝刘义符游戏无度,司徒徐羡之、中书令傅亮、领军将军谢晦、镇北将军檀道济,共废之,贬为营阳王,寻予杀害。迎立宜都王刘义隆,是为文帝。	
胡夏武烈帝赫连勃勃卒,子赫连昌嗣位。	
南宋文帝刘义隆追究杀少帝刘义符之罪,徐羡之自缢,傅亮斩于市。时谢晦任荆州(湖北江陵)刺史,起兵叛,刘义隆称檀道济不预废弑之谋,遣其击谢晦,谢晦大败,欲奔北魏,中途被擒,送建康斩首。　北魏太武帝拓跋焘攻胡夏京都统万(陕西靖边北白城子),不克而还。	
北魏太武帝拓跋焘再攻胡夏,轻骑袭统万,陷之,胡夏帝赫连昌奔上邽(甘肃天水)。	高句丽自丸都(吉林集安)迁都平壤,国势全盛,与百济、新罗,三国鼎立于朝鲜半岛。

	年份	干支	国号王朝及纪年	
	428	戊辰	南宋元嘉	五年
			西秦建弘	九年
			永弘	元年
			北魏始光	五年
			神䴥	元年
			北凉玄始	十七年
			承玄	元年
			胡夏承光	四年
			胜光	元年
			北燕太平	二十年
	429	己巳	南宋元嘉	六年
			西秦永弘	二年
			北魏神䴥	二年
			北凉承玄	二年
			北燕太平	二十一年
			胡夏胜光	二年
五世纪三〇年代	430	庚午	南宋元嘉	七年
			西秦永弘	三年
			北魏神䴥	三年
			北凉承玄	三年
			胡夏胜光	三年
			北燕太平	二十二年

国内	国外
北魏攻上邽,胡夏帝赫连昌出战,马蹶被擒。弟平原王赫连定在平凉(甘肃华亭)嗣位。　西秦文昭王乞伏炽盘卒,子乞伏暮末嗣位。	
西秦迁都定连(甘肃临夏东南)。　北魏出塞击柔然,至栗水(蒙古阿尔拜赫雷翁金河),大破之,分军搜击,东西五千里,南北三千里,俘斩无算,柔然纥升盖可汗北奔。	
南宋文帝刘义隆自即位,有恢复河南(黄河以南中原)之志。春,遣右将军到彦之为帅,大举攻北魏。北魏悉弃河南,撤军北渡。南宋遂连取洛阳、虎牢、滑台、碻磝(山东茌平),东至潼关,沿黄河置守,朝野相庆。　冬,黄河冰合,北魏大军渡黄河南下,分道反攻,南宋军溃,死伤狼藉,复失河南地。北燕文成帝冯跋卧病,弟中山公冯弘率兵入宫,冯跋惊死。冯弘即位,是为昭成帝,尽杀冯跋子百余人。北魏太武帝拓跋焘亲攻平凉,城陷,胡夏帝赫连定奔上邽(甘肃天水)。　西秦王乞伏暮末为北凉所逼,势穷,降北魏,率众至南安(甘肃陇西),北魏遣尚书库结率兵来迎,乞伏暮末中悔,库结即还军。	

年份	干支	国号王朝及纪年	
431	辛未	南宋元嘉	八年
		西秦永弘	四年
		北魏神䴥	四年
		北凉承玄	四年
		义和	元年
		胡夏胜光	四年
		北燕大兴	元年
432	壬申	南宋元嘉	九年
		北魏延和	元年
		北凉义和	二年
		北燕大兴	二年
433	癸酉	南宋元嘉	十年
		北魏延和	二年
		北凉义和	三年
		永和	元年
		北燕大兴	三年
434	甲戌	南宋元嘉	十一年
		北魏延和	三年
		北凉永和	二年
		北燕大兴	四年
435	乙亥	南宋元嘉	十二年
		北魏延和	四年
		太延	元年
		北凉永和	三年
		北燕大兴	五年

国内	国外
胡夏军攻南安,城中大饥,西秦王乞伏暮末出降,胡夏帝赫连定杀之,屠其宗族五百余人。西秦亡,立国三十九年。　北魏封北凉河西王沮渠蒙逊为凉王。胡夏畏北魏之逼,裹胁西秦降众十余万口,欲西击北凉而夺其地,方渡河,吐谷浑王慕容慕璝邀击,擒赫连定。胡夏亡,立国二十五年。	
吐谷浑送赫连定于北魏,北魏斩之。	
北凉武宣王沮渠蒙逊卒,子哀王沮渠茂虔嗣位。　南宋临川(江西南城)内史谢灵运,好山泽之游,从者数百人,人民每误惊为山贼。贬谪(广东)广州,寻斩之。	
北燕向北魏乞和,北魏拒绝,既而许之,征北燕太子入朝为质,北燕昭成帝冯弘不遣,北魏再攻北燕。	
北燕屡为北魏所败,日形危蹙,遣使泛海赴建康(江苏南京),向南宋称臣。南宋封北燕昭成帝冯弘为燕王,江南谓之黄龙国,然实不能有助。	匈奴自侵入黑海北岸东哥特部落境(374——),引起欧洲民族大迁移,即尾追各部落之后,侵入今匈牙利地,建立匈奴大汗国,兵力强大,东罗马帝国被迫朝贡。今年,匈奴可汗阿提拉登位(——453),凶暴慓悍,所至焚掠烧杀,草木不生,即蛮族亦惧,日耳曼人及罗马人皆称之为:"上帝之鞭"。

	年份	干支	国号王朝及纪年
	436	丙子	南宋元嘉 十三年 北魏太延 二年 北凉永和 四年 北燕大兴 六年
	437	丁丑	南宋元嘉 十四年 北魏太延 三年 北凉永和 五年
	438	戊寅	南宋元嘉 十五年 北魏太延 四年 北凉永和 六年
	439	己卯	南宋元嘉 十六年 北魏太延 五年 北凉永和 七年
五世纪 四〇年代	440	庚辰	南宋元嘉 十七年 北魏太延 六年 太平 真君元年
	441	辛巳	南宋元嘉 十八年 北魏太平 真君二年
	442	壬午	南宋元嘉 十九年 北魏太平 真君三年

国内	国外
南宋文帝刘义隆,忌司空檀道济宿将,诬以谋反,并其子十一人,俱斩之。檀道济脱帻投地,曰:“自坏汝万里长城。”北魏闻其死,大喜。　北魏大举攻北燕,北燕昭成帝冯弘密命高句丽(朝鲜平壤)来迎,俟高句丽兵至,焚龙城宫殿,火十日不绝,北魏安西将军古弼方醉,止军追击。冯弘遂入高句丽。北燕亡,立国三十年。	
北魏太武帝拓跋焘欲图北凉,将妹武威公主嫁北凉哀王沮渠茂虔。	
前北燕昭成帝冯弘在高句丽仍作威福,高句丽并其子俱杀之。	
北魏太武帝拓跋焘远征北凉,姑臧(甘肃武威)城陷,北凉哀王沮渠茂虔出降,北凉亡,立国四十三年。　五胡乱华十九国时代终(304——,凡一百三十六年)。　南北朝时代始(——589,凡一百五十一年)。	汪达尔部落酋长格撒立克,自西班牙渡海,攻入北非,占领西罗马帝国所属迦太基故地,建汪达尔王国(——534)。
南宋文帝刘义隆弟司徒彭城王刘义康总揽朝政,自谓弟兄至亲,不复存君臣形迹。刘义隆忌之,贬为江州(江西九江)刺史,杀其党领军刘湛、司徒长史刘斌。	
北魏凉州牧沮渠无讳据(甘肃)酒泉叛,镇南将军奚眷击之,城中食尽,万余人饿死,沮渠无讳西奔流沙。	
沮渠无讳陷鄯善(新疆若羌),再西攻,陷高昌(新疆吐鲁番),屠城。遣使向南宋称臣,南宋封为河西王。	

年份	干支	国号王朝及纪年	
443	癸未	南宋元嘉 北魏太平	二十年 真君四年
444	甲申	南宋元嘉 北魏太平	二十一年 真君五年
445	乙酉	南宋元嘉 北魏太平	二十二年 真君六年
446	丙戌	南宋元嘉 北魏太平	二十三年 真君七年
447	丁亥	南宋元嘉 北魏太平	二十四年 真君八年
448	戊子	南宋元嘉 北魏太平	二十五年 真君九年
449	己丑	南宋元嘉 北魏太平	二十六年 真君十年

国内	国外
北魏四道出军攻柔然,柔然远遁。	
北魏禁佛教,下令有私养沙门(和尚)巫师者,处死。并禁私立学校,违者教师处死,主持人杀全家。 北魏杀尚书令刘絜,屠三族。	
北魏卢水胡盖吴起兵叛,东掠临晋(陕西大荔),北魏将军章直击之,杀三万余人。盖吴复西掠长安,将军叔孙拔击之,斩首三万。而盖吴众愈盛,称天台王。遣使赴建康(江苏南京),南宋封为北地公,赐印一百二十一颗,使自行封官任吏。	
北魏太武帝拓跋焘至长安击盖吴,于佛寺见有兵器,遂称与盖吴通,下令全国,尽诛沙门,无少长悉斩,焚烧寺庙,无复孑遗(佛教"三武之祸"一)。盖吴据杏城(陕西黄陵),为其叔所杀。	
北魏杀降王北凉哀王沮渠茂虔。	
北魏杀潞县(山西黎城)抗暴民众二千余家,放逐五千余家。 北魏成周公万度归远征焉耆,大破之。又攻龟兹(新疆库车),西域再入中国版图。	
北魏太武帝拓跋焘再亲征柔然,出塞数千里,柔然遁走。	

	年份	干支	国号王朝及纪年	
五世纪 五〇年代	450	庚寅	南宋元嘉 北魏太平	二十七年 真君十一年
	451	辛卯	南宋元嘉 北魏太平 正平	二十八年 真君十二年 元年

国内	国外
北魏太武帝拓跋焘命司徒崔浩撰国史,曰:“务从实录。”书成,事皆详确,拓跋焘大怒,以为暴扬国恶,囚崔浩于槛车,送城南,卫士数十人,于其上便溺,呼声嗷嗷,闻于行路,寻杀之,并其姻亲,皆屠三族。 拓跋焘衔南宋封盖吴,率军南侵,攻悬瓠(河南汝南)不克,引还。南宋文帝刘义隆出兵北伐,命江夏王刘义恭为大元帅、宁朔将军王玄谟为元帅,进围滑台(河南滑县)。上自王公,下至庶民,多献金帛以助国用,并向富民及僧尼借贷。 拓跋焘亲救滑台,战鼓之声,震动天地,号称百万。王玄谟惧,先遁,北魏兵追击,南宋军大溃。北魏分道并进,连陷悬瓠(河南汝南)、项城(河南沈丘),围寿阳(安徽寿县),直抵长江北岸,于瓜步(江苏六合)建行宫。刘义隆登石头城(南京西)北望,面有忧色。	
北魏猛攻盱眙(江苏盱眙),尸与城平,南宋太子左卫率臧质百计固守,终不能陷。会北魏军疾疫,始退。此役北魏凡破南宋六州之地,杀伤不可胜计,丁壮者皆斩,婴儿刺于槊上,盘旋为戏,赤地千里,不见人烟。	匈奴可汗阿提拉统军五十万西攻,深入今法国境,至玛伦河、沙廊,西罗马帝国大将阿伊喜阿斯统罗马及西哥特王国联军御之,双方损失皆重,阿提拉不能进。

年份	干支	国号王朝及纪年	
452	壬辰	南宋元嘉	二十九年
		北魏正平	二年
		承平	元年
		兴安	元年
453	癸巳	南宋元嘉	三十年
		太初	元年
		北魏兴安	二年
454	甲午	南宋孝建	元年
		北魏兴安	三年
		兴光	元年
455	乙未	南宋孝建	二年
		北魏兴光	二年
		太安	元年
456	丙申	南宋孝建	三年
		北魏太安	二年
457	丁酉	南宋大明	元年
		北魏太安	三年

国内	国外
北魏宦官宗爱,杀太武帝拓跋焘,立其子南安王拓跋余。寻又杀拓跋余。羽林郎中刘尼再杀宗爱,立皇太孙拓跋浚,是为文成帝。 南宋文帝刘义隆乘北魏内乱,再出兵北伐,任抚军将军萧思话为帅,进围碻磝(山东茌平),北魏军自地道潜出,南宋军大败,死伤涂地而退。刘义隆曰:"早知诸将辈如此,恨不以白刃驱之,今悔何及。"	阿提拉可汗收拾沙廊军,攻入意大利半岛,围罗马城,西罗马帝国皇帝瓦伦提尼安献巨金,允每年朝贡。教皇李奥一世复示以上帝慈悲,为民请命,阿提拉大为感动,退军。
南宋皇太子刘劭与女巫严道育相结,使咒其父文帝刘义隆速死,事泄,刘义隆怒极,欲废之。刘劭遂乘夜勒兵入宫,刘义隆尚未寝,见兵入,举几抵御,刀砍处,五指俱落,遂被杀,刘劭嗣位。武陵王刘骏时任江州(江西九江)刺史,称帝,是为孝武帝。起兵讨刘劭,攻陷台城(皇城),刘劭入井中,牵出斩首。	阿提拉可汗卒,诸子争位,互相残杀,死人千万,族众流散,汗国亡。
南宋冠军将军臧质,立南郡王刘义宣为帝,据(湖北)江陵,兵败,俱被杀。	
南宋政府命亲王部属,向亲王不得称"臣",仅能称"下官"。	汪达尔国王格撒立克统舰队登陆意大利,陷罗马城,大掠十四昼夜,西哥特部落于410年劫余财物,搜括无遗,撤退时掳西罗马帝国皇后公主三万人而去。

	年份	干支	国号王朝及纪年	
	458	戊戌	南宋大明	二年
			北魏太安	四年
	459	己亥	南宋大明	三年
			北魏太安	五年
五世纪 六〇年代	460	庚子	南宋大明	四年
			北魏和平	元年
	461	辛丑	南宋大明	五年
			北魏和平	二年
	462	壬寅	南宋大明	六年
			北魏和平	三年
	463	癸卯	南宋大明	七年
			北魏和平	四年
	464	甲辰	南宋大明	八年
			北魏和平	五年
	465	乙巳	南宋永光	元年
			景和	元年
			泰始	元年
			北魏和平	六年

国内	国外
南宋孝武帝刘骏诬中书令王僧达谋反,斩之。北魏文成帝拓跋浚亲击柔然,柔然处罗可汗远遁。	
南宋竟陵王刘诞据广陵(江苏扬州)叛,车骑大将军沈庆之击斩之。孝武帝刘骏命屠城,沈庆之力争,请自五尺以下者宥免,其余男子皆斩,女子悉配军士。然犹杀三千余口。长水校尉宗越监刑,皆先剖肠挖眼,或先笞面鞭腹,并用苦酒浇其创伤,务使其苦极而后斩之。刘骏奢淫猜暴,东扬州(浙江绍兴)刺史颜竣屡谏,刘骏遂诬其与刘诞通谋,下狱,先折其双足,然后处死。	
柔然攻陷高昌(新疆吐鲁番),立阚伯周为高昌王。高昌建国自此始。	
南宋海陵王雍州刺史刘休茂据襄阳(湖北襄樊)叛,参军尹玄庆起兵,生擒斩之。	
南宋孝武帝刘骏杀前侍中沈怀文。	
南宋孝武帝刘骏大修宫殿,坏其祖父武帝刘裕所居阴室,与群臣观之,壁上挂葛灯笼、麻绳拂,群臣盛称刘裕俭素之德,刘骏惭曰:“田舍翁得此已为过矣。”	
南宋孝武帝刘骏卒,子刘子业嗣位。	
北魏文成帝拓跋浚卒,子献文帝拓跋弘嗣位。　南宋帝刘子业昏暴,杀吏部尚书戴法兴。又杀祖叔太宰江夏王刘义恭,断其四肢,分裂肠胃,挑取眼珠,以蜜渍之,谓之“渍鬼目粽”。又欲杀族兄义阳王刘昶,刘昶奔北魏。纳姑母新蔡公主于后宫,杀其夫宁朔将军何迈。始兴公沈庆之谏,杀沈庆之。忌诸叔父,悉拘于内殿,捶殴辱虐,无复人理,又欲杀亲幸寿寂之,寿寂之俟刘子业于竹林堂射鬼,率众抽刀而入,刘子业逃走,追斩之。叔湘东王刘彧嗣位,是为明帝。	

	年份	干支	国号王朝及纪年	
	466	丙午	南宋泰始	二年
			北魏天安	元年
	467	丁未	南宋泰始	三年
			北魏天安	二年
			皇兴	元年
	468	戊申	南宋泰始	四年
			北魏皇兴	二年
	469	己酉	南宋泰始	五年
			北魏皇兴	三年
五世纪	470	庚戌	南宋泰始	六年
七〇年代			北魏皇兴	四年
	471	辛亥	南宋泰始	七年
			北魏皇兴	五年
			延兴	元年
	472	壬子	南宋泰豫	元年
			北魏延兴	二年
	473	癸丑	南宋元徽	元年
			北魏延兴	三年
	474	甲寅	南宋元徽	二年
			北魏延兴	四年

国内	国外
北魏晋安王刘子勋据江州(江西九江)称帝,明帝刘彧遣建安王刘休仁击斩之。刘子勋乃孝武帝刘骏子,于是下令悉杀刘骏诸子。刘骏共二十八子,一夕尽死。　南宋徐州刺史薛安都据彭城(江苏徐州)降北魏。	
南宋镇军将军张永攻彭城,大败,士卒冻死者十之七八。南宋明帝刘彧复遣中领军沈攸之再攻彭城,又大败,北魏追击,遂取南宋淮河以北四州,及豫州、司州一部。南朝疆域从此日缩。	
北魏攻南宋,陷兖州(山东兖州)、东徐州(山东沂水)、冀州(山东济南),围青州(东阳·山东青州)。	
北魏陷东阳。	
北魏献文帝拓跋弘诬济南王慕容白曜谋反,杀之。又杀仪曹尚书李敷及其弟李奕。	
南宋明帝刘彧猜忌忍虐,卧病,以子刘昱幼弱,深忌诸弟,乃均诬以谋反,杀建安王刘休仁、晋平王刘休佑、巴陵王刘休若,唯桂阳王刘休范以愚劣得全。　北魏献文帝拓跋弘传位其子拓跋宏,是为孝文帝,己称太上皇。	
南宋明帝刘彧疾笃,虑死后王皇后兄江安侯王景文主朝政,杀之。寻卒。子刘昱嗣位。	
南宋桂阳王刘休范于江州(江西九江)反,攻建康(江苏南京),平南将军萧道成击斩之。	

	年份	干支	国号王朝及纪年	
	475	乙卯	南宋元徽	三年
			北魏延兴	五年
	476	丙辰	南宋元徽	四年
			北魏延兴	六年
			承明	元年
	477	丁巳	南宋元徽	五年
			升明	元年
			北魏太和	元年
	478	戊午	南宋升明	二年
			北魏太和	二年
	479	己未	南宋升明	三年
			南齐建元	元年
			北魏太和	三年
五世纪	480	庚申	南齐建元	二年
八〇年代			北魏太和	四年

国内	国外
北魏冯太后因太上皇拓跋弘杀其情夫李奕,深恨之,遂毒死拓跋弘。 南宋建平王刘景素据京口(江苏镇江)叛,骁骑将军任农夫击斩之。	西哥特人向西罗马帝国要求给与意大利半岛全部耕地,摄政王奥勒斯提拒之,禁卫军司令官鄂多亚克乃西哥特人,率众杀奥勒斯提,废皇帝罗慕路斯,西罗马帝国亡。鄂多亚克据罗马城,称意大利总督。
南宋帝刘昱喜怒无常,一日不杀,即惨然不乐。尚书左仆射萧道成阴结刘昱亲幸杨玉夫,杨玉夫伺刘昱寝,抽刀斩之,执其首以报萧道成。立刘昱弟安成王刘准,是为顺帝。 南宋荆州刺史沈攸之于江陵起兵讨萧道成。	
沈攸之素失人情,但劫以威力,攻郢州(湖北武汉),不克,至鲁山(武汉汉水南岸),军士溃散,沈攸之自缢死。	
南宋封萧道成齐王,萧道成迫顺帝刘准下诏让位,刘准逃于佛盖之下,不敢出,勒兵索得之,挟持出宫。南宋亡,立国六十年。 萧道成即位,是为高帝,国号齐,史称“南齐”。寻杀刘准及南宋刘姓皇族,无少长皆斩。	
北魏攻南齐寿阳(安徽寿县),不克。南齐汝南太守常元真据城降北魏。	

	年份	干支	国号王朝及纪年	
	481	辛酉	南齐建元	三年
			北魏太和	五年
	482	壬戌	南齐建元	四年
			北魏太和	六年
	483	癸亥	南齐建元	五年
			永明	元年
			北魏太和	七年
	484	甲子	南齐永明	二年
			北魏太和	八年
	485	乙丑	南齐永明	三年
			北魏太和	九年
	486	丙寅	南齐永明	四年
			北魏太和	十年
	487	丁卯	南齐永明	五年
			北魏太和	十一年
	488	戊辰	南齐永明	六年
			北魏太和	十二年
	489	己巳	南齐永明	七年
			北魏太和	十三年
五世纪 九〇年代	490	庚午	南齐永明	八年
			北魏太和	十四年
	491	辛未	南齐永明	九年
			北魏太和	十五年

国内	国外
沙门(和尚)法秀于北魏首都平城(山西大同)起兵,兵败被杀。事连兰台御史张求等,皆屠三族。	
南齐高帝萧道成卒,子武帝萧赜嗣位。	
南齐武帝萧赜诬散骑常侍荀伯玉、五兵尚书垣崇祖谋反,杀之。又杀车骑将军张敬儿。	
北魏政府始给百官俸禄,自北魏开国,历九十九年,百官至是始有俸禄。	
	法兰克部落酋长克洛维斯侵入高卢,建法兰克王国,都苏松,改高卢为法兰西亚,史称“墨洛温王朝”(——751)。
北魏军攻百济,败还。	
南齐巴东王萧子响于荆州杀八使臣,卫尉胡谐之擒萧子响,斩首。　北魏文明太后冯氏卒。	
北魏遣员外散骑常侍李彪,赴南齐修好。	

年份	干支	国号王朝及纪年	
492	壬申	南齐永明	十年
		北魏太和	十六年
493	癸酉	南齐永明	十一年
		北魏太和	十七年
494	甲戌	南齐隆昌	元年
		延兴	元年
		建武	元年
		北魏太和	十八年
495	乙亥	南齐建武	二年
		北魏太和	十九年
496	丙子	南齐建武	三年
		北魏太和	二十年
497	丁丑	南齐建武	四年
		北魏太和	二十一年
498	戊寅	南齐建武	五年
		永泰	元年
		北魏太和	二十二年

国内	国外
南齐昭明太子萧长懋卒。其父南齐武帝萧赜寻亦卒,萧长懋子萧昭业嗣位。北魏孝文帝拓跋宏以平城(山西大同)地寒,盛暑落雪,风沙常起,欲迁都洛阳,乃营洛阳宫室,扬言攻南齐,统军南下。	东哥特部落酋长狄奥多理克陷罗马城,斩鄂多亚克(476——),建东哥特王国(——553)。
南齐西昌侯萧鸾杀萧昭业,立其弟新安王萧昭文,寻又废之,自立为帝,是为明帝。毒萧昭文死。　北魏孝文帝拓跋宏抵洛阳,定都,罢南伐。	
北魏孝文帝拓跋宏下诏改姓,皇族拓跋改为元,贵族及功臣拓跋改为长孙,达奚改为奚。元宏效法汉人,甚重门第,重订氏族等级,范阳卢氏、清河崔氏、荥阳郑氏、太原王氏、赵氏及陇西李氏,是为五大姓。	
南齐明帝萧鸾猜暴,每索香火,呜咽流涕,明日必有诛杀,今年,诬尚书令王晏谋反,杀之。	
南齐明帝萧鸾卧疾,以近亲寡弱,深忌高帝萧道成及武帝萧赜诸子,遂杀河东王萧铉等十王,萧道成及萧赜诸子俱尽。既已杀矣,萧鸾命有司奏十王罪状请诛之,萧鸾下诏不许,复使有司再奏,始许之,用以掩天下耳目。大司马会稽太守王敬则,为萧道成、萧赜时旧臣,不自安,起兵叛,兵败被杀。　萧鸾寻卒,子萧宝卷嗣位。　北魏陷南齐南阳(河南南阳)、赭阳(河南方城)。	

年份	干支	国号王朝及纪年	
499	己卯	南齐永元	元年
		北魏太和	二十三年

国内	国外
北魏孝文帝元宏卒,子宣武帝元恪嗣位。 南齐萧宝卷昏暴,杀右仆射江佑、司空徐孝嗣、右将军萧坦之、领军将军刘暄。始安王萧遥光、太尉会稽太守王敬则先后起兵叛,军败,皆被杀。萧宝卷益自骄恣,出游不欲人见,见即格杀,处处戒严,四民废业。有一孕妇临产不去,因剖腹视其男女。有沙门老病不能去,藏草间,乱箭射杀之。置射雉场二百九十六处,奔走来往,略不休息。